双書 ジェンダー分析 4

少子化のジェンダー分析

目黒依子／西岡八郎 編

勁草書房

はしがき

　1970年代半ばに顕在化しはじめた日本の出生率の低迷は、80年代以降激化を続け、1989年の1.57ショックを経て、現在合計特殊出生率1.32（2002年）に至っている。日本人の寿命の伸びと相まって、人口の高齢化がスピードアップし、比較的短期間に生じた人口構成の急激な変化は、日本人の人生観やライフスタイルにじわじわと影響を与えずにはおかなかった。人口問題はマクロな問題であり、あらゆる政策課題の基礎的条件となる。と同時に、子どもの出生は男女が共に関わる結果であり、また、出産という行為にはその主体である女性の意志や状況が反映されるはずである。その意味で生殖はミクロな問題でもある。このことは、女性の意志や状況が出生率に影響を与えるということでもある。したがって少子化現象の分析には、これらの視点に立つ多様なアプローチが必要である。

　1989年に合計特殊出生率が1.57と発表された時、各方面から「女性の高学歴化や家庭の外での就業が出生率の低下を招いた」との意見が出された。しかし、女性の高学歴化や就業のみが少子化の原因であるということは実証されていなかった。さらに、1994年に開かれた「世界人口・開発会議」においてリプロダクティブ・ヘルス／ライツの概念が承認されたことは、生殖に関する女性の自己決定権という観点から人口問題を捉える必要性を国際的な合意とした。これは、少子化や高齢化に関する問題が、労働力や医療、福祉などの問題であると同様に出産の有無や出産のタイミング、産む子どもの数などについての女性本人の決定権を社会的に確保する問題であるということである。

　このような状況を背景に、日本の高齢化傾向がさらに高まるという推計から、少子化対策の必要性が議論されてきた。そして、効果的少子化対策を進める上で必要な政策的研究として厚生科学研究「家族政策および労働政策が出生率および人口に及ぼす影響に関する研究（平成8年度～10年度）」（代表：阿藤誠国立社会保障・人口問題研究所長）が実施された。この研究は、少子化の要因と背景

はしがき

を探るとともに少子化についての政策的インプリケーションを引き出すことを目的としているが、特定の政策の影響を直接的に検証することが種々の理由で困難であることから、既存の統計・調査データによって、経済社会変数と出生率ないし子ども数の関係を明らかにし、政策変数の効果を推定しようとしたものである。晩婚化と少子化との関連が明白であるところ、結婚と出生力に強い影響力をもつと想定される女子労働、育児の経済コスト、家庭内・家庭外のジェンダー関係、住宅を中心とする結婚の経済コストの4つの要因を個別の研究課題とし（同研究報告書、平成11年3月、13頁）、研究チームを課題別に居住コスト班、育児コスト班、女子労働班、ジェンダー班、総合化モデル班で構成した。この研究には、本書の編者である目黒は「ジェンダー班」の責任者として、西岡は同班のメンバーおよび研究全体の調整者として、また本書執筆者の岩間、江原、釜野は「ジェンダー班」のメンバーとして参加した。

　上記の研究として「ジェンダー班」は「少子化現象は、日本人の結婚回避による晩婚化／非婚化と出産は結婚制度の中でという規範が強いことによる出産回避の結果であり、それらの原因は日本社会のジェンダー構造、価値観・意識、結婚・出産・育児コスト感であるとする仮説を検証する作業」を行った。

　そこでは、ジェンダー視点からの分析に必要なマクロとミクロをブリッジするアプローチを意識したが、既存のデータが十分でなく、最低限の新データを収集することで補った。本書は、それを元に構成・再分析・執筆したものである。

　なお、第4回北京世界女性会議（1995年）直後の1996年から手がけた本研究は、少子化の問題をジェンダーの視点から解明しようとした研究としては先駆けとなったものといってよい。少子化現象の分析は、人口学、経済学など多方面の研究分野からアプローチされてきたが、本研究では既存の研究枠組みでは十分に捉えきれなかった課題を、従来の研究手法では等閑視されてきたジェンダー・アプローチによって進め、少子化分析に新たな切り口、知見を提示している。本研究終了後に利用できる調査データは増えたが、当時としては扱い得る最適のデータを利用したと考えている。本研究にはフロンティア的な意義もあるので、アイデアやデータ、記述表現はできるかぎりオリジナルの形にとどめてあることをことわっておきたい。

はしがき

　折りしも「2003年版女性労働白書」では、女性の若い層ほど子どもができても仕事を続ける、仕事にコミットする、昇進を期待する、という意識が強いことが示されている。このような意識が少子化をさらに促進させるのか、仕事への意欲と出産の同時生起を可能にするのか、それは、ジェンダー構造の改革如何であろう、というのが、本書からのメッセージといえよう。

　本書の出版に際しては、数年にわたり支援しつづけてくださった勁草書房の町田民世子さんに心より感謝する。

　2004年4月

編　者

少子化のジェンダー分析

目　　次

目 次

はじめに

第1章　少子化のジェンダー分析 ……………目黒依子　1
　　　　　──問題の所在と分析枠組──
　1　ジェンダーの視点からみた少子化 …………………………1
　2　先行研究・調査の知見 ………………………………………2
　3　仮説の検出 ……………………………………………………5
　4　分析デザイン …………………………………………………6
　5　分析方法 ………………………………………………………9

第2章　ジェンダー・システムと少子化 ………目黒依子　11
　1　はじめに ………………………………………………………11
　2　企業中心主義と近代家族の定着 ……………………………11
　3　日本の近代家族とその揺らぎ ………………………………14
　4　女性・ジェンダー政策 ………………………………………19
　5　政策理念・制度・実態における不整合 ……………………21
　6　リプロダクティブ・ライツ …………………………………24

第3章　ジェンダー意識の変容と結婚回避 ………江原由美子　27
　1　はじめに ………………………………………………………27
　2　1980年代末から90年代に大きく変容したジェンダー意識 ………28
　3　ジェンダー意識の現状にみる男女間・年代間ギャップ ………29
　4　若い女性のジェンダー意識の変容 …………………………31
　5　ジェンダー意識の変容と選択の「脱規範化」 ……………39
　6　家事分担に関わる両性間の意識の相違 ……………………41
　　　　　──グループ・インタビューから──
　7　両性間の反発・反感・不信感 ………………………………44

8　コミュニケーション・ギャップと結婚回避 ················· 49

第4章　妊娠・出産をめぐる
　　　　　ジェンダー意識の男女差 ················ 江原由美子　51
　1　はじめに ·· 51
　2　妊娠・出産のコスト感を構成する要因 ······················· 52
　　2.1　妊娠以前の妊娠・出産に関する不安　53
　　2.2　妊娠にともなう女性の身体的・時間的・金銭的・心理的コスト　54
　　2.3　出産以前の出産に対する不安　57
　　2.4　出産にともなう身体的・時間的・金銭的・心理的コスト　57
　3　妊娠・出産は若者にどう意識されているか ··················· 60
　　　　――「出産に関する大学生意識調査」から――
　　3.1　大学生の出産に関する意識　62
　　3.2　大学生の出産に関する知識　68
　4　出産に関する男女の意識のずれ ······························ 71
　5　出産コスト感と出産回避 ···································· 72
　6　リプロダクティブ・ヘルス／ライツの確立 ··················· 74

第5章　独身男女の描く結婚像 ················ 釜野さおり　78
　1　はじめに ·· 78
　2　結婚への関心 ·· 79
　　2.1　結婚したいかどうか　79
　　2.2　現在結婚していないことをどうみているか　81
　3　結婚のイメージ ·· 81
　　3.1　結婚に何を求めているか　81
　　3.2　結婚のイメージはどこからくるのか―周囲の人の結婚関係　84

4　結婚のコストとベネフィットに対する考え方 ………………… 88
　　　　4.1　結婚しないことのコスト　*89*
　　　　4.2　結婚することのベネフィット　*92*
　　　　4.3　結婚することのコスト　*93*
　　5　考　察 …………………………………………………………… *101*
　　6　結　論―柔軟性のある社会へ― ……………………………… *105*

第6章　独身女性の結婚意欲と出産意欲 ……釜野さおり　*107*

　　1　はじめに ………………………………………………………… *107*
　　2　女性の立場からみた結婚生活 ………………………………… *108*
　　3　結婚意欲・出産意欲とジェンダー的要因との関連 ………… *111*
　　4　分析方法 ………………………………………………………… *114*
　　5　結　論―多様な生き方を可能にする社会に― ……………… *120*

第7章　既婚男女の出生意欲にみられる
　　　　　ジェンダー構造 ………………………………岩間暁子　*124*

　　1　はじめに ………………………………………………………… *124*
　　2　出生意欲の計量分析における仮説 …………………………… *126*
　　　　――ジェンダーと家族観に着目して――
　　3　出生意欲の規定要因に関する重回帰分析 …………………… *128*
　　　　――男女比較の観点から――
　　　　3.1　分析データ　*128*
　　　　3.2　変数の測定　*128*
　　　　3.3　「第一子出生意欲」の重回帰分析　*130*
　　　　3.4　「第二子出生意欲」の重回帰分析　*132*
　　　　3.5　「第三子出生意欲」の重回帰分析　*134*

3.6　分析結果のまとめ　*135*
4　子どもをもたないという選択 ··*136*
　　4.1　子どもを産まない背景　*137*
　　4.2　仕事との両立の困難　*139*
　　4.3　画一的な母親像への反発　*140*
　　4.4　人生プランにおける「子育て」の位置　*142*
　　4.5　親子関係の葛藤　*144*
　　4.6　グループ・インタビューのまとめ　*145*
5　結論と提言―求められる脱性別役割分業システム― ············*146*

第8章　育児コストの地域差と社会的支援……岩間暁子 *150*

1　はじめに ··*150*
2　グループ・インタビューの概要 ···*151*
3　子育ての地域差 ··*153*
　　――「夫の子育て参加」と「親族からの子育て援助」――
　　3.1　子育ての実態　*153*
　　3.2　子育ての悩み　*155*
4　追加出生における問題の地域差 ··*157*
　　4.1　育児を一人で担えるかに悩む首都圏の女性たち　*157*
　　4.2　教育費を負担できるかに悩む地方都市の女性たち　*158*
5　女性の望む生き方 ··*160*
　　5.1　人生における子育ての位置　*160*
　　5.2　「個」としての生き方　*163*
　　5.3　子育て経験が及ぼす影響　*165*
6　結論と今後の展望―育児ニーズの多様性に根ざした支援策を― ········*168*

第9章　男性の家庭役割とジェンダー・システム …西岡八郎　*174*
――夫の家事・育児行動を規定する要因――

- 1　はじめに …………………………………………………………*174*
- 2　問題の設定 ………………………………………………………*175*
- 3　方法およびデータ ………………………………………………*178*
- 4　分析結果と知見 …………………………………………………*181*
  - 4.1　夫の家事参加に関する規定要因　*181*
  - 4.2　夫の育児遂行に関する規定要因　*190*
- 5　まとめと提言―脱性別役割分業システム社会の構築へ―…………*192*

終　章　総括と展望 ……………………………目黒依子　*197*

資　料 ……………………………………………………………………*203*
参考文献 …………………………………………………………………*220*
索　引 ……………………………………………………………………*227*

第1章

少子化のジェンダー分析
―― 問題の所在と分析枠組 ――

目黒依子

1 ジェンダーの視点からみた少子化

　われわれの研究の目的は、日本社会において少子化という現象が政治課題となり、解決されなければならない問題とされるようになった背景及び少子化の原因をジェンダーの視点から明らかにし、その分析に基づいて、今後の展望および必要な対策のための提言を行うことである。

　出産や子育てが男女の共同作業であるにもかかわらず、出産する人が女性であることから、多くの社会では、子どもの出生が女性のみの行為であるという認識が根強く、さらに育児に関しては、出産した人が育児を担うものだという前提が強い。このようなとらえ方は日本でも社会規範のレベルのみならず男女を問わず個人レベルの認識としてもみられる。女性の存在証明が出産によって認められる状況では、出産が出生数や出生率という数の問題とされても、それが女性の自己決定の問題として浮上しがたかった。日本の出生率低下の背景には、男性は稼ぎ手・養い手で女性は主婦という役割分業を基礎としたジェンダー構造が基本的には根強いにもかかわらず、他方で生活に反映される様々な変化が生じてきたことが、日本人、特に女性の意識の変化と相互に関連しあって、出産意欲の減退を招いたものと予想される。

　1989年に合計特殊出生率1.57という数字が発表された時、政策に関与する人々は一部にすでに見え隠れしていた「家族崩壊への懸念」や高齢社会への対応の緊急性を強く認識することとなり、1.57ショックとさえ呼ばれた。しかし、

そのショックへの一部の政治家や財界人による「女性の高学歴化や就業が出生率の低下を招いた」という反応に対し、女性たちは一斉に反発した。その反発の背後には、女性の教育や就業行動を彼らが管理しているかのような発想を見抜き、出産についての決定に男性の政策決定者が口を出すのはお断り、という主張があったとみられる。当時、リプロダクティブ・ライツという概念は、一部の女性運動家などを除いてはまだ一般に知られてはいなかったが、女性たちは生殖行動に関する決定は女性自らが行うのだという意思表示をしたのである。

　少子化という人口現象を社会問題としてとらえる場合、既存の社会構造を前提として人口バランスの「崩れ」によって生じる諸問題を、主として経済効果の観点から論じる傾向が強い。しかし、出産行動の主体である女性たちの意識や行動を抜きにしては、この問題は語れない。少子化問題というとき、何が問題なのか。「子どもは家族の中で産み育てる」文化が支配的な日本では、少子化問題は結婚・家族文化の問題でもある。少子化の原因を探るために、結婚すること、家族をもつこと、子どもをもつことについての個人の意識と日本社会のジェンダー構造との関係を確認することが欠かせないのは、出産の行為者が意識的・無意識的に出産行動の自己決定を行っているからである。

2　先行研究・調査の知見

　出生率の低下についての説明は、出産や育児の経済学的コスト論が幅をきかせてきたのに対し、女性学・ジェンダー研究や家族研究の立場からの説明はほとんどみられなかった。われわれの分析に際し、仮説の検出や分析デザインを設定するために、先行研究および調査資料からの知見を整理した。その際に、低出生率につながるような家族要因や社会規範、家族外の社会制度との関連などをジェンダーの視点からレビューすることとした。それは、われわれの中に、日本の晩婚化、未婚化、少子化などの現象は、これまでの日本の家族のあり方のツケが出てきたといえるのではないか、というとらえ方があったからである。

　まず、女性学・ジェンダー研究全般において、少子化をテーマとした研究は非常に少なく、ここでは「母性」や「セクシュアリティ・性暴力」関連の研究レビューにとどめる。その結果、「基本的に子育てを女性の肩にのみ負わせて

家庭責任を全く負わない企業戦士的な男性の働き方が少産の原因」「'少子化が問題'ではない」(「女の人権と性」実行委員会編、1991)、「日本社会の母性イデオロギーの強いこと、母親中心の育児責任、医学による女性の身体の管理（病院体制の中での出産体験）などが女性の出産忌避の原因」(グループ・母性解読講座編、1991、井上輝子［ほか］編、1995、柏木惠子編著、1995)、「性暴力の被害体験が性関係への忌避感を生む可能性」(「夫（恋人）からの暴力」調査研究会、1995) などの知見が得られた。

　家族研究においては、子どもの意味や数については情報として把握されてきてはいるが、ジェンダーの視点から少子化の要因分析を目的とする研究は乏しい。特に、女性の高学歴化や就業との関連が高いというならば、結婚や家族に関する動向の階層差を確認することは、少子化対策を検討する意味からも重要である。この領域の数少ない研究から得られた知見は、子どもの数自体には階層差はみられないが、その他の面では違いがある可能性が高い。例えば、高学歴層では自己実現が、低学歴層では経済的理由が、理想の子ども数と現実の子ども数のズレをもたらす要因である可能性、第一子の育児期間中の夫婦関係のありかたの階層差と第二子希望へのその影響、役割分業観や育児分担の実態や期待に関する夫婦のズレ（特に夫婦の階層的地位が異なる場合）などである (Aldous, 1996；Kohn, 1997；McMahon, 1995)。

　ジェンダー役割やジェンダー意識と出産志向・子どもの価値・子育て観・出生行動などとの関連を分析するに資する全国規模の既存資料も著しく限られている。ここでは、以下の資料をレビューした。

①東京都生活文化局 (1990)『母親就業を中心とした社会参加と親役割に関する調査』
②毎日新聞社人口問題調査会編 (1992)『日本の人口——少産への軌跡』
③厚生省人口問題研究所 (1993)『現代日本の家族に関する意識と実態——第1回全国家庭動向調査』
④生命保険文化センター (1991)『女性の生活意識に関する調査』
⑤生命保険文化センター (1994)『夫婦の生活意識に関する調査』
⑥日本女子社会教育会 (1995)『家庭教育に関する国際比較調査報告書』

　その結果得られた知見は、次のようにまとめることができる。

第1章　少子化のジェンダー分析

　まず調査①において、「子どもの数が少ない」ことと相関する変数は、「夫婦が伝統的規範をもたない」「妻がジェンダー役割規範をもたない」「妻のジェンダー役割遂行度が小さい」「夫婦が互いに期待するジェンダー役割が異なる」「夫の家庭生活参加が少ない」「夫婦の満足度・配偶者に対する満足度が低い」「子育ての充実度が低い・子育ての不安が高い」「就業関連時間が長い」「育児支援がない」などである。

　調査②においては、少産傾向は「避妊の開始時期が早いほど」みられ、高学歴層、若年層、大都市居住者にその傾向が強いこと、また、中絶経験との関連では、家庭のタイプについての妻の意識が「夫婦中心」よりも「子ども中心」の場合中絶経験が少なく、「夫婦中心」型の意識をもつ妻は就業して子ども数が少ないという傾向を示している。出生数と避妊や中絶パターンとの関連および妻の就業などと家族タイプ別の意識との関連が明らかにされている。

　調査③において、「子どもの数が少ない」ことと相関する変数を探索すると、「出産・育児サポート資源となる人物がいない」「妻が伝統的規範をもたない」「妻がジェンダー役割規範をもたない」「家族生活満足度が低い」「夫の家事分担が少ない」「夫の育児分担が少ない」「妻が夫の家事・育児協力に不満」「夫に対する妻の家事・育児協力期待が現実を上回る」「夫婦が自宅を離れて就業する時間が長い」「夫が家庭を重視しない」などが明らかになった。「家族の機能を出産・育児と考える」場合にのみ、子ども数は多い。

　調査④、⑤では、少子化と晩婚化との関連をも含めて、子どもをもつことと生活意識との関連を明らかにしようとしている。「晩婚」との相関が強い変数には、「夫婦の年齢差が小さい」「高学歴である」「理想の子ども数は少ない」などがみられ、「少子化」との相関が強い変数としては「就業時間が長い」「高学歴である」「賃貸住宅居住」「大都市居住」などがみられる。「少子化」と正の相関が認められるのは「晩婚」「高学歴」であった。結婚や子どもをもつことと生活意識との関連は、例えば「バリバリウーマン」と名づけられたいわゆるキャリア型女性は理想子ども数・現実の子ども数共に1人またはゼロが多く、末子が乳幼児の女性は「生活満足度は低い」「自分一人の時間を増やしたがっている」「無職の場合、理想生活時間と現実のそれとのギャップが最大」といった傾向となっている。また、結婚で最も失うものとして「自由時間が減る」

ことを挙げている。

　調査⑥は、日、韓、米、英、スウェーデン、タイなど6カ国を対象とする国際比較調査であるが、ここでも日本の特徴を浮かび上がらせている。日本の場合、他の国に比べ、子どもと親との接触時間をみると母親の就業の有無で母子の接触時間に最大の開きがみられ、就業と育児の両立の立ち遅れが反映されている。さらに、子どもとの接触時間の父母の差が最大であるのは日本と韓国で、ここにはジェンダー役割の強固さが反映されている。また、家族規範に関しては、家族のライフスタイルの多様性を認める程度は西欧3カ国に近接しているが、子連れ離婚や同棲、非血縁の子を育てるなどの許容度は低く、夫婦と血縁の子どもで成る家族への固執が強いことがうかがえる。

3　仮説の検出

　以上のような調査、文献レビューにより得た知見から浮かびあがってきた実情は、夫は稼ぎ手で妻は主婦であるという日本社会のジェンダー分業、なかでも家事や育児が妻のみの責任とされる構造が強固に存在すること、それに対する不満が妻にあることが少産と相関していること、ジェンダー分業に賛同しない意識の女性は少産という選択を結果的にしていること、高学歴女性や大都市居住者にその傾向が強いこと、長時間就業が家庭役割との両立を困難にする要因であること、性関係や出産に関する関心が研究レベルでも低いことからうかがえるセクシュアリティとしての出産や出産の制度への日本社会の鈍感さ、などである。そして、その背景には、夫と妻とその子どもたちで構成される家族を当たり前とする意識が、ライフスタイルの多様化を認めるとしながらも維持されていることで、個人としての生き方と家族の中で生きることのギャップに揺れる女性の状況がみられる。ライフコースに反映される人口学的要因の変化や女性の就業動向などに影響されてきた家族の変化は、結婚観や子ども観等の変化と連動しており、家族の社会的単位としてのまとまりを絶対視する前提も揺らいできている。妻の就業が「稼ぎ手」としての役割を果たせる状態となって、夫と妻の性別分業が不明瞭となるようなジェンダー役割革命に至るには当然のことながら家事や育児の性別分業も不明瞭となることが前提となる。この

ような「家族の個人化」(目黒,1991;1992;1999)が達成されない状況では、女性の個人としての生き方の制約につながる結婚や出産は女性の意識の中では忌避されるものとなる。

このような観点から、今後の作業ガイドとなる仮説化に向けて、まず、命題として「個人の意識および社会システムのレベルでジェンダー役割革命による家族の個人化が遅延すると、晩婚化および少子化は進む」を設定し、それを基本にして次のような仮説を導き出した。

ア 就業におけるジェンダー間の不平等は、親の家族規範および経済力を媒介として、晩婚化及び少子化を促進する。

イ 「出産は結婚制度の中で」という意識が強いと、晩婚が少子化の原因となる。

ウ ライフコースの変化とともに変化したジェンダー観は男女で異なり、そのギャップは晩婚化の原因となる。

エ 「男性=稼ぎ手」規範の下では、男性の経済的自立のタイミングは結婚のタイミングを規定する。

オ 少子化を促進する主な要因は、少ない夫の家事・育児分担、それに対する妻の不満、低い生活満足度、低い配偶者への満足度、少ない育児サポート資源、多い就業関連時間、乳幼児の母親の生活不満、子育て不安感、管理された出産システムへの抵抗感、などであり、その背景には、男性に「稼ぎ手」役割に加えて家族役割を求める若い女性のジェンダー観と性暴力に表れる従来の男性中心のジェンダー関係への抵抗がある。

カ これまでの晩婚化は、不平等なジェンダー役割分業システムの下で、積極的キャリア志向というよりは独身の「成り行き」の延長であった。

上のエおよびオから、晩婚化のみでこれからの出生率低下を説明できなくなることが予想される。

4 分析デザイン

先行資料のレビューの結果、晩婚化や少子化をもたらした要因を上記のように整理したが、このような状況の背景には、キャリア志向の女性が漸増する一

方で、若い女性たちのジェンダー役割観が必ずしも男女のジェンダー役割の代替性を求める方向に変化しているということではなく、男性に対しては近代家族システムにおける男性役割である「稼ぎ手役割」に加えて同システムの女性役割とされる家族役割をも期待し、彼女たち本人は従来の女性役割とされる「主婦役割」につながる行動を回避したい、という意識構造が存在することが明らかとなった。これまでにみられた晩婚化は、積極的キャリア志向の結果というよりは、社会における、家庭における、そして社会と家庭の間における不平等な役割分業システムの下での独身状態の「成り行き」の延長であったとみることができる。つまり、現存の社会システムの下では、不満足な状況に入っていくような結婚はできるだけ先延ばしにする、リターンよりもコストやリスクの大きい出産は控える、ということである。このような結果からわれわれは、結婚と出産行動の密接な関連は続くものの、晩婚化という要因のみで出生率低下の説明をすることが困難な状況になりつつあると予測した。近代家族システムと適合性の高い性役割分業を前提とする社会システムを根本的に見直さない限り、女性にとって出産はコストやリスクが高いものと意識され続けるだろう、ということが全体として明らかになったのである。このような判断から、われわれは、女性たちの結婚・出産行動に影響を及ぼす諸要因の特定とそれらの関連性を明らかにする分析デザインを図1-1のように仮定し、その検証作業を行った（図1－1）。

　まず、われわれの目的は少子化の原因の分析にあるので、分析デザインに含まれる従属変数は「少子化」である。すでに「晩婚化」が「少子化」の原因であるとの説明が定着しているものの、日本の出産がほとんど婚内でみられる状況から、「出産は結婚制度の中でという規範」を前提とするものであることを指摘する必要がある。さらに、結婚が安定した出生力の絶対条件であるかどうかを確認することが必要であるところから、少子化の原因を「結婚回避」と「出産回避」に分類した。この2変数を説明する変数群を3グループに分類し、それらの間およびそれらと従属変数との規定関係を矢印で示した。結婚・出産回避という意識あるいは行動は、女性の積極的あるいは消極的選択であり、また、意識と生活実態とのズレが結婚・出産に関する女性たちの決定に影響を与えていることが明らかであること、また、図中の主要な構造変数のうち、独立

第1章 少子化のジェンダー分析

図1-1 分析のスキーム

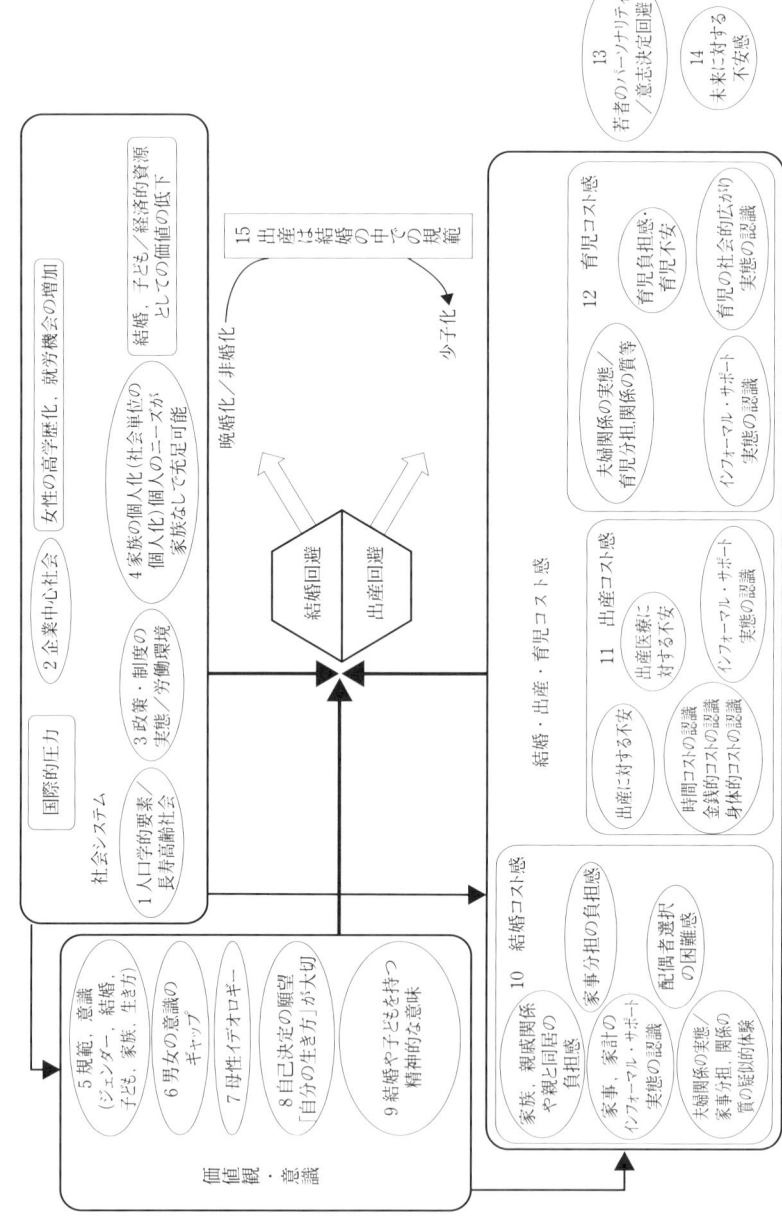

変数の第1変数群の中では制度・政策関連および規範を中心に、また第2・3変数群でも意識レベルのものを中心とした。特に第3変数群は、結婚や出産、育児のコストに関する個人の認識であり、経済的なコストのみでは測れない結婚・出産・育児という行為の負担感が、社会レベルでみられる意識の変化と関連しながら結婚回避や出産回避に結びついているのではないかという新しい予測を検証するためのものである。第1独立変数群「社会システム」で取り上げるのは「人口学的要素」、「企業中心主義」、「政策・制度の実態／労働環境」、「家族の個人化」の4変数である。第2独立変数群「価値観・意識」で取り上げるのは「ジェンダー・結婚・子ども・家族・生き方意識」、「男女の意識ギャップ」、「母性イデオロギー」、「自己決定願望・自分の生き方重視」、「結婚・子どもの精神的な意味」の5変数である。第3独立変数群「結婚・出産・育児コスト感」で取り上げるのは「結婚コスト感」（結婚生活に関連する親・親族関係の負担感や家事分担の負担感、家事分担を含む夫婦関係の実態やインフォーマル・サポートの実態などを含む）、「出産コスト感」（出産や出産医療に対する不安、時間的・金銭的・身体的コスト認識、インフォーマル・サポート実態の認識などを含む）、「育児コスト感」（育児負担感・育児不安、育児分担を含む夫婦関係の実態、インフォーマル・サポートや育児の社会的広がりの実態の認識などを含む）の3変数である。

5　分析方法

計量分析の対象として用いた資料の中心は、『女性の生活意識に関する調査』(1991年実施)、『夫婦の生活意識に関する調査』(1994年実施)、『現代日本の家族に関する意識と実態——第1回全国家庭動向調査』(1993年実施)で、これらのデータの2次分析を行った。

さらに、質的分析のための既存のデータが不足しているところから、われわれは、新規のデータ収集のために以下のようなグループ・インタビューと質問票調査を実施した。これは特に第3独立変数群と従属変数との関連を確認する上で欠かせないものである。

第1章 少子化のジェンダー分析

1) グループ・インタビュー

	対象者	人数	年齢層	地域
①	独身女性	6	20歳代	首都圏
②	独身女性	5	30歳代	首都圏
③	独身女性	5	20歳代	地方都市（山形県A市）
④	独身男性	5	20歳代	首都圏
⑤	既婚女性・無子	5	30歳代	首都圏
⑥	既婚女性・有子	8	20歳代後半～30歳代前半	首都圏
⑦	既婚女性・有子	5	20歳代	地方都市（山形県A市）

（既婚有子はすべて子ども2人で、過去3年以内に出産経験がある。首都圏の既婚有子グループは2グループに分けてインタビュー。各グループへのインタビューは、1999年3月から4月にかけて、共通のインタビュー・スケジュールを用いて実施された。調査地の選定については第8章参照。被調査者のプロフィールは、巻末の資料3を参照）

2) 質問票調査（「出産に関する大学生意識調査」）

調査目的は出産に関する大学生の意識と知識のありようを明らかにすることであり、調査の対象者は、プロジェクト・メンバーが担当している首都圏の大学の受講生である。実施期間は1999年1月で、標本数は451サンプルで調査は授業時に実施した（巻末資料1および2参照）。

結婚や育児の社会的・心理的コスト感については、これまでに十分とは言えないまでも調査の対象となっていた。しかし、「出産コスト感」という概念は、出産が一つの「普通の」行為としてみられ、当事者の不安や身体的コスト・金銭的コスト・時間的コストへの留意など存在しない状況では、全く新しい、しかも、現代の出産回避につながる要因として重要な意味をもつかもしれないのである。ところが、この関連のデータはほとんどない。そこで、簡単な内容ではあるが、出産に関する意識と、その意識形成の基礎となる知識についての調査を行ったわけである。

以下の各章において、それぞれの独立変数群と結婚・出産の回避および少子化との関連について、分析結果を考察する。

第2章

ジェンダー・システムと少子化

目黒依子

1 はじめに

　本章では、われわれの分析デザインで示した少子化の要因の第1変数群である社会システムについて、ジェンダーの視点からその特徴を整理し、それがいかに結婚回避・出産回避、ひいては少子化をもたらす基盤となったか、について考察する。

　日本社会の少子化は、人口学的要因はもとより企業中心主義、政策・制度の実態や労働環境、家族の変化などの要素と関連が強いとみられる。これらの変数は、単独でというよりは相互に関連しあって、日本社会の諸相にみられる様々な変化をもたらしたと考えられる。また、変化の実態が制度・政策・理念などと整合性を保てない状況になってきたことが、結婚・出産意識や行動の変化をもたらしたと言える。したがって、本章での議論は、1つ1つの変数と少子化との関連を個別に分析するのではなく、各変数が相互に関連しあって性役割分業に基づく社会システムが強化され、強固に維持され、そしてそれが晩婚化と少子化の促進に特に影響を及ぼした論理とプロセスを明らかにすることを意図している。

2 企業中心主義と近代家族の定着

　少子化問題の基底には出生率低下という人口現象があるが、これは、戦後日本の復興と切り離せない政策努力の結果であった。言い換えると、それは、企

業中心主義の原理に基づく日本経済発展政策であった。産児制限のキャンペーンは、農村のみならず企業単位でも全国的に展開された新生活運動の主要な柱であった。日本企業のとった経営家族主義の下で、企業という家のメンバーとなった労働者本人のみならずその妻たちも、夫という労働者の労働力再生産のための福利厚生の一環として企業一家に内包され、仕事に専念できる夫のための家庭という環境作りに専念する、という仕組みが作られた（目黒・柴田、1999）。子どもの数を制限して養う口を減らし、生活の質を向上させることが労働の質を高め生産効率を高めるという観点からの企業による家族政策は、経済復興から更なる経済成長を実現するための国の政策と合致するものであった。受胎調節に失敗した際の処置として人工妊娠中絶が優生思想を維持した状態で「合法化」され、妊娠中絶が産児制限の重要な手段となる結果となった。出生力の調整は、女性を中心的なターゲットとした、いわば女性の身体を生殖の道具とする発想に基づいて実施され、女性たちはそのような方針に応え、夫婦の平均子ども数2人というレベルは十数年で達成された。

　戦後初期の重工業を基幹産業として進められた産業化は、生産の場での労働力の再生産を家庭で行う仕組みとして「夫は稼ぎ手、妻は主婦」というペアで成り立つ近代家族を日本のシステムとして生み出した。企業に忠誠を誓うことで稼ぎ手役割の担い手としての地位を保証される夫と、その夫に経済的に依存しつつ夫の労働力を再生産する妻、が中心となる近代家族は、軍国主義下で少年時代を過ごし、戦後復興期には民主主義教育の下で思想的混乱を体験しつつ青年期を迎えた出生コーホートと、それに続く急激な都市化の中でサラリーマンとなったコーホートがその担い手となり、当たり前の家族として定着していった。「夫は稼ぎ手、妻は主婦」という公的領域と私的領域とのジェンダー分業を基盤とする近代家族のもう一つの側面は、恋愛感情に基づいてデートを経て結婚に至る夫婦の情緒性である。情愛と配偶者の自己選択に基づく民主家族という名の下に、それぞれの役割の担い手が性別で固定化されるという仕組みが、都市化や職業構造の変化とともに日本社会の基盤となったのである。

　近代家族形成の担い手たちは、民主主義教育による平等主義と産業化によって要請されたジェンダー役割分業観を、矛盾することのない価値観とする時代の担い手であった。経済成長期の近代家族においては、主流となってきた恋愛

結婚をした夫婦は「稼ぎ手」と「主婦」、つまり、家族を養うために働くのは夫＝父親、家事や平均2人となった子どもの育成は妻＝母親が責任者として、家庭の中でのジェンダー分業と家庭と仕事のジェンダー分業が固定化した。女性の居場所は家庭であるというシステムの下で、女性が働くのは学校卒業後結婚までの一時期、というのが生き方のモデルであった。働く女性の既婚率や年齢の上昇がみられた1970年代には、主婦の就労は家計補助として社会的に認められるようになったが、その働き方は男性の場合とは異なる主として「非熟練、低賃金」でパートタイムが典型であった。このような働き方をする女性は、企業にとっては便利な調整弁的労働力であり、日本の経済成長に大きく貢献したと言える。また、働く主婦の意識も、主婦としての役割や存在感を脅かすことのない就労を期待する傾向が一般的であったと言える。

晩婚化や出生率低下の傾向がみられ始めた1970年代半ばは、女性雇用者のうちに占める既婚者の割合が5割を超え、年齢別女性労働力率のM字型の底辺が25〜29歳から30〜34歳に移行するとともにM字の後ろの山が高くなるM字型就労パターンが定着し、女性雇用者中の短時間雇用者の割合が急増し始めた時期であった。出産期がやや遅くなり、子育て後はパート的就労をするパターンの始まりであり、近代家族を守りながら主婦として家庭外就労をする女性の生き方が最頻ケースとして表れるようになってきた。この時期に、女性の生き方を問い直すインパクトとなったのは、グローバルな男女平等・発展（開発）・平和への国際的な取り組みである。

1975年を国連婦人（女性）年と定めて以来、4回の世界女性会議や国連特別総会「女性2000年会議」に至る国連を中心とした国際的な女性の地位向上へのアプローチに対して日本政府は賛同し、第1回世界女性会議（1975年）後、総理府に「婦人問題対策室」（現内閣府「男女共同参画局」）を国の担当機関として設置し、世界行動計画に基づく日本の国内行動計画の策定、「女子差別撤廃条約（通称）」批准に基づく国内法の改正や「男女雇用機会均等法（通称）」の制定などの女性政策を展開してきた。このような対応は、女性が社会的に独立した存在であることを制度的に確認したという意味で重要である。この頃から、マスメディアを含め社会一般の視線にも変化の兆しが出てきたが、働く女性の増加や高学歴化とともに少子化の傾向が顕在化し、女性の個人としての存在性

と家族の変化(揺らぎ)が注目されるようになったのである。

3　日本の近代家族とその揺らぎ

　出生を抑制し、家庭で労働力を再生産するシステムとしての近代家族がようやく定着してきた頃には、そのシステムを揺るがすような条件が出現してきた。近代家族の出現は、戦前の家制度の原理とは異なる家族理念に基づく家族システムへの移行という意味で、戦後の第1期家族変動であった。しかし、このシステムを支える諸条件の変化が、早くも1970年代後半に表れ始めたのである。その変化の中心は女性の就業観や結婚観などに関する意識の多様化と共に進んだ既婚女性の就業の一般化や晩婚化、そしてその結果としてのライフコースの変化である。

　その意味で、近代家族の揺らぎの分析には、ジェンダーの視点が不可欠となる。女性の生き方や意識の変化と家族の変化が連動しているのは、近代家族の成立を経験した社会には共通にみられる傾向である。そのような変動を分析する枠組の一つとして、「家族の個人化」仮説(目黒、1991；1992)がある。これは、女性が「稼ぎ手役割の担い手」となることによって「稼ぎ手と主婦」システムとしての近代家族が終焉し、次に出現する新しい家族は、夫と妻の経済力が均等化し「稼ぎ手と主婦」というジェンダー役割が性別で固定されない代替性のある流動的な役割となる状況で自立的な個人が作る親密集団となる、というものである。男女のジェンダー分業の根幹となる近代家族システムと生産システムとの関係が根本的に変革されることがその前提条件となる。

　女性の自立を通してのジェンダー役割の変化を促進する要因には、法的・制度的要件や教育の向上・多様化、個人の経済力につながる雇用労働化、文化的(規範)要件などの他に、人口学的要因が挙げられる。日本の場合、女性の自己決定力をつける条件の一つである経済力をみてみると、例えばパートタイム就業者の確実な増加や男女の賃金格差にみられるように、女性が自立した稼ぎ手になりうる性格のものではないことが明らかである。その背景には、子育て期には育児に専念し、働く場合はその期間の前後に、というライフサイクル型就労が望ましいという意識の強さ(厚生省、1996)や、雇用慣行、税制、年金

制度などにみられるような専業主婦を制度的に保護し奨励する仕組みが存在する。

では、曲がりなりにも日本の近代家族システムを揺るがせ始めた要因は何か。一つは、寿命の延びと少子化による日本人のライフコースの変化がある。日本社会の高齢化が注目されるようになり始めても、男性の生き方は一家の稼ぎ手として働くことを中心に組み立てられることに変わりはなかった。しかし、女性にとっては、主婦・妻・母として女の一生を生きるというそれまでのライフコースを問い直す必要に迫られる状況が生じてきたために、その生き方は大きな挑戦を受けたのである。戦後世代では、寿命が延びたことで成人後の期間が延びたが、それは同時に学校教育の期間の長期化や就業することの通常化、結婚や出産のタイミングの遅れを伴い、かつまた出生児数の減少によって育児期間も短縮した。出生児数2人の場合、長子と末子の出生間隔は短縮し、その分育児期間が短くなる。これは「親業期間」の短縮であり、寿命の伸びと結びついて、末子の成人をみることなく死亡した一生とは異なり、親業期間の後に来る「脱母親期」の出現（目黒、1980）につながった。寿命の更なる伸長は「脱母親期」を長期化した。日本の場合、この「脱親期の誕生」およびその期間の伸長が比較的短期間で急速にみられたことが特徴で、日本の経済成長の担い手となった世代は、そのライフコースの前半には予想しなかったような、また日本人が歴史的に未経験の「脱親期」というライフステージをどう生きるかが問われることになったわけである。

女性にとって一生を「主婦・妻・母として生きる」ことの現実的基盤を揺るがせられるこのような変化に加えて、離婚の増加は、一つの夫婦関係が一生継続するとは限らないことを示した。学校終了、結婚、出産、離婚、再婚などのライフイベント（人生上の出来事）の経験タイミングの変化により、一度決められたコースを歩むことで一生を終える可能性が減少し、様々のライフイベントの種類や経験タイミングを一人一人が選択する状況が表れたということである。例えば晩婚化と離婚率の上昇によるライフコースの多様化をみると、1965年と1990年との比較では、初婚年齢は2.2歳上昇、生涯未婚のままで死亡する者は4.9％増加で12.9％、離婚者は6.9％増の16.2％で離別期間は3.9年短縮し18.2年、再婚者は5.7％増の10.0％、離別状態で死亡する者は1.2％増の6.2％

となっており (高橋、1997)、いわゆるノーマルとされていた家族的生活をしない日本人のライフコースが25年間に拡大したことがわかる。

このようなライフコース・パターンの変化は、成人したら結婚して家族をつくり、その中で生きることを前提とする人生観から、家族というライフスタイルを人生上のいつ、どのような環境で、誰と共有するかという、生き方の選択肢とみる方向に人々の意識を変化させる重要な要因であったと言える。もっとも、ゆるやかにではあるが社会規範が変化してきたにもかかわらず、稼ぎ手としての夫と専業主婦の妻そして子ども2人の「標準家族」を前提に維持されている諸制度の下では、ライフイベントの選択やその経験タイミングの選択が標準的でない場合には不利益がある。ライフコースが多様化するという状況の中で、女性たちの意識の変化は、成人期の後半に来る長い「脱母親期」の生き方を模索することから逆算した形での成人期前半のライフイベントの選択を試行することの必要性が生み出した一つの結果だと言えよう。

他方、一家の養い手として働くことに専念してきた男性たちのライフコースのイメージは近代家族を前提としたままであり、ジェンダー役割観の男女差が、女性の結婚回避傾向につながる要因となっている。このことは、女性が社会的に一人前として自立できる状況となったために結婚に消極的となったのではなく、配偶者選択における男女のジェンダー観のミスマッチによる晩婚化が生じたということである。

日本の近代家族の揺らぎをもたらすことにつながるもう一つの要因は、女性たちの結婚や家族についての意識であった。ライフコース・パターンの変化と女性の意識の変化の因果関係は明確ではないが、少なくとも中・高年期の長期化という現実を前に、子どもの独立後、稼ぎ手役割からリタイアした夫との生活をデザインする必要を感じた女性たちの結婚観や家族観は変化してきた。統計に表れた最大の意識変化は結婚観である。「女性の幸福は結婚にある」という考えに賛成という女性は、1972年では4割であったのに対し、1984年では約3割、1990年では14％に激減した。「結婚は女性にとって精神的経済的安定」に賛成は、それぞれ21％、22％、9％で、「人間として当たり前」に賛成の女性は、それぞれ20％、18％、21％となっている（厚生省、1996）。女性の生き方は結婚にあり、とする前2項目への賛同は1980年代に激減したと言える。1972年と

1984年の間に「一人立ちできれば結婚しなくてもよい」に賛成する女性は13％から24％に増加した。1990年の総理府による調査では、「一人立ち」に代えて「結婚は個人の自由」という項目が導入され、これに賛同する女性は26％となっている（厚生省、1996）。「相手による」（1990年、22％）を加えると、結婚は個人が選択するものという考え方が半数を占め、女性の生き方＝結婚という考え方の支持者を大きく上回っている。

また、ジェンダー役割観についての典型的な尺度となっている「男は仕事、女は家庭」という考え方についての意識は、これに賛同する女性の割合は1980年代には減少し、引き続き1990年代にはさらに減少した（1987年37％、1990年25％、1995年22％、厚生省、1996）。「女性の結婚」観についての意識には大きな性差はみられなかったが、男女の役割分業については性差が著しく、仕事と家庭の男女の分業を是とする男性は、1987年では52％、1990年では35％、1995年で33％と女性を大きく上回る。しかし、男女共に1990年代に入って以来、「男は仕事、女は家庭」という役割分業に同感しない者の割合が確実に増えている。

一方、有配偶女性のみを対象にした調査では、「夫は外で働き、妻は主婦業に専念すべき」という夫婦の役割分業に賛成は51％、反対は43％で、意識の傾向がやや異なる（厚生省人口問題研究所、1996）。しかし、年齢による差がみられ、50歳未満で45.7％、50歳代で56％、69歳以上で67.8％と、高齢になるほど賛成が多数派となっている。ただし、29歳以下でも4割以上の妻がこの規範を支持しているのである。また、妻の就業状態による差異はかなり明白で、このような夫婦の分業規範に「反対」は、妻が常勤者の場合67％、パート・自営業・家族従業で54.7％、専業主婦で38％となっている。

妻が専業主婦であるべきだと考える妻たちは、夫は家事や育児など家庭内の役割を担う必要がないと考えているのだろうか。「夫も家事や育児は平等に分担すべき」に賛成とする者は7割で反対は25％であり、若い層ほど賛成が多いが、70歳以上でも5割を占めている。就業状況別にみると、妻常勤では80％、専業主婦でも71％が賛成である。「夫は外で働き、妻は専業主婦」という考え方に対する態度表明は、「どちらかといえば」付きの賛否であるのに対し、「家庭内役割の夫婦の平等分担」に関しては、「全く賛成」が2割近くで、積極的賛成の意思表示が多いことが特徴である。

このような「妻はどちらかと言えば専業主婦」「夫は仕事も家庭も」という妻たちの夫婦役割期待は、「働く夫はほとんど家事をしない」「働く妻は仕事と家庭の両方の担い手」という実態（総務庁、1997；経済企画庁経済研究所、1997）とはかけ離れている。そして、妻たちの夫に対する家庭役割への期待は、20歳代30歳代の年齢層では、中・高年齢層に比べて明らかに高い。例えば、「父親（夫）は、ふだんあまり家にいなくても、何か問題があった時、解決してくれればよい」という考えは、29歳以下の妻の73％、30歳代の妻の67％が反対で、しかも「全く反対」がそれぞれ29％、27％となっている。また、「夫は、会社の仕事と家庭の用事が重なった時は、会社の仕事を優先すべき」には、反対の割合は少数派ではあるが、29歳以下で43％、30歳代で40％であるのに対し、40歳代の29％から70歳以上の16％へと、明らかな年齢差がみられる。このような傾向は、夫は仕事中心であっても、若い年齢層の妻たちは、家庭は夫と共有するものだという意識が強いということを示している。

　家族は夫婦と子どもで成り立つという近代家族の前提についての意識（結婚すると子どもをもつのが当たり前）も、「夫婦は子どもをもって初めて社会的に認められる」に反対が29歳以下では71％、30歳代で66％、60歳代で35％と、若い層ほど結婚と子どもをセットとする家族観は弱い。

　また、女性の高学歴化による価値観への影響についてみると、例えば4年制共学大学の卒業生調査では、夫婦別姓を認めることについては75％が賛成、「法律婚外での出産を好ましいとしない」に反対が60％、「経済力は男女を問わずもつべき」が92％、などと先端的な意識を表明しているが、その一方で、男性には家族を養う義務があるという考えに賛成が76％と多数派である。ただし、30歳代以下では40歳代以上に比べてこの考えに反対する者が多い。また、「女性は子どもを産んで一人前」という考えに反対が75％、「育児には両親が同等の責任がある」とする者は98％となっている（上智大学学内共同研究、1994）。女性を結婚や家族の中に拘束する従来のジェンダー役割には反対としながら、男性の稼ぎ手役割を否定しないという傾向が極めて強い。彼女たちは、女性の就労を支援する制度は充実していない（90％）と認識しており、調査対象者の6割が既婚、7割が就業者であるところから、女性が就業することの現実を直視した態度形成だと思われる。しかし、20～30歳代で男性の家族扶養義務に否

定的な者が3割近くいることは、日本の家族が個人化する一つの条件の兆しとして注目できよう。

4 女性・ジェンダー政策

第2節でみたような国連を中心とする国際的な女性の地位向上・エンパワーメント活動に呼応した日本の女性政策の流れは、戦後の経済復興・発展の仕組みの基礎となった企業中心主義と近代家族システムにおけるジェンダー役割の固定性やその仕組みを支える制度の見直しにつながったのだろうか。女性や家族を念頭に置いた政策を概観すると、次のようにまとめることができる。戦後の占領政策には女性の参政権・労働権などを含む男女同権がうたわれた一方、母性保護・母子保健などに関する政策ではジェンダーとしての女性を生物学的性としての母に還元する発想が基底にあった。経済成長を支える仕組みとして、資本の要請に忠実な「稼ぎ手」とその再生産に家庭で専念する「主婦」で構成される家族像を前提としたジェンダー役割を固定化する方向への政策は、1960年代から1970年代にかけて次々に打ち出された。

まず、女性を夫という男性に経済的に依存させる状況に閉じ込めるという仕組みとして現在でも問題提起が続いている税金の配偶者控除制度は1961年に発足した。翌1962年には学習指導要領が改訂され、中学校に技術・家庭科がそれぞれ男女別のカリキュラムとして新設され、その翌年には高校で「家庭一般」が女子のみ必修となった。同1963年には、経済審議会による「人的能力発展のための課題と対策」が答申された。これは、高度経済成長に伴う労働力需要と高学歴化にともなう若年労働者不足、機械化による労働内容の単純化、企業側の人件費削減ニーズ、などの状況において、女性をパートタイム労働に活用しようという主張で、家庭での再生産活動に支障を来すことなく、また、雇用調整の安全弁としても便利な労働力として、女性の労働権を認めるというよりは、近代家族のジェンダー分業を強化する性格のものであった。

1966年の中央教育審議会による「後期中等教育の拡充整備についての答申」では、産業界が求める人材育成に合う教育を前面に出し、女子に関しては家庭における独特の役割を担うゆえ、その特性を生かすような履修の方法を求めた。

この答申の別記として付記された「期待される人間像」では、産業化の進展に伴う人間疎外の危機に対処するための機能を愛の場としての家庭に求めている。このような経済発展中心の発想で個人の生活に介入する政策姿勢は、家庭生活審議会の「あすの家庭のために」(1968年)、教育課程審議会「高等学校教育課程の改善について」(1969年)にみられる「男女の特性教育」の強調と続いた。

一方、1972年には働く女性が家庭生活と職業生活の両立を可能にするような配慮を要請した「勤労婦人福祉法」が公布・施行された。1960年代は、経済成長のための企業が求める労働力とそれを支える家庭としての近代家族の定着が政策課題となったが、その家族とは、形の上で恋愛結婚に基づく夫と妻が中心の家族とはいえ、役割分業の遂行によってつながっているものの、精神的サポートという面が未熟な集団であった。家族の機能低下や危機に対応する社会福祉政策の必要性が認識され始めてくる時代であった。

1970年代の半ばになると、高度経済成長の終焉とともに、家族は社会的支援の対象から社会保障の担い手とみられるようになる。政府による「家庭基盤の充実に関する対策要綱」(1979年)は家庭を国の中核的組織と位置づけ、「家庭の日」を国民の祝日として意識を高めることや、老親扶養・三世代世帯に対する持ち家政策(長期で低利の住宅融資)や税制上の優遇措置を掲げた。大平総理時代の政策研究報告書である『家庭基盤の充実』(1980年)では、三世代同居を日本人の親子観、内面的道徳の反映であるとし、その支援策を講じている。そのスタンスは、女性が外で働いて収入を得ることが評価されるようになり、専業主婦が自信と誇りを失い、欲求不満や迷いをもつようになったため、家庭基盤充実の施策は女性の育児活動に対する社会的評価を改善向上するものであり、専業主婦の役割の評価を高め、彼女たちを勇気づけるものとして、配偶者手当の大幅増額を提案した。働く女性に関しては、本来育児は家庭において親によって行われるのが望ましいと知りつつ、やむをえず働く女性たちのために、家庭の役割を部分的に代替するものとしての保育所や託児所の制度整備を訴えている。1980年には、夫の財産形成における妻の寄与を評価し、夫の死後の妻の経済的地位を守る意図で、配偶者の民法上の法定相続分を3分の1から2分の1に引き上げ、1984年には、税制改正により非課税限度額引き上げ、パート

所得の減税、同居老親の特別扶養控除などを実現した。さらに1985年には、主婦の年金権を「基礎年金」として年金制度に導入し、1987年には、所得税における配偶者特別控除を取り入れた。

本来、国民国家の形成と適合性をもつ家族として形成された近代家族であるから、家族への支援はその外部システムが提供する仕組みが成立しているはずである。しかし、そのような側面は経済成長に有利なジェンダー役割分業の部分が強調されることでかき消され、経済成長の停滞の下で政府の社会保障システムのスリム化を図ろうとする政策の方向性は、家庭の自助努力をもとにした「日本型福祉」社会をつくるために女性を育児や老人のホーム・ケアの担い手として専業主婦の制度的保護を強化するというものであった。この1980年代という時期は、国連を中心とする女性の地位向上を進めるための国内施策を実現していくことが要請されている時期でもあり、この間に実現された妻の法定相続分の増加や家事労働の評価、年金権の確立などは、国際社会で合意された女性の地位向上の内容に即したものと言える。

しかしながら、税制や年金制度の下で保護される妻は専業主婦であり、またその立場から逸脱することなく隙間就業をして家計を補うパート就業主婦であって、これらの制度は働く女性が増加し、「男女雇用機会均等法」が成立していったにもかかわらず、夫に扶養されない妻やシングル女性たちの家事・育児・老親介護などの評価を認めるものではない。そこには、家庭基盤とは家庭に専従する主婦のみが担うものであるという思想が根強く存在し、家族は結婚した男女、子どもやその他の生活共有者たちがつくりあげていくものだという発想が乏しい。国際社会の合意となったジェンダー役割分業の否定とは逆の方向に進められた政策である。女性が経済力をもつことは女性のエンパワーメントの重要な要素であるが、専業主婦優遇の諸制度はこれを否定する性格のものと言える。

5　政策理念・制度・実態における不整合

1980年代の家族政策は、一方では家族を福祉社会日本の主体的な基礎単位として位置づけ、その核として主婦の果たすケア役割を想定し、その役割を社会

的に評価するとしながら、他方では国際化の動向を踏まえた日本の将来像を価値観の多様化・人口高齢化・女性の社会進出などに応じた個人の自己責任による自己実現を促進する生活の場としての家族ととらえ、働き方や家族のありかたを選択する主体的な単位は個人であるとするスタンスをとっていた。このような個人の自立を要請する政治理念は1990年代に引き継がれ、日本社会は性別・年齢などを問わず誰もが快適に自己実現を追求し個性が発揮できるような方向を目指すものとされた（通産省、1990）。『平成4年版国民生活白書』は、主体としての個人が生き方の選択をする、家族はそのための場であってそれ自体が行動主体ではない、したがって一般的に成立していた平均的な家族像に基づく政策が現実の変化に対応できない場合には柔軟に変化を受容し対処する必要があると述べ、性別分業を前提とした主婦という女性の家庭への囲い込み制度の見直しを示唆している。

しかしながら、男性に付属することで存在証明を得、生活保障を確保するという社会システムの中に置かれ続けていた女性の多くは、自己責任においてニーズを充足し、生き方の選択を主体的に実行することができる個人に突然変異するわけではない。家事も育児も仕事も老人介護も、そして地域社会の活動もと幾多の役割を担うことを期待される女性たちの選択は、現実に入手可能な資源を駆使する範囲内でのものである。既婚女性の就労が増大し、単親家族（特に母子家族）が増加傾向を示し、「非家族的生活者」の女性が青年期のみならず高年期でも多いという現実に対し、専業主婦をその典型とする女性を念頭に置いた家族政策が継続してきた状況では、M字型ライフサイクル・パターンや少産化もそのような選択の結果であったのである。就業する女性は、安くて便利な（いつでも家庭に帰せる）「主婦」という位置づけをされ、報酬や職務などにおいて男性とは異なるシステムの中に組み込まれたままである。これでは、女性が「稼ぎ手役割」を取得するには程遠い。北欧社会のように、経済成長期の労働力不足を補うための「正規」の労働力という位置づけではないので、家事や育児を社会制度で支えるという政策は日本では発達しなかった。また、近年に至るまで成長型の経済構造を維持してきたために、夫の「稼ぎ手」としての収入と妻の「補助的」パート就労によって家計を支える仕組みが可能であったことが、主婦的就労の継続を可能にしたと言える。夫に扶養される妻とその

夫のペアが単位として優遇される制度の下で、その有利性を維持する就労パターンとしてパートタイム就労が増加してきたのも、このような選択の結果だと言える。家庭外の仕事と家庭内の家事というジェンダー役割分業は、夫のみが就業する片働き夫婦と夫就業・妻パート就業の夫婦において類似のパターンがみられるが、これは妻の就業によって夫婦の役割分業が変化をしないほうが現存の社会の仕組みに適合性が高いということの証明になろう（例えば日本労働研究機構、1995）。女性の高学歴化や就業という社会進出が、女性の経済的自立の方向に向かうのではなく、夫に扶養される身分を維持することによって女性が社会保障を確保できるという仕組みが続いてきたのである。

女性の「社会参加」が女性政策のキーワードとなった1980年代に活発になった主婦を中心とする地域活動は、従来の家庭内役割に追加された家庭の外での無償労働という新しい役割となった。主婦が主婦として地域で担う役割の追加に伴って家庭内のジェンダー役割が緩和されたわけではなく、新役割の獲得が稼ぎ手と主婦の分業システムの変化に直結することはなかった。このような新性役割分業システムは「女性は家庭」から「女性も地域という家庭の外へ」と生活領域の拡大を意味するが、近代家族の基本理念を否定するものではなかった。

女性の就業それ自体は当たり前、地域活動も行政に支援される、といったように、女性が家庭の外に出ることが普通のライフスタイルとなった。しかし、女性の就業は「稼ぎ手」としての男性のそれとは異なる仕組みが維持される一方、老親のケアという大きな役割が家庭内の役割として増大してきた。また、地域での活動も消費者としての観点からのものが中心で、これは家庭内役割の延長線上にある。女性の活動や行動の範囲が広がり、ライフコースに変化がもたらされて、女性の意識が変化してくるにつれ、社会のジェンダー分業という大枠を崩そうとする試みもみられるものの、おおかたの傾向はその大枠の中で可能な修正や選択を試みるという、一種の自己防衛的対応であったと言える。日本の近代家族は、揺らぎながらも、次に向かうものが修正近代家族か、それとも「稼ぎ手と主婦のペア」から個人化に向かうのか、まだ不鮮明である。意識を変えつつある女性たちは、このようなリンボー状態にあり、近代家族を前提として組み立てられた制度が引き継がれたままで次の段階が見えない不安ゆ

えに、次世代につながる人生設計に積極的になれない状況があると言えるのである。

6　リプロダクティブ・ライツ

1994年にカイロで開かれた世界人口・開発会議は、それまでの人口会議とは異なり、女性の人権としてのリプロダクティブ・ライツ（性と生殖に関する権利）をキー・コンセプトとすることで、一連の女性の地位向上運動の重要な一部となった。1.57ショックへの女性たちの反応の内容が、この概念によって、この時点で、性と生殖にかかわる女性の人権の問題であると認識されるようになったと言える。カイロ会議での公式文書に導入されたことで国連の公式用語となったこの概念は、その後、日本の女性たちの間に一般化していった。1995年の第4回世界女性会議（北京）において採択された行動綱領にも重大領域の一つとして位置づけられ、したがって日本の国内行動計画にもそれが反映されることとなった。

人口問題を数量としての人口の問題としてとらえ、出生率や人口増加率のコントロールによる問題解決を前提とする従来の人口会議に対し、カイロ会議の合意は、女性の地位向上・自己決定権の確立という観点から人口問題にアプローチするものである。このような戦略の有効性についての問題として、女性の地位と出生率との関係が示唆されているものの例外も多く、家族や女性の地位・役割についての価値観が宗教・伝統などに影響される社会では逆に問題解決を遅らせる可能性があること、また、個人の決定の結果が社会全体として満足いくものかどうか（例えば希望子ども数）などが指摘されている（阿藤、1994）。マクロ・アプローチからミクロ・アプローチへという流れは、人口のみならず環境や開発に関しても共通するもので、そこには主体が誰かという視点の相違や利害の対立における優先性の問題がある。カイロ会議においてみられた転換は、人口政策は性と生殖に関する女性の身体および精神の制度的支配であるという認識が確認され、性と生殖に関する女性の自己決定権をグローバル・スタンダードにする方向が示されたことであろう。もっとも、このような発想が各方面にすんなりと受け入れられたわけではなく、特に宗教的原理を盾

に反論を唱える国や団体が多く、その反論のもとになっているのが結婚や家族の定義である。

　日本の場合、カトリックやイスラームの原理に基づくリプロダクティブ・ライツの否定といった原理主義は弱く、国連の人口会議や女性会議において原則的にこの概念を承認している。しかし、過去の経過をみれば、人口政策と女性の自己決定権の視点が対立するものであることは明らかである。人口政策は国力としての人口への関心から、女性の出生力をコントロールすることにより人口規模や構成を適正に維持する方策を図る。それは女性の身体を生殖の道具とみなすものであり、抑制策から増加策へと転換が要求される中で、その政策決定に参加することもなく振り回されることに対する異議申し立てが、女性は「数」ではなく「人格」だというリプロダクティブ・ライツの主張となったのである。江原によれば、1.57ショックにおける女性運動の反応の背景は、女性問題が人口問題に言及するときのイシューは「人工妊娠中絶」に集中していたこと、そしてそれは戦前の「堕胎罪」を引きずったままの優生保護法と女性の自己決定権を否定する形で何回も浮上したその改正の動き、という人口問題に女性たちが直面させられてきた「血なまぐさい」問題であったと言う（江原、1992）。そして、このショックを契機に、人口問題・人口政策をとらえ直そうとする方向や女性が子どもを産める社会環境にするために何が必要かを議論する方向がでてきたと言う。しかし、国側で考える人口政策に産む主体としての女性という観点が入るには、カイロ会議を待たねばならなかったということである。

　1996年6月の第136回国会会期末のわずか5日間で成立した「母体保護法」は、戦前の「堕胎罪」を引きずったままの「優生保護法」の優生思想の部分を削除した法律案として可決された、女性を「母性」としてとらえることが明白な議員立法である。付帯決議として「女性の健康の権利等に関するプロジェクトチーム」の設置が決議されているが、ほとんど議論がないままに男性議員たちにより立法に至ったプロセスは、カイロ会議のフォローアップの形をとりながら、その意図された方向とは逆行している。

　そこにはジェンダーとしての女性を生物学的性としての「母」に還元し女性の身体を政策的にコントロールするものという発想が根強く、リプロダクティ

ブ・ライツの概念に沿ったものとは言いがたい。第2次大戦後の占領政策に盛り込まれた女性の地位向上につながる女性政策は、女性の参政権や労働権の確保、生活改善の推進の一方で、人口政策の一環としての母性保護・母子保健といったジェンダーとしての女性を「母性」に還元する発想の政策が展開され、今日にまで受け継がれている。人口や保健にかかわるこれまでの行政は、出生行動の主体である女性を単なる「対象」として認識し、そのように位置づけていた。カイロ会議や北京会議の意志を政策に反映させるためには、根底的な発想の転換を迫られているのである。

　1997年10月に発表された人口問題審議会報告書（人口問題審議会編、1998）は、個人の自立・自己実現と他者への貢献が両立する新しい家族像を基本にした社会造りを呼びかけ、人口問題を数としてのみならず、少子化の要因として女性の意識や状況に注目し、さらにその背景に個人の生き方の多様化を阻害する固定的な性役割分業構造の存在を指摘している。少子化の功罪について両論を併記しながら何らかの対応が必要であるとしている。そしてその場合、「戦前・戦中の人口増加政策を意図するものではないこと」、「妊娠、出産に関する個人の自己決定権を制約してはならないこと」、「男女を問わず、個人の生き方の多様性を損ねるような対応はとられるべきではないこと」など、個人の選択や決定権を前提とした政策介入であることを強調している（人口問題審議会編、1998）。

　また、平成10年版厚生白書『少子社会を考える』は人口問題審議会報告書を受けて、出生率回復への試みは個人の自立を基本とするという立場をとり、自立した個人の生き方を支える家族、そのような個人が連帯し支え合う地域、多様な生き方と調和する職場や学校が求められる方向に日本社会が変化してきたことをデータを駆使して論じている。「自立した個人」「男女共生」など性役割分業や世帯単位の諸制度に挑戦するキーワードを基礎にして書かれた白書のアピールが、日本社会のジェンダー構造の変革なしには有効な少子化対策がないということを行政が認識したという証明であれば、今後の課題はその実現あるのみであろう。

第3章

ジェンダー意識の変容と結婚回避

江原由美子

1 はじめに

　この章では、以下の議論の基礎となるような、ジェンダー意識の現状とその変容に関していくつかの意識調査に基づいて実態を把握するとともに、それが結婚に関する意識や行動とどのようなかかわりをもっているのかを考察したい。
　まず本章で用いるジェンダー意識という概念について、簡単に定義しておく。以下ではジェンダー意識という言葉を、性別や性差についての意識・態度・行動などを意味する包括的概念として、使用することにする。
　「ジェンダー」という言葉は、1970年代以前においては、「文法上の性」を指す場合のみに使用される、日常語ではなじみが薄い言葉であったが、第二波フェミニズムが台頭した70年代以降、女らしさ・男らしさなどの性別的特徴や性差のうち、社会的文化的に形成される側面を指す言葉として、学問・運動・政策などにおいて、頻繁に使用されることになった。しかし今日においては、心理学的研究などにおいて、性差がそれほど明確には存在しないことが明らかになってきている。すなわち実際に確認される性差よりも、われわれが日々使用している日常知において前提とされている性差のほうが、ずっと大きいことが明らかになってきているのである。
　ここから、ジェンダーを、実際の（知能や性格などの）性差を意味する概念としてではなく、日常知における固定的役割観や固定的男女観などを意味する概念として使用する使用法が、確立されてきた。すなわち男女の異なる行動は、社会的文化的に形成された性差から生まれているというよりも、「男女はどの

ように違うのか」「どのように違うべきか」などに関する、社会的文化的に形成された知識から、生まれてきていると考えられるようになってきたのである。本書のジェンダーという言葉の使用法も、性差ではなく性差に対する知識を含意する、この現在の使用法に沿うものである。ジェンダー、すなわち性差に関する知識は、具体的には、日常生活者の意識・態度・行動に、表れていると考えられるからである。ジェンダーという言葉のこのような含意を明確化するために、本章では、ジェンダー意識という言葉を用いることにしたい。

2　1980年代末から90年代に大きく変容したジェンダー意識

この意味におけるジェンダー意識は、1975年の国連国際婦人年をきっかけとして、政府が「国内行動計画」を発表した頃から、政策的働きかけもあって、変化し始め、特に80年代末～90年代において、大きく変容したと思われる。以下においては、最も広範かつ頻繁に調査が行われている項目の一つであるとともに、現代社会におけるすべてのジェンダー意識を規定していると思われる性

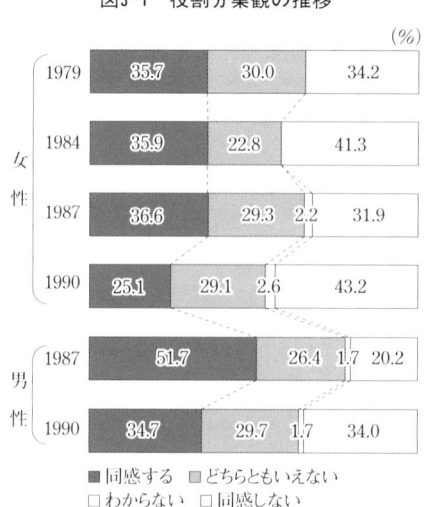

図3-1　役割分業観の推移

	同感する	どちらともいえない	わからない	同感しない
女性 1979	35.7	30.0		34.2
女性 1984	35.9	22.8		41.3
女性 1987	36.6	29.3	2.2	31.9
女性 1990	25.1	29.1	2.6	43.2
男性 1987	51.7	26.4	1.7	20.2
男性 1990	34.7	29.7	1.7	34.0

資料）『女性に関する世論調査』総理府、1991．
出所）フォーラム女性の生活と展望編『図表でみる女の現在』ミネルヴァ書房、1994．

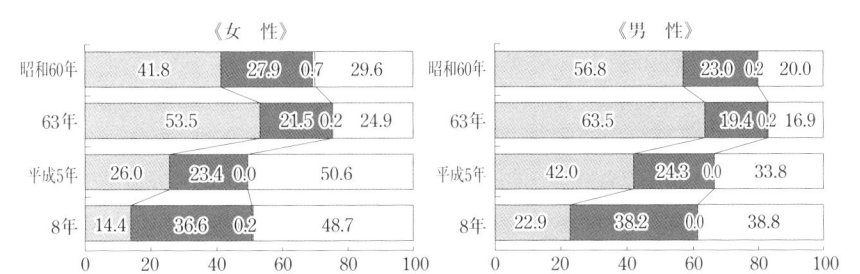

図3-2 「男は仕事、女は家事」という考え方の推移

《女性》
昭和60年	41.8	27.9	0.7	29.6
63年	53.5	21.5	0.2	24.9
平成5年	26.0	23.4	0.0	50.6
8年	14.4	36.6	0.2	48.7

《男性》
昭和60年	56.8	23.0	0.2	20.0
63年	63.5	19.4	0.2	16.9
平成5年	42.0	24.3	0.0	33.8
8年	22.9	38.2	0.0	38.8

注：1. 設問は以下の通り。
  昭和60年、63年調査は「男性は仕事、女性は家庭にあって家事・育児を行うのが適している」に対する賛否。
  平成5年、8年調査は「『男は仕事、女は家庭』という考え方がありますが、あなたは、この考え方に同感するほうですか。それとも同感しないほうですか」
  2. 回答選択肢は以下の通り
  昭和60年、63年調査は「そう思う」「ややそう思う」の計を「同感する」、「そう思わない」「あまりそう思わない」のを「同感しない」として集計
資料：婦人問題に関する世論調査（情報連絡室）
　　　男女平等に関する都民の意識調査（生活文化局）

別役割分業意識に即して、その変化の様相をみてみよう。

図3-1は、全国調査、図3-2は、東京都民対象の調査結果である。全国調査における最も大きな転換点は、87年から90年にある。また、東京都民対象の調査においても、85（昭和60）年から88（昭和63）年の間ではむしろ賛成が増加するかにみえた性別役割分業意識は、93年においては明確に賛成者が減少しており、やはり転換点は80年代末〜90年代にあるといえる。先述したように、性別役割分業意識は、現代社会において最も広範な影響力をもつジェンダー意識である。性別役割分業意識の強さは、他の性差意識と強く相関していることが明らかになっている（図3-3参照）。したがって性別役割分業意識が変容したということから他のジェンダー意識の変容を推測することは、十分可能である。

3　ジェンダー意識の現状にみる男女間・年代間ギャップ

では、現状における性別役割分業意識は、男女間あるいは年代間でどのようなギャップがあるのだろうか。図3-1と図3-2からわかるように、性別役割分業

第3章　ジェンダー意識の変容と結婚回避

図3-3　性別役割分業意識と性差意識

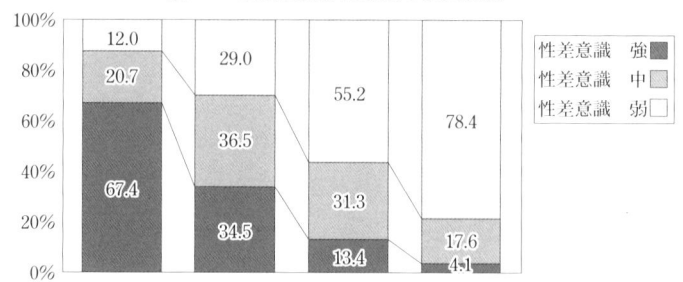

性別役割分業に	賛成 N=92	どちらかといえば賛成 N=345	どちらかといえば反対 N=134	反対 N=74
性差意識 弱	12.0	29.0	55.2	78.4
性差意識 中	20.7	36.5	31.3	17.6
性差意識 強	67.4	34.5	13.4	4.1

注：性差に関する意識調査項目（複数）の反応に基づいて、性差意識が弱い／中／強いの3段階に分けた。
出典　『性差意識の形成環境に関する研究』東京女性財団　1996

表3-1　「夫は外で働き、妻は家庭を守るべきである」という考え方について（神奈川県調査）

	そう思う（小計）	そう思う	どちらかといえばそう思う	どちらともいえない	そう思わない（小計）	どちらかといえばそう思わない	そう思わない	無回答
	%	%	%	%	%	%	%	%
総計［男女］	43.9	13.6	30.3	28.5	25.5	9.4	16.1	2.1
女性	35.9	10.1	25.7	32.8	29.4	10.2	19.2	2.0
男性	54.0	18.2	35.8	23.4	20.8	8.4	12.4	1.8
［男女・年齢］								
（女性）								
20歳未満	17.5	5.0	12.5	47.5	55.0	17.5	37.5	-
20～29歳	27.6	4.4	23.2	35.3	36.4	9.6	26.8	1.7
30～39歳	23.0	3.9	19.1	36.5	40.4	14.5	25.9	-
40～49歳	31.9	7.8	24.1	36.3	31.5	11.2	20.3	0.3
50～59歳	40.1	11.7	28.5	34.7	23.4	9.5	13.9	1.8
60歳以上	57.7	22.9	34.8	22.9	12.3	5.1	7.2	7.2
（男性）								
20歳未満	50.0	22.7	27.3	61.8	18.2	-	18.2	-
20～29歳	48.4	14.1	34.2	27.7	23.4	10.3	13.0	0.5
30～39歳	40.6	9.4	31.2	30.2	28.7	12.4	16.3	0.5
40～49歳	47.1	11.5	35.7	25.0	26.6	9.8	16.8	1.2
50～59歳	59.6	18.4	41.2	19.2	19.2	7.5	11.8	2.0
60歳以上	69.5	33.2	36.3	17.0	9.3	4.2	5.0	4.2

出典：神奈川県民対象『男女共同社会に関するアンケート調査』神奈川県　1995年

(「男は仕事、女は家庭」)に「同感する」と回答するものは、いずれの時期においても女性よりも男性が多く、その差は、8ポイントから16ポイントにのぼっている。

表3-1は、神奈川県民を対象とした性別役割分業意識についての1995年の調査結果であるが、ややでこぼこはあるものの大きくみれば、男女とも年齢が若いほど性別役割分業に否定的な意識をもっていることがわかる。興味深いことに、年齢が若いほど、男女間の差異は大きくなっている。60歳以上の男女では、男女間の差異は12ポイント程度であるが、30～39歳では18ポイント、20～29歳では20ポイントの差異がある。また図3-4は東京都民を対象とした「性別役割についての考え方」に同感するかどうかという質問に対する1996年の調査結果であるが、ややでこぼこはあるものの大きくみればここでも、「男は仕事、女は家庭」という考え方に対しても、「女性は家庭に迷惑をかけない範囲で働くのがよい」や、「女性も男性と同じように働くのがよい」という考え方に関しても、年齢が高い世代よりも若い世代のほうで、男女間の差異がより大きくなっていることがわかる。

また、東京都の成人と高校生を対象とした1995年の性差意識調査によれば、高校生の女子では、「男は仕事、女は家庭」に「賛成」あるいは「どちらかといえば賛成」と回答した者の比率はあわせて33.6％であったが、男子では63.7％にのぼり、その差異は30ポイントになった。同じ調査において成人の「賛成」「どちらかといえば賛成」の者の比率は、女性57.3％、男性78.9％であり、成人男女で性別役割分業に賛成する者の比率はいずれも高校生より高いが、同年代での男女間の差異に着眼する限り22ポイントの差異と、成人のほうが高校生より低い結果となっている（東京女性財団、1996）。

これらの結果から、少なくとも首都圏の男女に関していえば、若い年代の方が、年上の世代よりも、ジェンダー意識の男女間の差異が大きくなっていると言うことができる。

4　若い女性のジェンダー意識の変容

前節において考察したように、性別役割分業意識は、男女とも年齢が若いほ

ど否定的な意識が強くなるが、首都圏の調査をみる限り、女性のほうによりその傾向が強く表れるのに対して、男性のほうではそれほどではない。その結果同じ年代における男女間の意識の差異は、若い年代のほうが年上の年代よりも大きくなってしまう。若い女性は従来の女性の生き方にとらわれることなくどんどん変化しているのに、若い男性のほうの意識はなかなか変化しないことが、同じ年代の男女間のジェンダー意識のギャップを増大させているのである。

では、こうした若い女性たちのジェンダー意識の急速な変容は、女性たちのライフコース観にどんな変容をもたらしているのだろうか。以下では、仕事・結婚・出産・子育てなどのライフコース観に関連するような、若い女性のジェンダー意識の変容に焦点をあててみよう。

図3-4において20代女性と30代女性の意識の差異に着眼してみると、20代女性も30代女性もいずれにおいても、性別役割分業に「同感する」者の比率は、20代で4.8％、30代で6.0％と、非常に低い。他方「女性も男性と同じように働くのがよい」に「同感する」と回答している者の比率は、30代では28.9％であるのに比較して、20代では53.2％にのぼり、非常に大きくなっている。他方、同じ「女性も男性と同じように働くのがよい」という考え方に「同感する」者

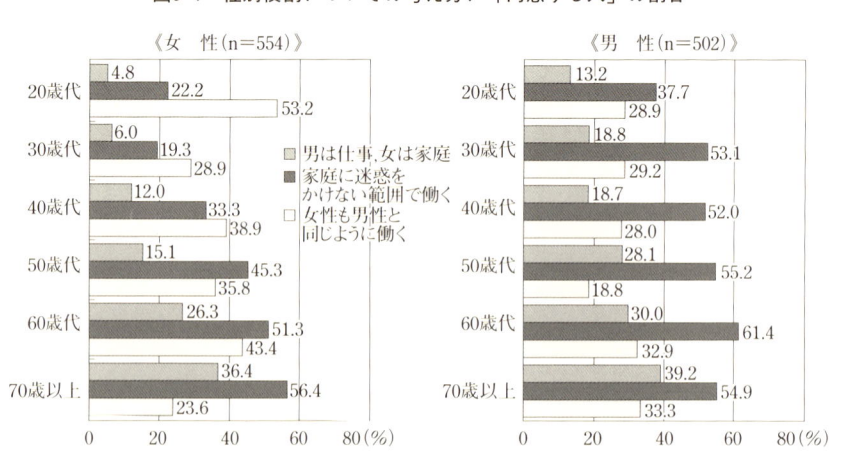

図3-4 性別役割についての考え方に「同感する人」の割合

《女 性(n＝554)》

年代	男は仕事,女は家庭	家庭に迷惑をかけない範囲で働く	女性も男性と同じように働く
20歳代	4.8	22.2	53.2
30歳代	6.0	19.3	28.9
40歳代	12.0	33.3	38.9
50歳代	15.1	45.3	35.8
60歳代	26.3	51.3	43.4
70歳以上	36.4	56.4	23.6

《男 性(n＝502)》

年代	男は仕事,女は家庭	家庭に迷惑をかけない範囲で働く	女性も男性と同じように働く
20歳代	13.2	37.7	28.9
30歳代	18.8	53.1	29.2
40歳代	18.7	52.0	28.0
50歳代	28.1	55.2	18.8
60歳代	30.0	61.4	32.9
70歳以上	39.2	54.9	33.3

注：各設問に対する「同感する」と答えた人の割合。
資料：男女平等に関する都民の意識調査（生活文化局　平成8年）

の比率は、30代男性では29.2%、30代女性では28.9%と、ほとんど同じである。ここから、20代の男女においては、「女性も男性と同じように働くのがよい」と考えるかどうかということをめぐって、非常に大きな考え方の差異が生じてしまっていることがわかる。20代においては、年上の女性たちに比較して非常に多くの女性が「女性も男性と同じように働くのがよい」と考えるようになってきているのに対して、男性のほうにはそうした変化は生じていない。

　こうした調査結果からわかるように、若い女性たちにおいては、ジェンダー意識の中でも、「働くこと」や「職業」に対する考え方が、大きく変化してきている。かつては、女性の「腰掛け意識」が問題として取り沙汰されることもあったが、現在では非常に多くの女性たちが、「女性も男性と同じように働くのがよい」と考えるようになってきているのであり、バブル崩壊後の不況期においては就職環境の悪化もあって、安易に仕事を辞めることが少なくなってきている。実のところ30代女性たちにおいても「性別役割分業」はほとんど支持されておらず、多くの女性たちが「仕事に未練を残しつつ結婚・出産に伴うやむをえない事情で職場を去った」のである（30代女性における「女性も男性と同じように働くのがよい」という考え方に対する20代女性との大きな差異は、30代女性たちが現実に直面して強いられたこうした選択を背景にしていると考えられる）。しかし、20代女性たちが同じ事態に直面したとき、同じ選択をするかといえば、昨今の未婚化・晩婚化・非婚化現象をみる限り、そうではないと言えるのではなかろうか。

　若い女性たちの「結婚観」はどう変化しているのだろうか。図3-5は、東京都民を対象とした調査において、「結婚するかどうかは個人の自由である」という考え方に賛成する人の比率を、性別・年代別にグラフ化したものである。ここから男女別では女性のほうが、年代別では若いほうが、より肯定していることがわかる。20代女性と30代女性に着眼してみると、こんどは、20代は73%、30代は80%と、やや30代の肯定する割合が高くなっているが、いずれにせよ非常に多くの若い女性たちが「結婚するかどうかは個人の自由」と考えていることがわかる。図3-6は「夫婦別姓制度を認めるほうがよい」という考え方と、「女性は20歳代で結婚するほうがよい」という考え方に対する回答者の回答比率を性別・年代別に示した横浜市の調査の結果である。

図3-5 「結婚するかしないかは個人の自由である」に賛同する人の割合

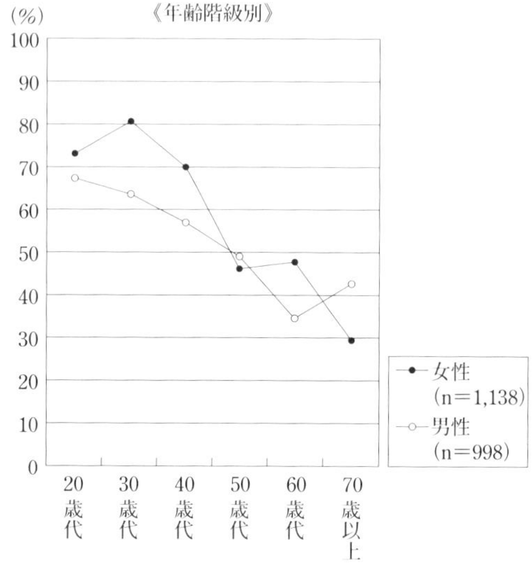

《年齢階級別》

出典:『都民の生活意識と生活費用等実体調査』東京都生活文化局 1996

　「夫婦別姓制度」を肯定する回答に着眼すると、30代女性が最も高く、次いで20代女性が高くなっている。「女性は20代で結婚するほうがよい」という考え方を否定する回答に着眼すると、やはり30代女性が一番高く、次いで40代女性、その次が20代女性となっている。ここから、20代女性は、30代女性と比較すれば「結婚観」においてはやや保守的であるということができるが、それでも、かなりの層が、既存の「女性の生き方」に反発を示していることがわかる。また夫婦別姓制度に関する意識でいえば、20代女性は30代女性に比較してやや保守的であるとはいえ、同じ20代の男性と比較した場合、約14ポイントも肯定する人の比率が高くなっており、30代における男女差が約10ポイントであるのに比較すると、男女間格差はより大きくなっている。別の調査では、20代女性が最も夫婦別姓制度に肯定的であるという調査結果もある(東京都生活文化局、1996)。

　「子どもをもつこと」についてはどうだろうか。図3-7は、図3-6と同じ横浜市の調査の、「女性が子どもを産むことについての意識」の結果である。まず、

4 若い女性のジェンダー意識の変容

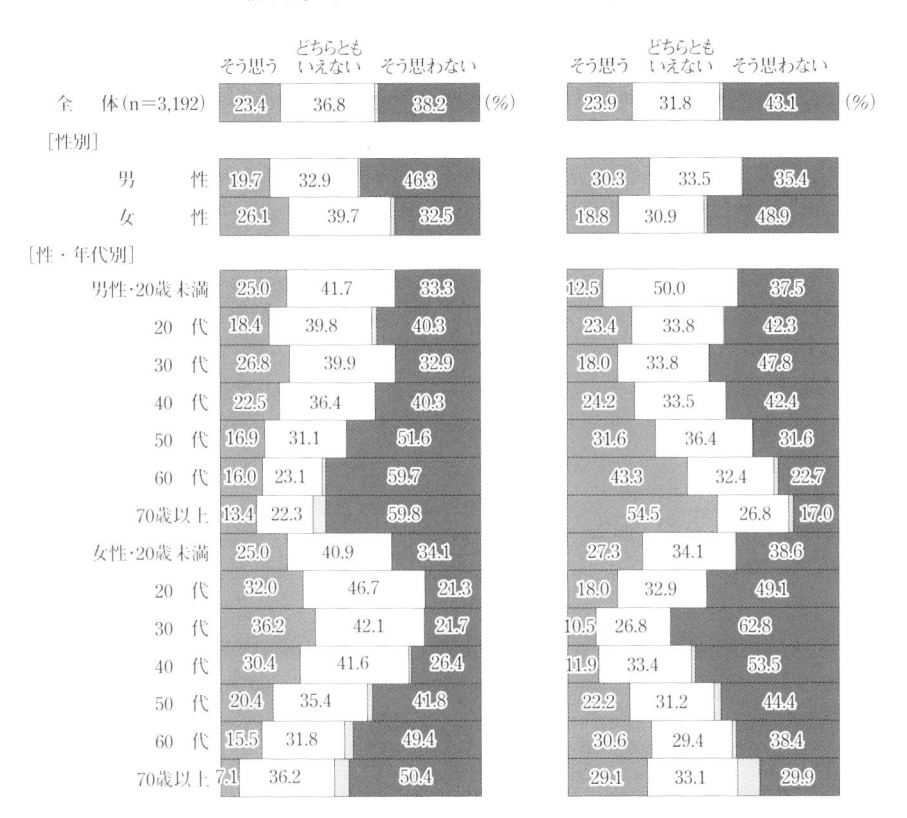

図3-6 『男女の役割分業と家庭に関するアンケート報告書』(横浜市 1997)

(7) 夫婦別々の名字を名乗ることを認める方がよい

	そう思う	どちらともいえない	そう思わない
全体 (n=3,192)	23.4	36.8	38.2 (%)
[性別]			
男 性	19.7	32.9	46.3
女 性	26.1	39.7	32.5
[性・年代別]			
男性・20歳未満	25.0	41.7	33.3
20代	18.4	39.8	40.3
30代	26.8	39.9	32.9
40代	22.5	36.4	40.3
50代	16.9	31.1	51.6
60代	16.0	23.1	59.7
70歳以上	13.4	22.3	59.8
女性・20歳未満	25.0	40.9	34.1
20代	32.0	46.7	21.3
30代	36.2	42.1	21.7
40代	30.4	41.6	26.4
50代	20.4	35.4	41.8
60代	15.5	31.8	49.4
70歳以上	7.1	36.2	50.4

(8) 女性は20歳代で結婚する方がよい

	そう思う	どちらともいえない	そう思わない
全体 (n=3,192)	23.9	31.8	43.1 (%)
[性別]			
男 性	30.3	33.5	35.4
女 性	18.8	30.9	48.9
[性・年代別]			
男性・20歳未満	12.5	50.0	37.5
20代	23.4	33.8	42.3
30代	18.0	33.8	47.8
40代	24.2	33.5	42.4
50代	31.6	36.4	31.6
60代	43.3	32.4	22.7
70歳以上	54.5	26.8	17.0
女性・20歳未満	27.3	34.1	38.6
20代	18.0	32.9	49.1
30代	10.5	26.8	62.8
40代	11.9	33.4	53.5
50代	22.2	31.2	44.4
60代	30.6	29.4	38.4
70歳以上	29.1	33.1	29.9

第3章　ジェンダー意識の変容と結婚回避

図3-7　『男女の役割分業と家庭に関するアンケート報告書』（横浜市　1997）

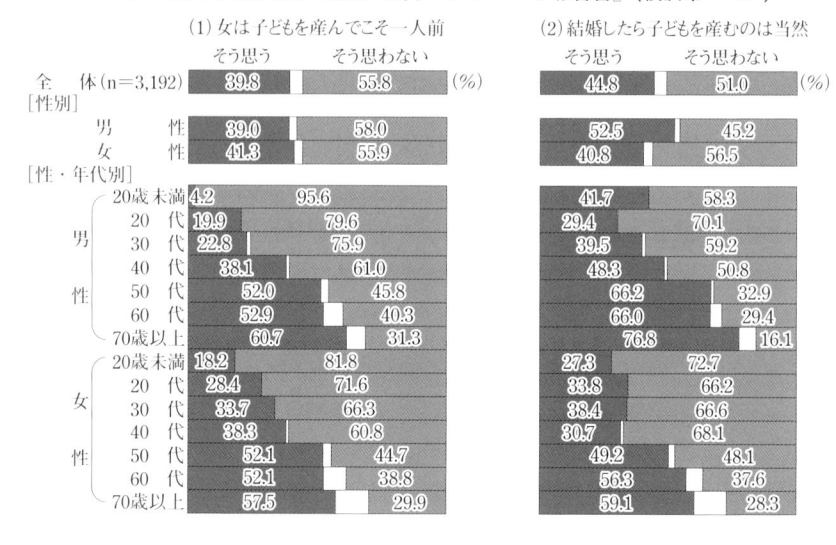

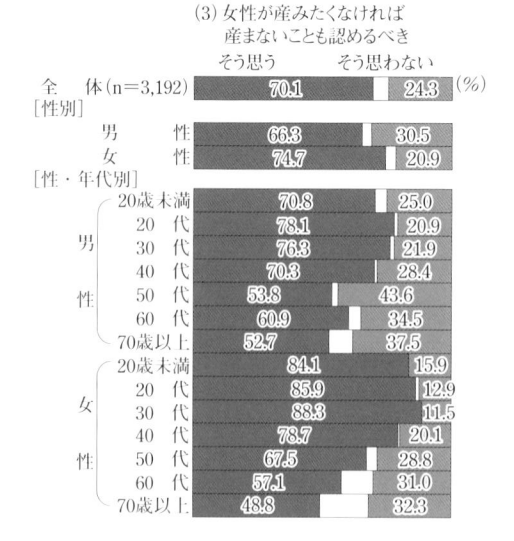

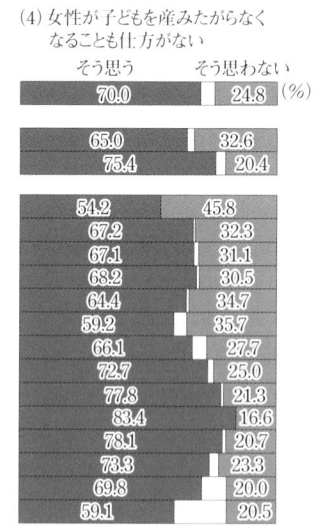

(1) 女は子どもを産んでこそ一人前

	そう思う	そう思わない
全体(n=3,192)	39.8	55.8
[性別]		
男性	39.0	58.0
女性	41.3	55.9
[性・年代別] 男性		
20歳未満	4.2	95.6
20代	19.9	79.6
30代	22.8	75.9
40代	38.1	61.0
50代	52.0	45.8
60代	52.9	40.3
70歳以上	60.7	31.3
女性		
20歳未満	18.2	81.8
20代	28.4	71.6
30代	33.7	66.3
40代	38.3	60.8
50代	52.1	44.7
60代	52.1	38.8
70歳以上	57.5	29.9

(2) 結婚したら子どもを産むのは当然

	そう思う	そう思わない
全体(n=3,192)	44.8	51.0
[性別]		
男性	52.5	45.2
女性	40.8	56.5
[性・年代別] 男性		
20歳未満	41.7	58.3
20代	29.4	70.1
30代	39.5	59.2
40代	48.3	50.8
50代	66.2	32.9
60代	66.0	29.4
70歳以上	76.8	16.1
女性		
20歳未満	27.3	72.7
20代	33.8	66.2
30代	33.4	66.6
40代	30.7	68.1
50代	49.2	48.1
60代	56.3	37.6
70歳以上	59.1	28.3

(3) 女性が産みたくなければ産まないことも認めるべき

	そう思う	そう思わない
全体(n=3,192)	70.1	24.3
[性別]		
男性	66.3	30.5
女性	74.7	20.9
[性・年代別] 男性		
20歳未満	70.8	25.0
20代	78.1	20.9
30代	76.3	21.9
40代	70.3	28.4
50代	53.8	43.6
60代	60.9	34.5
70歳以上	52.7	37.5
女性		
20歳未満	84.1	15.9
20代	85.9	12.9
30代	88.3	11.5
40代	78.7	20.1
50代	67.5	28.8
60代	57.1	31.0
70歳以上	48.8	32.3

(4) 女性が子どもを産みたがらなくなることも仕方がない

	そう思う	そう思わない
全体(n=3,192)	70.0	24.8
[性別]		
男性	65.0	32.6
女性	75.4	20.4
[性・年代別] 男性		
20歳未満	54.2	45.8
20代	67.2	32.3
30代	67.1	31.1
40代	68.2	30.5
50代	64.4	34.7
60代	59.2	35.7
70歳以上	66.1	27.7
女性		
20歳未満	72.7	25.0
20代	77.8	21.3
30代	83.4	16.6
40代	78.1	20.7
50代	73.3	23.3
60代	69.8	20.0
70歳以上	59.1	20.5

「女は子どもを産んでこそ一人前」「結婚したら子どもを産むのは当然」という考え方に対する性別・年代別の構成比グラフを見てみよう。いずれもほとんどきれいに年齢が若くなるほど否定する者の比率が高くなる結果になっている。「女は子どもを産んでこそ一人前」「結婚したら子どもを産むのは当然」といった考え方は、首都圏の若い女性では、7～8割までが否定しているのである。また「女性が産みたくなければ産まないことも認めるべき」「女性が子どもを産みたがらなくなることもしかたがない」に対する肯定度をみてみると、いずれも出産期にあたる20～30代の女性で、非常に高くなっている。若い女性たちは、「子どもを産むのは当然」という世間の視線に強く反発を感じ、「産みたくなければ産まなくてもよい」と、「産まない」という選択があることを肯定している。

　子育てについてはどうだろうか。図3-8は、同じ横浜市の調査における子育てに関連する意識をグラフ化したものである。いずれも年代差・男女差が非常に顕著である。若い女性は男性の育児休業について抵抗がなく、「女性が家にいて子どもを育てないと家庭が駄目になる」という考え方を肯定する者の比率が少なく、「男の子は男らしく、女の子は女らしくしつけたほうがよい」という考え方を肯定する者が少ない。しかし、「女性が家庭にいて子どもを育てないと家庭がだめになる」という考え方を肯定する者は少ないものの、「そう思わない」と明確に否定する者の比率は、それほど多くはない。この3つの問の中では、最も揺れているのが、この「女性と子育て」についての考え方である。

　民間研究機関による現在首都圏に居住する園児から小学校2年生までの子どもをもつ母親を対象にした調査によると、75.7％の母親が「子どものために自分が犠牲になるのはしかたがない」よりも「子育ても大切だが、自分の生き方も大切にしたい」という考えに近いと回答している。一方、74.3％の母親は「必ずしも母親でなくても、愛情をもって育てればいい」よりも「子どもは3歳くらいまでは母親が育てたほうがよい」という考えに近いと回答している（ベネッセ教育研究所、1998）。「三歳までは母親が」といういわゆる「三歳児神話」は、現在も強烈に持続しているのだ。若い女性たちの回答の中にみられる揺らぎは、こうした神話の影響ではないかと考えられる。

第3章　ジェンダー意識の変容と結婚回避

図3-8　『男女の役割分業と家庭に関するアンケート報告書』（横浜市　1997）

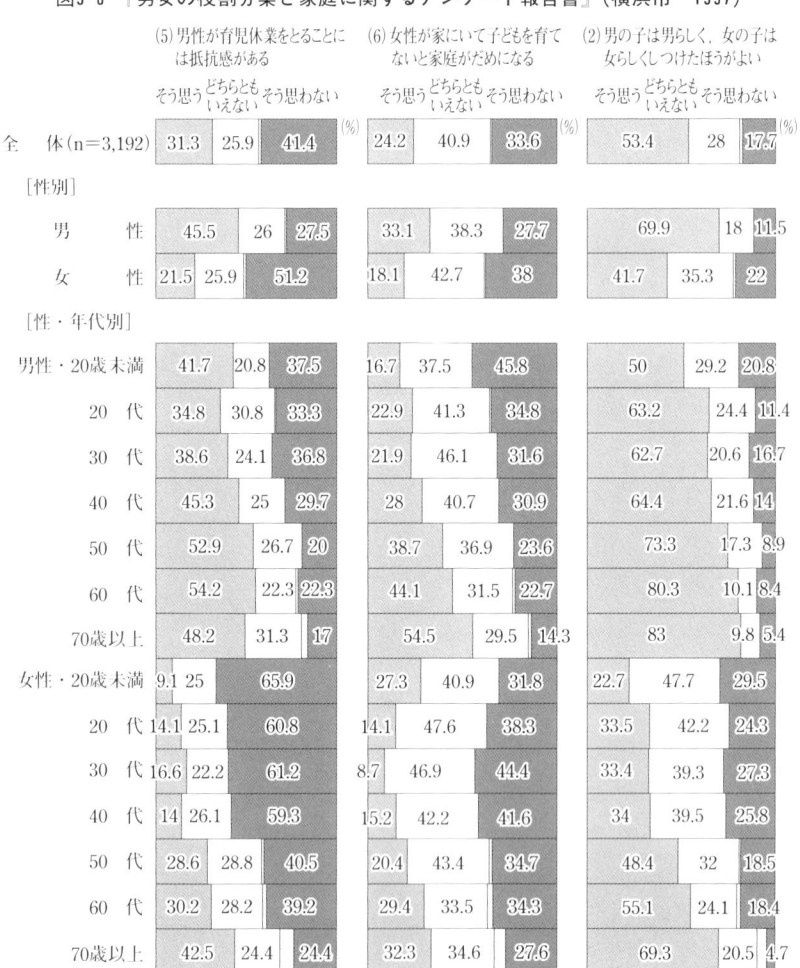

	(5)男性が育児休業をとることには抵抗感がある			(6)女性が家にいて子どもを育てないと家庭がだめになる			(2)男の子は男らしく、女の子は女らしくしつけたほうがよい		
	そう思う	どちらともいえない	そう思わない	そう思う	どちらともいえない	そう思わない	そう思う	どちらともいえない	そう思わない
全体（n=3,192）	31.3	25.9	41.4	24.2	40.9	33.6	53.4	28	17.7
[性別]									
男性	45.5	26	27.5	33.1	38.3	27.7	69.9	18	11.5
女性	21.5	25.9	51.2	18.1	42.7	38	41.7	35.3	22
[性・年代別]									
男性・20歳未満	41.7	20.8	37.5	16.7	37.5	45.8	50	29.2	20.8
20代	34.8	30.8	33.3	22.9	41.3	34.8	63.2	24.4	11.4
30代	38.6	24.1	36.8	21.9	46.1	31.6	62.7	20.6	16.7
40代	45.3	25	29.7	28	40.7	30.9	64.4	21.6	14
50代	52.9	26.7	20	38.7	36.9	23.6	73.3	17.3	8.9
60代	54.2	22.3	22.3	44.1	31.5	22.7	80.3	10.1	8.4
70歳以上	48.2	31.3	17	54.5	29.5	14.3	83	9.8	5.4
女性・20歳未満	9.1	25	65.9	27.3	40.9	31.8	22.7	47.7	29.5
20代	14.1	25.1	60.8	14.1	47.6	38.3	33.5	42.2	24.3
30代	16.6	22.2	61.2	8.7	46.9	44.4	33.4	39.3	27.3
40代	14	26.1	59.3	15.2	42.2	41.6	34	39.5	25.8
50代	28.6	28.8	40.5	20.4	43.4	34.7	48.4	32	18.5
60代	30.2	28.2	39.2	29.4	33.5	34.3	55.1	24.1	18.4
70歳以上	42.5	24.4	24.4	32.3	34.6	27.6	69.3	20.5	4.7

5　ジェンダー意識の変容と選択の「脱規範化」

　以上、既存のデータから、特に若い女性に焦点をあてて、現代日本のジェンダー意識の変容を概観した。ではこうしたジェンダー意識の変容は、結婚行動にどのような影響を与えているのだろうか。以下においては、その影響の与え方を、具体的に考察していくことにする。まずジェンダー意識の変容が個人に与える影響を概括的にみることにし、次節において特に結婚行動に焦点をあてて考察する。

　ジェンダー意識の変容において特徴的なことは、それが世代間・男女間で均一ではなく、変化の程度に大きな差があることである。このことは、親子・夫婦・カップル等の人間関係において、ジェンダー意識に関して、大きな食い違いを生み出す可能性を生む。家族は、異なる世代と異なる性別の者が共につくりあげる人間関係である。しかもジェンダー意識は、家族成員の役割意識や規範意識に直接かかわる内容をもつ。したがって、ジェンダー意識の世代間・性別間での変化の相違は、家族内で（あるいは家族を形成する可能性をもつカップルの間で）のジェンダー意識の相違に基づく緊張を生む可能性がある。家族が現代社会において個人にとって最も親密な社会関係であるということを考慮すれば、こうしたジェンダー意識の変容の個人への影響は、非常に強いと言ってよいだろう。

　こうした状況は、社会学におけるアノミーという概念によって把握することができよう。一般にアノミーとは、社会規範の崩壊や動揺によって生じる「無規範」状態を言う。現代日本のジェンダー意識に関して言えば、「性別分業意識」において意見が大きく割れているように、一つの考え方が社会的に共有されているわけではない。確かに男女共同参画社会基本法の成立などによって、性別分業意識の問題性についての認識は広まってきている。しかし実際には、アンペイド・ワークの9割はいまだに女性によって行われているなど、性別分業体制は根強い。また性別分業を前提とした雇用慣行や育児制度も存続している。しかもそうした価値観の対立が、家族や恋人関係など、最も親密な関係においても、存在しているのである。こうした状況は、「性別分業」という社会

規範が崩壊・動揺しつつも、新たな規範がいまだ確立していないという意味で、アノミー状態と言い得るように思う。

　個人の視点からみた場合、このことは何を意味するだろうか。アノミー状態においては、個人は、自分の欲求や行為を「規制」しにくくなるといわれる。すなわち自分の欲求を「規範」によって「規制」することが困難になり、個人の行動を制御する要因は、主に、特定の状況における「利益－不利益」などについての計算などの状況的要因に依存するようになるのである。すなわち個人は、その選択に際して、欲求そのものは「規制」されないけれども、状況的要因によって行為を制限されることが、多くなるようになる。ゆえに、周囲の人々や社会などに対して不満を感じ、欲求を満足できないことに強い焦燥感を抱くようになるのである。このようなアノミー状況における個人の選択のあり方を、ここでは「脱規範化」という概念で把握しておくことにしよう。

　ジェンダー意識に関しても同様のことが指摘し得る。かつては性別によって役割が規定されていた。すなわちそこでは、仕事や家庭責任に関して、個人の欲求を「規制」するような規範が存在していたのだ。しかし、アノミー状態においては、そうした規範は妥当性を失う。しかし、ジェンダー意識は、家族間の役割についての意識を含んでおり、家族間あるいはカップル間での調整が不可欠である。家族成員が自分の希望とは異なる期待を抱いていることを知った場合、多くの人はそうした家族の期待を裏切ることに罪悪感を感じがちになる。また逆に、自分の希望が家族の期待によって十分実現できない場合には、個人は家族に対して怒りを感じがちになる。このようにアノミー状態においては、家族成員の家族役割意識は、その個人に対する個人的感情を生み出すことになる。逆に言えば、個人の役割意識は、その個人の個人的感情や人格に基づくものであるもののように認知されるようになるのである。このことを、「役割意識の個人化」という概念で把握しておくことにしよう。

　他方アノミー状態においては、実際にはなかなか両立困難な期待や希望を一人の人間が同時に抱いてしまうことも、多々生じる。役割規範は、役割遂行に必要な権利や資源の配分を含むだけでなく、責任や義務といった観念をも含む。この役割規範が崩壊するということは、この権利や資源配分と責任や義務との関連性をも、壊すことになる。すなわち「いいとこどり」といわれるような、

自分にとって都合のよいことだけを望む態度の形成である。この変化傾向を、「役割意識の無関連化」と呼ぶことにする。

またこのようなジェンダー意識の変化は、既存の社会制度と個人の役割意識の間に、不整合を生じさせるようになる。女性が「一生仕事を続けたい」という希望をもったとしても雇用制度に残存する性別役割分業的慣行ゆえに、「一生続けるに値するような職に就けそうにない」状況が生じたり、「子育てと仕事を両立させたい」と思っていても「不十分な育児支援制度」ゆえに、その希望が実現できないなどである。こうした状況は、個人の人生設計を見通し困難にする。この側面を、「状況の不透明化」と呼ぶことにする。

性別役割の「脱規範化」が生み出す、こうした「役割意識の個人化」「役割意識の無関連化」「状況の不透明化」は、結婚や子育てなどの家族形成にかかわる選択を行う際に必要な情報収集の量を増大させる。すなわち家族形成に関する選択は、「脱規範化」によって、それがどの程度「メリット／デメリットをもたらすか」ということを基準として行われるようになるのであり、そうした「メリット／デメリット」は、家族や結婚相手が何を望みどのような役割意識をもっているのか、また自分や家族や結婚相手がどのような職業的・福祉的環境にあるのかなどによって異なる以上、家族形成にかかわる選択に必要な情報収集の量が、格段に増大せざるをえないのである。本書においては、結婚コスト感・出産コスト感などの概念を機軸に、少子化現象を分析していくことになるが、それはこれまで考察してきたように、性別役割の「脱規範化」によって、家族形成に関わる選択において、「メリット／デメリット」などの、利害にかかわる要因の重要性が増しているという認識に基づいている。

本章と次章では、このような基本的認識に基づきつつ、特に両性間のジェンダー意識のずれに着眼して、それが実際に家族形成に関わる選択に際して、どのような影響を与えるのかを考察することにする。

6　家事分担に関わる両性間の意識の相違
　　　──グループ・インタビューから──

前節までにおいては、若い女性を中心にしたジェンダー意識の変容と、それ

に伴う世代間・男女間の意識の相違の増大が、結婚や出産などの家族形成に関わる選択に際して、収集する必要がある情報量を、増大させていることを論じた。結婚という選択に限定すれば、相手がどのようなジェンダー意識をもっているのか、どのような環境にあるのかなどの情報を収集しない限り、結婚の「メリット／デメリット」を判断することは難しい。しかし、「役割意識の個人化」「役割意識の無関連化」「状況の不透明化」などの要因は、この情報収集を困難にする。結婚という選択が、自分の望む生き方に一致するかどうかの確証は、なかなか得られない。したがって、こうした状況は、基本的に結婚回避という選択と結びつきがちになると考えられる。以下においては、グループ・インタビュー調査の中から、上記のような両性間のジェンダー意識の不一致が話題とされている事例を検討し、そこに先に挙げたような要因が見いだせるとともに、それが結婚回避と関連性をもつことを示したい。

今回のグループ・インタビュー調査においては、独身者に対するインタビューは、計4回（男性1回5人参加、女性3回16人参加）行われた。インタビュー参加者に記入してもらった簡単なアンケートによれば、参加者のうち「結婚に利点あり」と感じている者は、男性は5人のうち1人、女性は16人のうち12人である。

独身者に対する4回のグループ・インタビューではいずれにおいても、結婚後の家事分担や育児分担に関連する男女間の意識の相違に関連する事柄が話題となった。特に首都圏で行われた独身者インタビューにおいては、男性女性いずれの場合においても、家事分担・育児分担をめぐる男女の意識の相違が、反感や不信感などの感情を込めて語られた。

具体的にみてみよう。首都圏の独身男性を対象としたインタビューにおいては、参加者の一人から「はっきり言って、別に（夫と妻が）五分五分にするのはいいんですけれど、五分五分じゃなきゃって決めている人は嫌ですね。男がやるとか、女がやるとか、そういうのも、逆も嫌ですけれどね。とにかく決められているのは嫌ですね、こうじゃなきゃって」という発言があり、それに呼応して参加者のほとんどが同感を示すという場面があった。先の発言に次いで「（結婚相手というわけではなく）別にただの女性の知り合いと話をするじゃないですか。そうするとやっぱり、女性のほうも、そういうことを言うのが自分の

意見だから当然だと。そういうふうになりますよね。そういうふうなことをいろいろ聞いていると、五分五分じゃなきゃ嫌とか、ここはこうで、こうなってあぁなってとか聞いていると、『まぁ、いいか。じゃあ、面倒くさいな』と。そこまで言われるなら、じゃあどうぞそういう人を見つけてくださいと。私は知りませんと」という発言が続き、さらにその意見を次のように補足する。

「仕事ももちたい、何のかんのというふうに最初から自分の結婚のコンセプトみたいなものを決めて、この通り実行されない人、お断りみたいなことを女性の側から言われるとすれば、『じゃあ、ご自分で、どうぞ実行ください』という気にはやっぱりなりますよね。実際、結婚してみれば、いろんな問題が起きてくると思うんですよ。そんな理想通りにいくことはないのが当たり前だと思うんですよね。それはそれで、結婚するなら2人で何とかしていかなきゃいけないわけじゃないですか。……そういうことを言う女性は願い下げだとまでは言わないにしても、でもやっぱりそんなにイメージをもたなくてもいいんじゃないか。イメージが先行しているような感じがするんですよ。やっぱり、結構そういうことに対して反感はもっていますね」。

参加者である他の独身男性のほとんども、同感や共感を示した。こうした発言には、「家事分担は五分五分に」などの結婚後の生活イメージを明確にもって結婚相手を探そうとする女性に対する、かなり強い反感が示されていると言えると思う。

他方、首都圏の独身女性に対するインタビューでは、逆に、男性が「家事は女がやるものだと頭から思い込んでいる」のではないかという一般的不信感がかなり多く語られた。「大事にされますものね、男の子はね。だって、絶対、母親が、『あぁ〜〜ちゃん、いい子ね、いい子ね』って育ってきて、結婚したりしたら、また、奥様が『あなた、あなた』ってやってやるわけじゃないですか。男の人は全然変わらないですよね」とか、「結局日本の社会は、男の人は別にそういうこと（家事・育児）をしなくていいって育てられてますよね、お母さんから。ですから、そういうものだと思っているわけですよ。結局、結婚したら全部女性がやらなくちゃいけないというふうな、家庭に入ってもみんな思っているので、そういう意識で結婚、つまり僕はもう疲れて仕事も忙しいか

ら、そういった家政婦が欲しいから結婚したいという人、結構いると思うんですよね、実際の話」などの発言である。

そうした一般的不信感の上で、「確かに半々やれというのは難しいので、やろうという意識が高い人」「家事はいいにしても、子育てを本当に2人でやっていくつもりであれば、ちゃんとそこらへんをきっちりわかってくれる人ですね。サポートができる人」「家事も一緒にやってくれる人、料理を作ることが好きな人が理想ですね」「基本的には、自分のことは何でも自分でできる人というのを考えているんですけど」などの理想の結婚相手像が語られる。理想の結婚相手の条件として、こうした家事分担意識のありようが、確実に条件の一つとして語られているのである。その理想の結婚相手像が、「やろうという意識が高い人」「きっちりわかってくれる人」「自分のことは何でも自分でできる人」などの「きつい」言葉で語られているのは、「家事・育児をやらなくてもよいと頭から思い込んでいる男性」「自分が世話される立場であることを疑おうともしない男性」に対して、一般的な不信感があるからである。その不信感が、家事・育児の分担という話題を、感情的な問題としているのである。

7　両性間の反発・反感・不信感

この首都圏の独身者男女のインタビューから、男女間のジェンダー意識に相違があることが認識されていること、またそうしたジェンダーにかかわる「役割意識が個人化」されていることが見いだし得ると言えるだろう。すなわち、上記の男性の場合、現代の女性の中には、家事分担は「五分五分じゃなきゃ嫌だ」というような意識をもつ人が増えているということが認識されており、そういう役割意識をもつ女性は「願い下げ」という言葉に明らかなように、そうした役割意識をもつ「女性」に対する個人的感情が付与されている。他方、上記の女性の場合には、「家事は女がやるもの」という意識をもつ男性が多いという認識が示されており、そうした「男性」に対する不信感という個人的感情が付与されているのである。このように、ジェンダー意識が変容しつつあることが広く認識されている今日では、個人の役割意識は、その個人の個人的属性とみなされがちであり、そうした役割意識をもつこと自体が評価の対象となる

のである。

　同様の例は、山形県の独身女性対象のグループ・インタビューでも語られている。山形県の女性も、相手の男性に「同等のパートナー」を求めているという点では、首都圏の独身女性と同じである。したがって、「どこかで『あの人はちょっと男尊女卑の考え方をしているよな』という感じの人はいるんですけど、そういう方はやっぱり初めから相手にされない。『ちょっとイヤね』みたいな。『今時そんな』という感じで」という発言がなされる。すなわち、「男尊女卑」の考え方をする男性は、そのことが「個人の属性」とみなされ、最初から敬遠されるのだ。

　ジェンダー意識の変容は、男女間の意識の相違を生み出すだけではない。それは、個人のジェンダー意識のありようを、その個人の個人的属性としてみなす意識を形成することにもつながっている。男尊女卑という意識をもつことは、それがあたりまえであった過去であれば、個人的属性とはみなされなかったかもしれない。しかし現在では、それはその個人の個人的属性とみなされている。男性の家事分担意識のありようを理想の結婚相手の条件に含める首都圏の独身女性たちの発言にも、同様のことがみてとれる。「女が家事をすると頭から思い込んでいる人」「その辺をきっちりわかってくれる人」など、男性の家事分担意識のありようが、その男性の個人的属性として、評価されているのである。同様に男性も、男性の家事分担意識を理想の結婚相手の条件とするような女性の考え方自体を、その女性の個人的属性として、位置づける。だから「そういう女性はこちらから願い下げ」といった反発や反感が生じるのである。

　このような個人評価の基準は、男女間で共有されているのだろうか。今回のインタビューに参加してくれた独身男性は皆、女性が結婚後も働くことについてはむしろよいこととして受け止めていた。また家事・育児の分担そのものについていえば、ある程度は当然のことだと考えていた。したがって、性別役割分業意識という点においては、インタビュー調査対象者の男女は、かなり似通った意識をもった人々と言ってよいだろう。しかしそれにもかかわらず、独身男性たちは、結婚相手の条件に家事分担についての意識を含めるような女性の姿勢に対しては、一様に強い反発を示した。他方、首都圏の女性たちは、「男性一般」に対する強い不信感を前提として、結婚相手の男性の条件として家事

分担についての意識を明確に挙げていた。この両者が出会った場合には、相互に反発しあうことが予想されるのである。

　このような男性の反発はどこから生じているのだろうか。一つには、「状況の不透明性」から説明できる要因があるように思う。仕事や社会環境など社会制度の現状を前提とした場合、男性が「家事は五分五分で」というような役割分担をどこまで遂行し得るのかは、現在かなり「不透明」である。「実際、結婚してみれば、いろんな問題が生じてくると思うんですよ」。社会制度が整っていない現在、「家事を五分五分に」できるかどうか「確約できない」状況があるのだ。それは、男性たちからすれば、状況によって変わり得るものなのである。男性にとってはそうでしかありえないことを、女性の側が「結婚相手の条件」として提示してくるのであれば、男性が反発を感じても当然なのではないだろうか。「もし自分が家事を五分五分にはできないと言ったら『結婚しない』ということになるのか。そうしたことで選択が変わってしまう程度にしか、結婚相手としての自分の価値を認めていないのか。要するにそういう女性は、相手の男がどんな人間なのかなどということには全く関心をもたず、単に自分の都合のよい男を探しているだけなんじゃないか」。ここから、「じゃあ、どうぞ、そういう男を見つけてください、私は知りません」というようなインタビュー参加者の男性の言葉が生まれてくるのではないか。

　地方都市の独身女性対象のインタビューでも、「自分が（結婚）するときには、絶対（仕事と家事を）両立してくれる人を探そうと思って」という発言をした女性がいたが、この女性はこの発言に継いで次のような発言をしている。

> 「結婚する人というのは、一番は、まず好きになった人なので、『自分はそんなのしないよ』という人だったとしても、できれば分担してくれる人がいいですけれども、そうやってけしかけていく。好きの度合いにもよるのかもしれませんけれども、絶対に分担する人だけ探す、じゃああんたとは別れるとはならないと思うので、あとは話し合いでというふうにはなると思います」

　この女性の発言にみられるように、「絶対に分担する人だけ探す」という態度は、「好きかどうか」という最も重要な問題を、二の次にする態度としても、解釈できるのである。特定の役割を実行しうるかどうかは、社会制度に依存し

ている。けれども、ジェンダー意識の変容は、ジェンダー意識と社会制度の間に不整合を生じさせているのであり、特定の役割を実行できるかどうかは、状況によって変化せざるをえず、個人にとっては確約することが困難な「不透明性」をもっている。こうした状況において、特定の役割分担感をもつかどうかを、結婚相手の条件の一つとして評価するような態度は、結婚相手を相手の人格によって選択するのではなく、相手の状況(職業や社会環境)によって選択する態度に通じてしまう。「要するに、自分にあった都合のよい男を見つけたいだけなんでしょ。どうぞ、ご勝手に。そういう女性は、こっちから願い下げ」という評価は、こうした枠組みから生まれていると、考えられるのである。

　けれどもおそらく、女性たちの観点からすれば、「家事は五分五分で」ということを、「状況依存的な問題」としかみなさないこと自体が、その男性の本当の価値観や役割意識を示しているという評価枠組みも成立するのである。首都圏の女性の多くにとって、「仕事を男性と対等に続け」られるかどうかということは、男性が少なくとも意識の上では「家事は五分五分で」という意識をもっていることを、絶対的な条件とする。女性だって、実際に半々やることは難しいことはわかっている。しかしだからこそ、意識だけは「五分五分」と思ってもらわないと、どうにもならないのである。「確かに半々やれというのは難しいので、やろうという意識が高い人」。男性の職場環境の厳しさや雇用制度を考えれば、それを口実にして男性が家事を逃れることは容易である。

　しかし、核家族で遠距離通勤を前提とする首都圏においては、男性が家事から逃走したら、女性はまず仕事を続けられないことになる。だからこそ、首都圏の独身女性たちは、結婚の条件として何よりも、男性の「意識の高さ」をこそ、重要視することになる。女性だって、社会制度の不備や仕事の厳しさなど、男性と同じ状況的要因に直面している。けれどもそれでも女性は「五分五分の家事分担」を最初から覚悟しているのだ。男性に、この女性と同じ覚悟をもてないはずはない。もてないとするならば、それはそうするつもりがないからである。要するに、「家事分担はその時その時の状況に応じてすればよい」と考えるような男性は、実際には家事分担に対する「意識が低い」男性、「会社を言い訳にして家事分担を逃れようとしている」男性であると、評価されることにもなる。だから、結婚相手としての条件を欠いているという評価が成立する

のである。

　こうした女性たちの評価基準を正当化するのが、「役割意識の無関連化」という要因である。「女性が結婚後も働くことはよいことだ」と言いつつ、「家事は五分五分でという女性には反感をもつ」という男性の態度は、「女性にも働いてほしいけれども、家事分担はしたくない」という態度とも、解釈可能である。実際、多くの若い男女に、この「役割意識の無関連化」が生じつつある。「五分五分の家事分担」を要求しつつ「家計責任は男性にある」と主張する女性や、「女性も家計責任を担うべきだ」と強調しつつ「育児責任は当然女性にある」と主張する男性も多い。

　役割意識の「脱規範化」は、こうした「無関連化」をも許容する。権利や資源配分は当然のように主張しつつ、義務や責任は負いたくないと主張するこうした態度は、かつては役割規範により「自分勝手な態度」と評価された。しかし役割意識の「脱規範化」は、こうした評価を弱めてしまう。「皆にそうしろと言っているわけじゃない。ただ自分はそうしたいと言っているだけだ。それを許容してくれる相手を一人見つければいいわけだ。他人にとやかく言われる筋合いはない」このような態度をもつ男女が増大しているとするならば、結婚に際しては当然、相手がこうした態度をもっているのかどうか、見定めなければならなくなる。そうだとすれば、当然相手が「家事は五分五分で」ということを受け入れているのかどうか、確認しなければならないことになるのである。

　ジェンダー意識の変容は、男女とも相手がどのような役割意識をもっているかどうかわからない状況を生み出す。性別役割規範が崩壊している中で、個人は結婚するかどうかを、その「メリット／デメリット」で、判断するようになる。その「メリット／デメリット」を判断する上で、相手のジェンダー意識や家族内役割意識を探らざるをえない。それが何であるのかによって、結婚の「メリット／デメリット」は大きく異なってくるからである。個人間・男女間の意識のずれが大きい状況においては、暗黙の了解ではなく明瞭な言葉によるコミュニケーションが不可欠である。しかしそうした情報収集のためのコミュニケーション自体が、男女間の意識のずれを拡大する。「役割意識の個人化」は、他者の役割意識をその個人の性格や価値観や「意識の程度」として評価する態度を形成する。

しかし、性別分業意識の残存や社会制度の不備は、家族内役割遂行（家事分担や家計責任）に関して「不透明性」を生み出さざるをえない。「状況の不透明性」のもとで特定の役割意識を相手に要求することは、相手の自由を否定することにも通じる。他方、「役割意識の無関連化」は、多様な役割意識とそれに対する評価枠組みを生み出す。こうしたことから、一方の側からすればまさに必要な情報収集行動が、他方にとっては「決めつけ」と感じられてしまうような状況や、一方にとっては「状況依存的」な問題に思えることが、他方にとってはまさに「そのようにみなすこと自体」その個人の役割意識を明確に示すものと感じられてしまうというような状況を生み出している。

　すなわち、相手の役割意識を評価する評価枠組自体が、男女間で相違してしまう状況をもたらすのである。この異なる評価枠組を前提とすれば、役割意識をめぐる男女間のコミュニケーションは、誤解と曲解の相互応酬となる可能性がある。話しても勝手なことを言うだけ、話してもちっともまともに答えようとしない、これでは結婚するかどうかなんて考えることもできない、「結婚なんて面倒」ということになるのである。少なくとも、今回参加した独身男性たちにおいては、男女間のコミュニケーション・ギャップは、結婚回避意識と確実に結びついていた。

　結婚することは、結婚相手を探すことなしにはなしえない。結婚相手を探すということは、相手を個人として見、その個人の個人的属性を、評価することによってなされる。ジェンダー意識の変容は、相手のジェンダー意識のありようを個人的属性としてみなし、結婚相手を探す上での一つの条件とする意識を形成する。しかし男女間のジェンダー意識の相違は、ジェンダー意識のありようを個人的属性として評価する評価体系そのものの男女間の相違をも生み出している。このことが、独身男女間の相互理解を困難にし、「結婚なんて面倒」という結婚回避意識を強めているように思われる。

8　コミュニケーション・ギャップと結婚回避

　本章は、ジェンダー意識の変化を把握することと、それがどのように結婚の選択に影響を与えるかということを中心に論じてきた。これまでの考察から、

ジェンダー意識の変容が、結婚の選択に際して相手の役割意識などについて知る必要性を高めているのに、逆にそのことが男女間の相互理解を困難にしている状況があることが、見えてきた。こうしたことが、男女の出会いを困難にし、結婚を面倒だと感じさせる要因になっているのではないだろうか。ジェンダー意識の変容と、未婚化・晩婚化に関しては、「仕事のために結婚を面倒とみなす女性が増えたことが未婚化・晩婚化をもたらした」といった仮説や、「性別役割分業意識を維持し続け、高い生活水準の生活を保障してくれる男性を選り好みする女性がいまだ多いことが、未婚化・晩婚化をもたらしている」といった仮説が提示されてきた。

しかしこうした考察は、女性の側にだけ未婚化・晩婚化の原因を求めるなどの点で、強引さがあるように思う。おそらく未婚化・晩婚化は、直接的には、ジェンダー意識の変容の結果、結婚に関する選択の困難性が増していること、この選択の困難性を解消するために必要な男女間の相互理解がいまだ不十分であることから生じていると考えるべきなのではなかろうか。

第4章

妊娠・出産をめぐるジェンダー意識の男女差

江原由美子

1 はじめに

　本章では、妊娠・出産にかかわる社会的条件・行動・意識に焦点をあてて、考察を行う。これまで、少子化という問題は、教育費や住宅事情、あるいは仕事と子育ての役割葛藤など、主として子育てにかかわる問題として論じられてきた。こうした要因が重要であることは当然であるが、実際に女性が子どもをもつかどうかを選択する際には、妊娠・出産がどのような条件のもとでどのような経験をすることであるのかということをも、考慮に入れることは明らかである。例えば、図4-1は、「妻が理想の数の子どもをもとうとしない理由」を示している（国立社会保障・人口問題研究所、1999）。この中の「高齢で産むのはいやだから」という選択肢を選択する理由の中には、「高齢で出産すると子どもに障害が生じる比率が高くなるから」ということ以外に、「産むこと自体が大変になるから」という理由もかなり含まれていると思われるのである。

　実際、小さい子どもをもっている母親たちにヒアリングすると、出産時の心理的・身体的な経験に話が及ぶ場合が多々ある。「最初の出産のときは何もわからないままに産んでしまったが、もう二度とあんな苦痛は味わいたくない」とか、「子宮口が開いてから分娩まで一人放置されたけど不安で不安でしかたがなかった、あんな思いはしたくない」とか、出産に関する否定的経験が語られる場合も多い。そうした否定的経験をした女性の中には、「子どもは2人と決めていたけれど、出産経験があまりに酷いものだったから、夫と話しあって、もう子どもは1人でよいと決めました」とか、「2人は産まなくちゃって歯を

第4章　妊娠・出産をめぐるジェンダー意識の男女差

図4-1　妻が理想の子ども数をもとうとしない理由

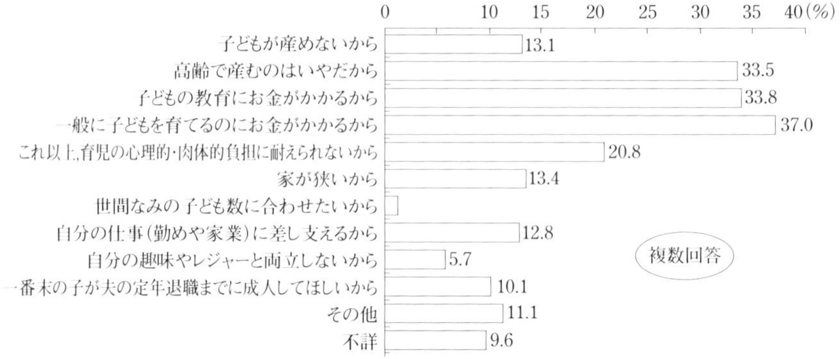

理由	%
子どもが産めないから	13.1
高齢で産むのはいやだから	33.5
子どもの教育にお金がかかるから	33.8
一般に子どもを育てるのにお金がかかるから	37.0
これ以上、育児の心理的・肉体的負担に耐えられないから	20.8
家が狭いから	13.4
世間なみの子ども数に合わせたいから	
自分の仕事(勤めや家業)に差し支えるから	12.8
自分の趣味やレジャーと両立しないから	5.7
一番末の子が夫の定年退職までに成人してほしいから	10.1
その他	11.1
不詳	9.6

(複数回答)

注：50歳未満の妻で予定子ども数が理想子ども数よりも少ない者に対する調査
出典：『日本人の結婚と出産―第11回出生動向基本調査』国立社会保障・人口問題研究所、1998.

食いしばって産んだけど、もうどんなに頼まれても絶対産まない」など、出産経験が子どもの数を決定する重要な要因となっている人もいる。ある女性は、非常につらい出産経験の後、生まれた子どもが女の子だと聞いた途端、涙があふれてきて止まらなかったという経験を語ってくれた。「生まれた娘も、女として私のようなつらい思いをするのかと思うと、かわいそうでかわいそうで何の因果で女に生まれたのかと……」。このように、産む女性たちの実際の選択においては、出産という経験がどのようなものであるのかということは、産むかどうかを決定する上で、かなりの重みをもっていると考えられるのである。

以下の論述は次の通りである。2節では、妊娠・出産をコストという面からみた場合、それを構成する要因について、列挙することにする。3節においては、大学生を対象に行われた「出産に関する大学生意識調査」をもとに、出産についての知識・意識の現状を把握し、妊娠・出産に関する社会教育・学校教育に何が望まれるかを、考察してみたい。

2　妊娠・出産のコスト感を構成する要因

一般に、行動の選択にコスト感が影響を与えているかどうかを考察する場合、その行動を選択することに伴う実際のコストを考慮するだけでは不十分であり、

そうしたコストがどの程度の明瞭さで把握されているのかどうかという事前情報をも考慮することが必要になる。行動の選択は、選択する以前の情報によって行われるのであり、情報のいかんによってリスク判断は、大きく異なってくるからである。したがって、以下では選択以前の情報に基づく不安感と、実際のコストを区別し、妊娠・出産に関して、それぞれ考察することにする。

2.1 妊娠以前の妊娠・出産に関する不安

少産化時代の今日、妊娠する多くの女性にとって、妊娠・出産は一生において初めての経験である。妊娠する以前、ほとんどの女性は、妊娠や出産について、男性と同じ程度の知識しかもってはいない。確かに今日においては、妊娠・出産についての情報は決して少なくなく、専門雑誌まで発行されている。けれども多くの女性たちにとって、妊娠・出産は、自分の身に生じるまでは(あるいは子どもをもとうとするまでは) しょせん他人事であり、それ以前に真剣に知識を得ようとする女性は少数派である。したがって、妊娠する以前の女性にとって、妊娠・出産は、未知の経験にとどまっている。

こうした女性の知識の少なさは、妊娠・出産が未知の経験であるゆえの不安感に結びつく。メディアその他によって流されている妊娠・出産についての情報は、一方においてそれをあまりにも安易に類型的に描きながら、他方において恐怖心を与えるまでに否定的に描くなど、両極端に走っているものが多く、不安感を強める結果になっている。特に、女性週刊誌などに挿入される障害児出産や異常出産の記事は、「よい出産によってよい子を産まないと女は不幸になる」というプレッシャーを、妊娠前の女性に与えている。

現在では妊娠前の多くの女性が仕事をもっている。仕事において妊娠・出産・子育てと両立できる環境があまり十分でないことは、妊娠する前の女性の妊娠・出産に対するコスト意識を高めていると考えられる。未知の経験である妊娠・出産がどのようなものになるか本人もよくわからないのに、それを過密的な仕事のスケジュールの中に入れなければならないことは、心理的ストレスの原因となる。しかし他方において、妊娠を機に仕事を辞めるという選択は、辞めた後の生活についての見通しができない状況では、なかなか選択しにくい。再就職の困難さが、この選択の困難さに拍車をかける。こうした状況において、

多くの女性は、「子どもをもちたいけれど、今はまだ……」という気持ちになりがちである。

2.2 妊娠にともなう女性の身体的・時間的・金銭的・心理的コスト

◇ 身体的コスト

女性は妊娠によって、身体的なつらさを経験することが多い。多くの女性は妊娠3～4カ月の頃、つわりを経験する。吐き気と食欲不振を主訴症状とするつわりは、個人間の差が大きく、妊娠期間すべてにおいて強いつわりに悩まされることもあるが、「食べ物の好みが変わった」くらいですむ場合もある。従来の心理学などに基づく妊娠・出産を主題とした書物には、こうした個人差を女性の子どもへの無意識の受容度と関連させて説明している記述が時々あるが、つわりという身体症状と妊娠期の心理状態に関連性があるのは当然のこととしても、あたかもつわりの原因が女性の「子どもへの無意識の否定」にあるかのような書き方をするのには問題が多い。こうした記述によって、女性は「つわりがあるのは自分が子どもを受け入れていないせいなのでは」と考えてしまい、つわりの上に心理的なストレスまで背負い込む可能性があるからである。

つわりという身体的コストの問題は、それが妊娠初期からの症状だという点にある。妊娠初期は、妊娠という事実を受け入れ家族に「新しい子ども」をどう受け入れるか様々な現実的問題への対応が必要となる時期であり、仕事を継続している場合も多い。職場でも、家庭でも、妊娠という事実を明らかにするかどうか、慎重に判断している段階である。この時期につわりは容赦なく襲ってくる。すなわち周囲の者がまだ気づくことがない段階でつわりが生じてしまうので、周囲からの配慮を得られにくいのである。

その他の身体的コストとしては、ごく順調に妊娠が経過したとしても、身体の変形、体重の増加、むくみ、耳鳴り、不眠、胃の圧迫による食欲不振、歩行困難などが生じる。妊娠中毒症その他の医学的問題が生じた場合には、別の問題が生じることは言うまでもない。こうした妊娠に伴う身体的コストは、仕事をもつ女性の場合には、とりわけ通勤をつらい経験とする。満員電車に乗り込むことを恐怖と感じ職場を辞めてしまう女性も少なくない。

第二子以降の妊娠においては、身体的負担が大きい活発に動き回る子どもの

世話をしながらの妊娠継続になるため、妊娠期を乗り越えられるかどうかという不安はさらに高くなる。

◇時間的コスト

現代では多くの女性は妊娠したのではないかと思うと、まず病院に行く。妊娠がわかると、3週間ごと、2週間ごとなど定期的な通院が始まるのが一般的である。どの病院に行くかにもよるが、出産まで考慮して大きな病院に通うことになった場合、通院はかなりの時間的コストとなる。待ち時間が2～3時間にも及ぶことは、決して珍しいことではない。第二子以降の妊娠においては、子どもづれの受診を余儀なくされる女性も多い。大人でも大変な長時間の待ち時間を子ども連れで過ごすのは大変なストレスとなる。

妊娠に伴う身体症状が悪い場合には、通常の社会生活に支障を来す場合もある。家事ができない、仕事ができないなどの女性の身体症状に伴う活動の支障は、女性の社会生活にとっては時間的コストと感じられる場合もある。

妊娠に医学的な問題が生じた場合（切迫流産の危険性、かなり重いつわり、妊娠中毒症など）、入院することもまれではない。出産までの数カ月を入院して過ごす女性もいる。こうした入院は、仕事だけでなく家庭生活にも影響を与える。特にすでに上の子どもがいる場合には、家庭生活への影響は非常に大きくなる。

◇金銭的コスト

健康保険が適用されない妊娠・出産においては、病院費用はかなりの額自己負担となる。病院費用のほか、マタニティドレスなどの衣服代、つわりによって通常の食事をとることや作ることが困難になるために生じる食費・外食費、子育てに対応できる新たな住居を求めるための金銭的負担、生まれてくる子どものために必要となる衣類・家具・育児器具などのための金銭的負担などが、妊娠期に必要となる。多くの女性が仕事の継続が困難になる今日の状況においては、新たに必要となるこれらの負担は、そうでなくとも苦しい若いカップルの経済的状況においては、特に過大なものに感じられる可能性がある。

第4章　妊娠・出産をめぐるジェンダー意識の男女差

◇**心理的コスト**

　妊娠は、様々な心理的ストレスを女性に与える。すでにみたように、多くの女性にとって妊娠は初めての経験であり、強い不安感を感じることが多い。本当に丈夫な子どもを無事産むことができるか、流産しはしないだろうか、出産の痛みに耐えられるだろうか、仕事と両立することができるのか、うまく子育てできるのだろうかなどなど、未知の経験であるだけに不安を感じがちである。

　病院の経験も、女性に心理的ストレスを与える。産婦人科は性器を診療の対象とするので、ショックを感じる女性も多い。日本の多くの産科病院では内診を行う際、患者の上半身のみカーテンで仕切り、患者の下半身を露出させた姿勢で行うことが多いが、こうした内診台の構造は、とりわけ女性に評判が悪い（外国ではこうした構造ではない内診台もあるという）。「あんな屈辱的な格好をさせられるのなら、もう死んでも産婦人科には行きたくない」などの声もある。「患者が恥ずかしがらないようにカーテンで仕切っているのでしょうが、医師と顔を合わせないままカーテンの向こうで性器をいじられるのは、まるで自分がモノのように扱われていると感じられてしまいます。なかには患者に声もかけずに突然性器に指を突っ込んで内診を始める医者もいます。こちらがびっくりしてしまって緊張すると、『動かないで』などと怖い声で怒られたりするのですが、患者に心理的ストレスを与えないようにするのが医者の役割なんじゃないですか」などと、声を荒らげる女性もいる。患者の上半身のみカーテンで仕切り、カーテンの向こう側はオープンになっていて複数の患者を扱えるような構造になっているところもあるが、「複数の女が性器を露出させられたままでいるところを向こう側から想像すると、怒りを越えて笑いたくなる」などと皮肉っぽく経験を語る女性もいる。けれども、多くの女性は、こうした不快感にもかかわらず「子どもを産むために」「診てもらうと安心だから」と通院し続ける。「そりゃできれば産婦人科なんて行きたくないですよ。でも出産って怖いですよね。自分だけでなく子どもにも影響するわけでしょう。だから、少しでも危険は冒したくない。だから行くわけですよ」。そうした女性たちにとって共通の思いは、「せめて医者との間のコミュニケーションがほしい」「女性の心理状態に配慮のある扱いがほしい」ということであろう。

2.3 出産以前の出産に対する不安

　出産期が迫ってくると、妊婦はとりわけ大きな不安を感じるようになる。いつどういう状況で陣痛が襲ってくるのか、そのときちゃんと病院に行けるだろうか、一人のとき陣痛に見舞われたらどうしたらよいか、真夜中ではどうしたらよいか、出産で入院するとき上の子を誰に預けようか、産褥期の手伝いをしてくれる人の手配は大丈夫か、入院するための手荷物はきちんとそろっているかなど、心配の種は尽きない。臨月では不眠に悩まされる女性も少なくなく、歩くのにも苦痛を感じる女性が多い中で、こうした手配をきちんとすることはかなり大変である。

　核家族においては、この時期は夫の協力が不可欠な時期である。けれども、長時間労働が一般的な現代日本の核家族においては、こういう時期にも夫の手助けを期待できない場合が多く、多くの女性は「里帰り出産」をすることになる。しかし、「里帰り出産」の場合には、上に述べた心配の種に加えて、移動のための切符の手配、移動の間の身体の不安、実家の近辺でのよい病院の確保など不安の種は増加する。

2.4 出産にともなう身体的・時間的・金銭的・心理的コスト

◇身体的コスト

　出産における最大の身体的コストは、痛みである。陣痛は、個人差があるものの、十数時間に及ぶ場合が多い。アメリカのアンケート調査によれば、92％の女性がかなり強い痛みを感じており、それほど痛くなかったという女性は8％にすぎない。陣痛の時間の長さについては、個人差が大きく、数時間から数日に及ぶ。

　多くの産院では、病院の都合にあわせて計画出産が行われている（図4-2）。出産予定日になると、陣痛が生じなくても入院してもらい、陣痛誘発剤を投与して人工的に陣痛を促し、出産させるのである。こうした出産においては、陣痛が通常よりも強くなり、より痛くなるという意見もある。

　その他、帝王切開、大量出血、感染など医学的に問題がある出産の場合には、死の危険は当然として、通常の身体的コストに倍加する苦痛があると考えられ

図4-2　計画出産が多い現状　全国の病院での曜日・時間別出生数

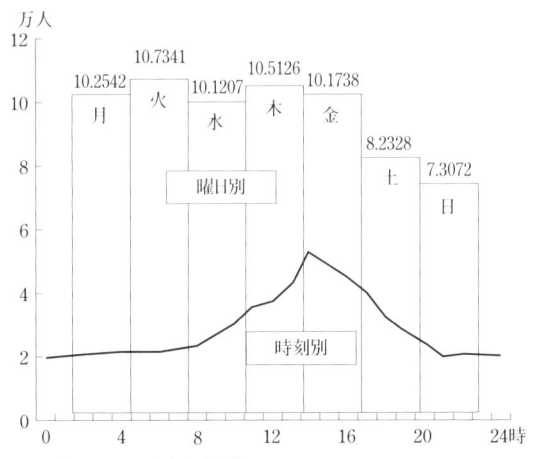

月 10.2542
火 10.7341
水 10.1207
木 10.5126
金 10.1738
土 8.2328
日 7.3072

曜日別
時刻別

資料）『人口動態統計』厚生省，1992.
出所）井上輝子，江原由美子編『女性のデータブック　第2版』有斐閣，1995.

る。また、出産前の浣腸や陰部の剃毛、出産時に生じる可能性がある会陰部の亀裂や痔、亀裂を避けるために行われることが多い会陰切開の痛みなども、産婦にとってはつらい経験である。

◇**時間的コスト**

現在出産はほとんど病院などの施設で行われており、入院の間、女性は社会生活・家庭生活から切り離されることになる。通常出産による入院は、1週間前後であるが、帝王切開など医学的な問題が生じた場合には長引く場合もある。

退院してからも、産婦は2週間ほどは安静にしているように言われる場合が多い。会陰切開の痛みなどがとれるのにも数週間かかり、その間は産婦はなかなか通常の社会生活・家庭生活に戻れない。

◇**金銭的コスト**

出産は健康保険適用外なので、入院費用は自己負担となる。多くの健康保険組合では、出産に際しては「祝い金」を出しているので、大方はその範囲内で

出費はすむようであるが、入院時や新生児のための出費がかさむ時期なので、金銭的負担を感じる場合も多い。

◎心理的コスト

　多くの女性が述べる出産の心理的コストは、「不安」と「孤独」である。病院出産が一般化した今日においては、夫や家族から切り離された形で出産するのが普通である。大きな病院では、次々に出産があるので機械的な対応になりがちであり、妊婦の不安に十分対応できる状況ではない。

　周産期は産婦だけでなく、生まれた子どもにも身体的な危険が多い時期である。死産という場合も、子どもが未熟児で生まれる場合も、子どもの側に何らかの問題がある場合もある。こうした生まれた子どもの状態に対する不安も、産婦の心理的ストレスとなる。現在の産科では、女性のこうした不安に対する適切な配慮がほとんどない。また相部屋を通常とする日本の病院では、死産をしてしまった女性が、赤ちゃんが生まれて有頂天になっている女性と、同じ病室に隣り合わせでいることも珍しいことではないが、こうした状況は、死産の女性の心理状態に対する配慮のなさとして、産婦の心に深い傷を残すことが多い。何年たっても、産科病棟に行くだけで当時の心理状態を思い出して息が苦しくなるという女性もいる。こうした女性たちの中には、強い不安感のため、出産を計画することができない女性もいる。

　こうしたことは、出産経験からPTSD（心的外傷性ストレス症候群）を発症する場合があることを示している。「出産は病気ではない」という社会通念のもと、妊産婦が極度の心理的緊張と不安を感じる場合があることについて、これまで十分な配慮がなされてきたとは言いがたい状況があるのではないか。妊産婦が感じがちな不安や緊張を和らげるような病院体制のあり方が求められていると言えよう。

　以上、妊娠・出産という出来事自体に対するコスト感を考察した。繰り返しになるが、実際に産む女性たちにとって、こうした妊娠・出産自体のコスト感は、かなりの重さをもっている。ある助産婦は、「人間は学ぶんですよね。一度つらい思いをしたら、もう二度と同じ思いはしたくないと思う。それが人間

です。私のところに来る妊産婦さんは、ほとんど病院出産でつらい思いをした女性です。その人たちは、同じ思いをするなら絶対産みたくないと思い、必死の思いで、私のところに来るのです。そういう女性たちをみていると、現在の産む女性への配慮を欠いた出産のあり方が、少子化に影響を与えていると確実に感じます」という。単に安全であるだけでなく、産む女性の状況や心に配慮した、妊娠・出産のあり方が求められているのではなかろうか。

3 妊娠・出産は若者にどう意識されているか
——「出産に関する大学生意識調査」から——

これまで、結婚や出産に関する意識調査においては、結婚意向や子どもをもつことに関連する規範意識に主な焦点があてられてきたため、妊娠・出産という行為自体に関する意識項目は非常に少ない。しかし、ここまで考察してきたように、妊娠すること・妊娠を維持すること・出産することなどは、それ自体人々の不安をかきたてる要素をもっている。そうした行為とそれに付随する不安やコストは、夫婦の生活それ自体を大幅に変えてしまう場合も少なくない。しかもそれらの行為は、身体的生理的過程を含むゆえに、意識的努力だけでは十分コントロールすることができない。それゆえ出産することは、社会成員にとっては「リスク」として意識されている可能性がある。

現在、妊娠・出産という行為は、計画化されることが普通である。すなわち、妊娠・出産はそれ自体、人々の意識的努力によって初めて可能になる身体的状態である場合が多いのだ。したがって、将来子どもをもつかどうかということについての意思決定に際しては、出産すること自体に対するイメージや「リスク」意識が、実際にはかなりのウェイトを占めているのではないかという推測も可能である。ヒアリングなどで子どもをもたなかった理由を聞くと、例えば、「妻は、自分の姉が出産するときものすごく苦しんだのを見ていて、出産に対して非常に強い恐怖感をもつようになってしまったんです。その恐怖感を前にして、子どもが欲しいと言うことはできなかった。だから僕たちは子どもをもつことをやめたんです」などの、出産に関する意識要因が挙げられることは、決して珍しいことではないのである。

3 妊娠・出産は若者にどう意識されているか

表4-1 対象者の基本的属性 性別

性別	度数	パーセント
1 女性	293	65.0
2 男性	158	35.0
合計	451	100.0

表4-2 対象者の基本的属性 年齢

年齢	度数	パーセント
18	23	5.1
19	87	19.3
20	157	34.8
21	98	21.7
22	54	12.0
23	21	4.7
24	5	1.1
25	2	0.4
26	1	0.2
28	1	0.2
29	1	0.2
33	1	0.2
合計	451	100.0

表4-3 対象者の基本的属性 学年

学年	度数	パーセント
1 大学1年生	124	27.5
2 大学2年生	200	44.3
3 大学3年生	78	17.3
4 大学4年生	49	10.9
合計	451	100.0

表4-4 対象者の基本的属性 専攻

専攻	度数	パーセント
1 文系	428	94.9
2 理系	18	4.0
3 その他	5	1.1
合計	451	100.0

したがって、本章では結婚コスト感と育児コスト感に加えて、出産コスト感という概念を構成し、この出産コスト感が出産行動を回避させている可能性があることを示唆した。この出産コスト感をある程度裏づけるため、本研究班では大学生を対象として簡単な意識調査を行った（調査の結果については巻末資料参照）。調査対象者の基本属性は、**表4-1～4-4**の通りである。以下においては、ここから得られたデータをもとに、大学生の出産についての意識を概観する。

3.1 大学生の出産に関する意識

図4-3は、「出産は怖い」と思うかどうか質問した結果である。女性に対しては、本人自身が出産するとしたら怖いと思うかどうかを聞いた。男性に対しては、妻が出産するとしたら怖いと思うかどうかを質問した。女性では4割以上が「そう思う」と回答し、「ややそう思う」と合わせると、83.6％が「怖い」と回答した。男性では、「怖い」という回答は女性よりかなり低いが、それでも51.9％が「怖い」と回答している。**図4-4**、逆に「そんなに心配する必要はない」と思うかどうかを聞いた結果を示している。男女ともかなり似た結果を示し、約4割は「そう思う」と回答しているが、6割は「そう思わない」と回答している。これら2つの結果から、大学生の過半数は出産を「怖い」と感じていると考えることができよう。

図4-5と**図4-6**は、「女性だけが出産する」ということに関する意識を示している。**図4-5**は、「出産は女の特権だと思う」かどうかに関する結果であり、男女ともおよそ7割が肯定していることがわかる。この回答をみていると、男女とも、女性のみが出産するということを、女性だけに与えられた利点として把握しているかのようであるが、**図4-6**をみると、実際にはそうではないことがわかる。図4-6は、女性に対しては、「女性だけが出産しなければならないのは不公平だと思う」かどうか、男性に対しては、「女性だけが出産できるのは不公平だと思う」かどうかを聞いている。女性では半数以上が「女性だけが出産しなければならないのは不公平」と感じているが、男性で「女性だけが出産できるのは不公平」と感じているのは、1割程度である。この結果は、女性ではかなりの部分が出産することを利点としてよりもむしろ重荷と受け止めていること、男性では自分が出産できないことを不利な点として受け止めている者よ

3 妊娠・出産は若者にどう意識されているか

図4-3 女性「出産するのは怖い」
　　　男性「自分の妻が出産する時になったら怖いと思う」

	そう思う	ややそう思う	あまりそう思わない	そう思わない	不詳
女性 (N=293)	43.3	40.3	13.7	2.7	
男性 (N=158)	17.7	34.2	28.5	17.7	

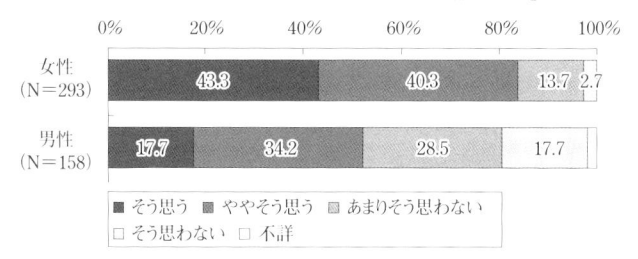

図4-4 「案ずるよりも産むがやすし」というように，あまり心配する必要なないと思う

	そう思う	ややそう思う	あまりそう思わない	そう思わない	不詳
女性 (N=293)	6.1	35.5	43.0	15.4	
男性 (N=158)	11.4	24.7	43.7	17.1	

図4-5 出産は，女性の特権だと思う

	そう思う	ややそう思う	あまりそう思わない	そう思わない	不詳
女性 (N=293)	35.5	30.4	26.3	7.5	
男性 (N=158)	38.6	31.0	20.9	7.0	

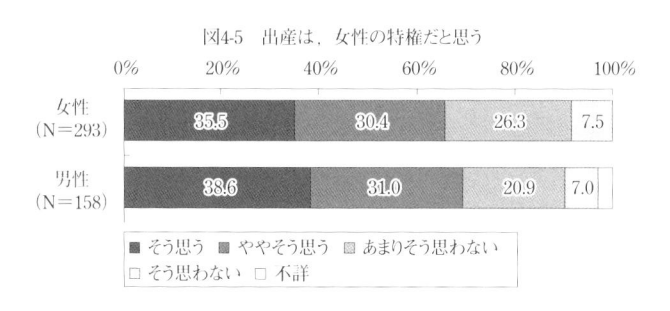

図4-6 女性「女性だけが出産しなければならないのは不公平だと思う」
　　　男性「女性だけが出産できるのは不公平だと思う」

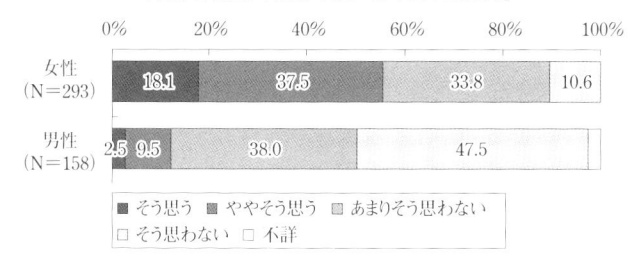

	そう思う	ややそう思う	あまりそう思わない	そう思わない	不詳
女性 (N=293)	18.1	37.5	33.8	10.6	
男性 (N=158)	2.5	9.5	38.0	47.5	

63

第4章　妊娠・出産をめぐるジェンダー意識の男女差

図4-7　女性「自分で出産せずに自分の子どもをもてるのであればそうしたいと思う」
　　　　男性「将来女性が産まなくても,自分の子どもがもてるような技術ができれば,
　　　　それを利用するのも良いと思う」

	0%	20%	40%	60%	80%	100%

女性（N＝293）：9.9 ／ 14.0 ／ 43.7 ／ 32.1
男性（N＝158）：10.1 ／ 19.6 ／ 37.3 ／ 30.4

■ そう思う　■ ややそう思う　■ あまりそう思わない
□ そう思わない　□ 不詳

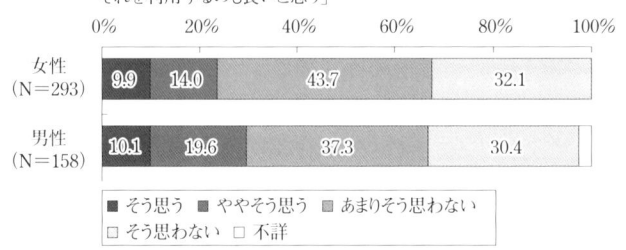

図4-8　女性「仕事を続ける上で,出産が自分の仕事にどういう影響を与えるか心配である」
　　　　男性「妻の出産期に関連する雑事で,自分の仕事がおろそかにならないか心配である」

女性（N＝293）：45.7 ／ 37.2 ／ 14.7 ／ 2.4
男性（N＝158）：5.7 ／ 14.6 ／ 46.2 ／ 31.0

■ そう思う　■ ややそう思う　■ あまりそう思わない
□ そう思わない　□ 不詳

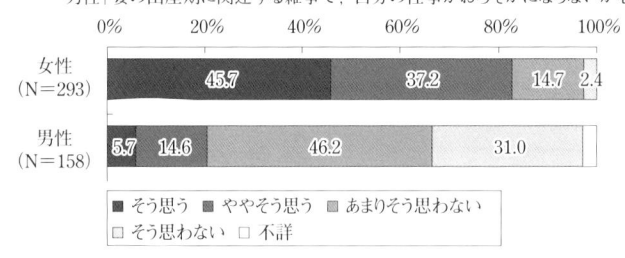

図4-9　女性「産前産後など一人では対処できない時期に,誰か世話をしてくれる人が
　　　　いるか心配である」
　　　　男性「妻の産前産後の世話を誰かに手伝ってもらえるか心配である」

女性（N＝293）：35.2 ／ 39.2 ／ 18.8 ／ 6.5
男性（N＝158）：8.2 ／ 26.6 ／ 37.3 ／ 25.3

■ そう思う　■ ややそう思う　■ あまりそう思わない
□ そう思わない　□ 不詳

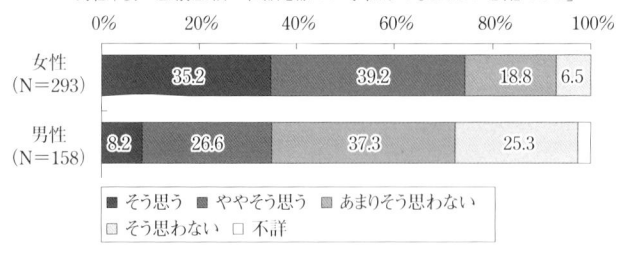

図4-10　女性「出産前の女性にとって出産の情報は十分行き渡っていると思う」
　　　　　男性「男性にも,出産に関する情報は十分行き渡っていると思う」

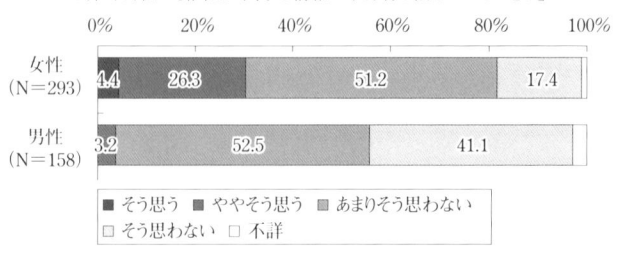

女性（N＝293）：4.4 ／ 26.3 ／ 51.2 ／ 17.4
男性（N＝158）：3.2 ／ 52.5 ／ 41.1

■ そう思う　■ ややそう思う　■ あまりそう思わない
□ そう思わない　□ 不詳

りもむしろ利点として受け止めている者が圧倒的に多いことを示している。このことは、大学生が男女とも、出産をコストとして感じているということを傍証すると言えよう。

　図4-7は、女性に対しては「自分で出産せずに自分の子どもをもてるのであればそうしたいと思う」かどうか、男性に対しては「将来女性が産まなくても、自分の子どもをもてるような技術ができれば、それを使用するのもよいと思う」かどうかを聞いた結果である。体外受精技術など生殖補助医療の発達は、「借り腹」など、「妻が産むことなく夫婦の遺伝上の実子をもてる可能性」を現実化している。こうしたことについて、大学生がどのように感じているのかを聞くことが、この質問の意図であった。この設問は、女性に対しては自分自身それを選択するかどうかを聞いているのに、男性に対しては自分自身が利用するかどうかを聞いているのかどうか判然としておらず、あまり的確な設問とは言えない。しかしそれにもかかわらず、男女の回答は、ほぼ似た分布を示した。男女とも2～3割が「そう思う」「ややそう思う」と回答しており、約7割は「あまりそう思わない」「そう思わない」と回答している。女性の2～3割がこの設問に「そう思う」と回答していることは、これらの女性たちにとって、出産すること自体が、かなりのコストとして意識されていることを示していると言えるだろう。

　図4-8、図4-9は、出産が仕事に与える影響への心配および産前産後期における産婦および新生児の世話の手に対する心配がどの程度あるかを示している。女性では、仕事を続ける上で出産がどのような影響を与えるか心配であると回答する者が8割を超えているのに、男性では妻の出産期に自分の仕事に影響があるのではないかと心配している者は、2割程度である。このことは、男子学生には、妻の出産に関して自分自身が何かをしなければならないという意識がほとんどないことに基づいていると思われる。産前産後のケアについて質問した結果を示す図4-9からも、女性の7割以上が誰に頼めるのか心配しているのに、男性のほうでは4割程度しか心配していないことがわかる。

　日本社会においては、伝統的には「出産は女の大事」という意識が強く、女性のみがその過程を取り仕切り、男性は何もしなくてよい、あるいは何もするべきではないといった考え方が強かった。しかし、地域社会からの援助が期待

第4章　妊娠・出産をめぐるジェンダー意識の男女差

図4-11　女性「出産前の女性にとって信頼できる産婦人科医・病院の情報は十分行き渡っていると思う」
　　　　男性「男性にも、信頼できる産婦人科医や病院に関する情報は、十分行き渡っていると思う」

	そう思う	ややそう思う	あまりそう思わない	そう思わない	不詳
女性 (N=293)	12.3	61.8	23.9		
男性 (N=158)	1.9	41.8	53.2		

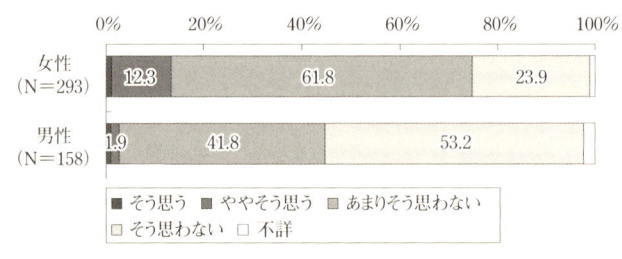

図4-12　化学物質による大気汚染や食物汚染などが、子どもにどのような影響を与えるのか心配だ

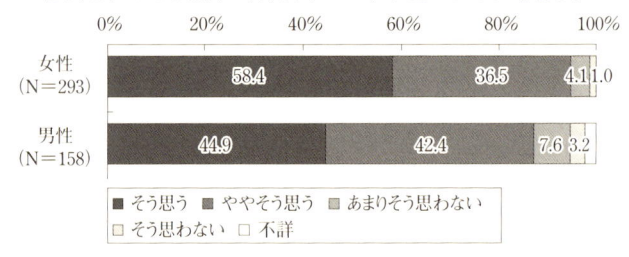

	そう思う	ややそう思う	あまりそう思わない	そう思わない	不詳
女性 (N=293)	58.4	36.5	4.1	1.0	
男性 (N=158)	44.9	42.4	7.6	3.2	

　できない現代の都市部の夫婦においては、このような考え方は、妻一人のみに出産や出産前後の様々なケアやその手配を押しつける結果となってしまう。産前産後においては産婦自体が動くことができず世話を受ける必要がある上に、新生児の育児という非常に厳しい労働が付け加わる。里帰り出産などで妻の実家もあてにできない場合には、このことは女性にとって非常に大きな不安の材料となる。しかも男性たちがこうした問題についての自分の役割をほとんど認識していないということが、女性たちの不安を強めていると思われる。

　図4-10、図4-11は、出産情報についての自己評価を示している。女性では、情報が十分行きわたっていると思う者は、3割程度であり、およそ7割が「そう思わない」と回答している。男性では情報が十分行き行きわたっていると思う者は4％にすぎず、96％が「そう思わない」と回答している。男女とも情報不足であると認識しているのである。特に男性は、出産関連情報を得る機会にほとんど恵まれていないように思われる。しかし先述したように、都市部の夫婦世帯では妻が出産のため入院してしまうと、家族として動けるのは夫である男性だけになってしまう。出産に関連する情報は、妻だけが知っていればよいとい

うものではない。図4-11は、特に医師や病院に関する情報について自己評価を求めている。情報が十分行きわたっていると思うのは、女性でも1割強にすぎず、男性では3％にすぎない。

図4-12は、環境問題が胎児に与える影響に関して質問した結果である。「化学物質による大気汚染や食物汚染などが、子どもにどのような影響を与えるか心配だ」と思う者は、「そう思う」「ややそう思う」双方を合計すると、男女ともおよそ9割にのぼる。こうした不安感があるということは、現在出産を考えるかなりの男女が、子どもが障害や病気をもって生まれてくるのではないかという不安を感じざるをえないということを示している。このことは、出産の意思決定に確実に影響を与えていると考えられる。特に、障害者に対する社会的対応が十分でない現在、職業を継続しながら出産を考えている女性にとって、子どもが障害や病気をもって生まれてくるのではないかということは、大きな「リスク」として意識される可能性が高い。

なぜなら、多くの女性たちは、子どもの障害や病気があった場合、母親である女性にその子どもへのケアが全面的に要求されるということを知っているからである。そうであれば、当然にも女性の職業生活も困難になる。夫婦とも職業生活と子育てを両立させる生活は、現在では、たとえ子どもが健康であったとしても、時間的余裕がほとんどないあまりにも厳しい条件の中で、やっと可能になっている状況である。子どもの障害や病気は、病院通い・入院など、健康な子どもの世話に要する時間の数倍以上の時間を費やすことを、親に要求する。したがって、多くの母親は職業生活を断念せざるをえなくなってしまっている。こうした現状は、職業生活の持続を望みながら出産しようかどうか悩む女性たちにとって、「子どもが障害や病気をもって生まれてくる」ことを、非常に大きな「リスク」と感じさせてしまうことになる。子どもの障害や病気自体が「リスク」なのではない。それによって母親の人生が全く変わってしまわざるをえない社会的条件があることが、子どもの障害や病気を「リスク」として意識させてしまうのである。

むろん「どんな子どもでも受け入れられるのでなければ親になる資格はない」といった考え方は正論ではある。障害者の人権を尊重する価値観が強くなってきている今日では、こうした考え方は、女性一般に共有されつつある。し

かし、障害や病気をもつ子どもの母親の職業継続に対する社会的支援がほとんどない中で、こうした正論が人々に受け入れられるようになることは、「職業を継続したい」という条件のもとで出産を考える女性たちを、出産回避に導く可能性がある。なぜなら、現状では「職業を継続したい」という条件のもとで子どもを産むことは、当然にも、「健康な子ども」「保育所に預けられる子ども」を望むことになってしまうからであり、女性たちはそのこと自体を「母親になる資格がない」こととして感じてしまうようになるからである。「自分は結局、自分のために、健康な子どもを望んでいる。でもどんな子でも、受け入れられるのでなければ母親になる資格がない。それでも今の自分には仕事を犠牲にしてもよいという決断はどうしてもできない。だから私は母親になるべきでない」といった判断を導く可能性があるのである。

以上、大学生の出産に関する意識調査の結果を示した。この結果は、出産前の若い男女に、出産それ自体に対する不安感が一定程度存在しているのではないかという仮説をある程度裏づけるものである。出産コスト感については、今後、より厳密な社会調査によって、検討することが望まれる。

3.2 大学生の出産に関する知識

大学生は、出産についてどの程度の知識をもっているのだろうか。先述したように、図4-10、図4-11においては、大学生のほとんどが出産に関する情報について、十分ではないと判断している。では、彼らはどの程度の知識をもっているのだろうか。

図4-13は、大学生に、出産用語についてどの程度知っているか自己評価してもらった結果である。男女とも、「よく知っている」「ある程度知っている」者の合計の比率が半数を超えた項目は、「帝王切開」「超音波診断」「逆子」「育児休業法」の4つである。女性で過半数が「よく知っている」「ある程度知っている」のいずれかを回答しているのに、男性では半数以下しか回答していない項目は、「陣痛促進剤」「ラマーズ法」「妊娠中毒症」の3つである。女性のほうが、一般に知っている比率が高いのは当然のことではあるが、育児休業法について「言葉を聞いたことがない」と回答する男性が2割いるのは、男子大学生が、出産や育児に関して、いかに無関心であるかを示しているように思う。

3　妊娠・出産は若者にどう意識されているか

図4-13　出産に関する知識

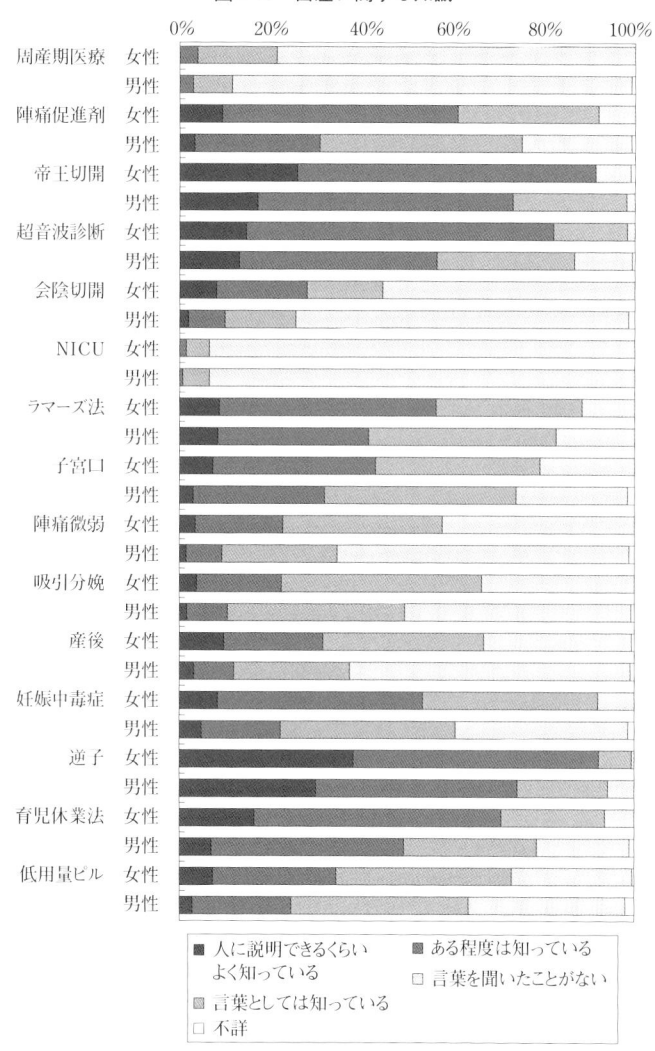

周産期医療	女性／男性
陣痛促進剤	女性／男性
帝王切開	女性／男性
超音波診断	女性／男性
会陰切開	女性／男性
NICU	女性／男性
ラマーズ法	女性／男性
子宮口	女性／男性
陣痛微弱	女性／男性
吸引分娩	女性／男性
産後	女性／男性
妊娠中毒症	女性／男性
逆子	女性／男性
育児休業法	女性／男性
低用量ピル	女性／男性

■ 人に説明できるくらいよく知っている
■ ある程度は知っている
▨ 言葉としては知っている
□ 言葉を聞いたことがない
□ 不詳

第4章　妊娠・出産をめぐるジェンダー意識の男女差

図4-14　出産に関する知識

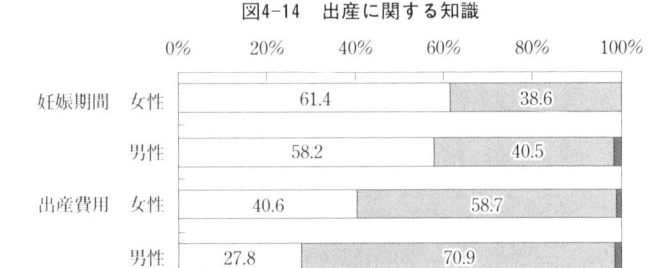

		正しい	正しくない	不詳
妊娠期間	女性	61.4	38.6	
	男性	58.2	40.5	
出産費用	女性	40.6	58.7	
	男性	27.8	70.9	

妊娠期間　「妊娠3カ月とは,妊娠した日から数えて3カ月という意味である」という文の正誤判断
出産費用　「出産にかかる病院の費用には,健康保険は適用されない」という文の正誤判断

　むろん、女子学生も、決して十分な知識をもっているわけではない。
　そのことは、妊娠や出産に関する正確な知識を問う設問の結果からも明らかである。図4-14は、文の正誤判断についての大学生の解答の一部を示している。妊娠期間という問では、「妊娠3カ月とは、妊娠した日から数えて3カ月という意味である」という文の正誤を尋ねている。妊娠何カ月といった妊娠期間の数え方は、臨床上のものであり、最終月経の1日目から数える。したがって、これは「正しくない」が正解である。しかしこの文に対して大学生は約6割が「正しい」を選択しており、誤答率は6割となる。出産費用という問では、「出産にかかる病院の費用には、健康保険は適用されない」という文の正誤を質問している。この問いの正答は当然にも「正しい」であるが、女性では6割、男性では7割が「正しくない」を解答しており、誤答率は同じく6割を超える。これらの結果は大学生の多くが、出産に関して正確な知識をもっていないということを示している。
　以上のことから、大学生は出産について実際に十分な知識をもっていないということがわかる。こうした知識不足が出産について過剰な不安感を生じさせている可能性も否定できない。

4 出産に関する男女の意識のずれ

前節で概観した大学生の出産に関する意識の中で、男女の意識の相違が最も目立ったのは、(自分あるいは妻の)出産によって受ける自分の仕事への影響に関する項目であった。女性の多くが「出産が自分の仕事に与える影響」について心配しているのに対し、男性は「妻の出産が自分の仕事に与える影響」については、ほとんど心配していなかった。この結果について、前節では、男性は妻の出産に際しての自分の役割やその後の役割変化についてほとんど認識していないのではないかという仮説を提示したが、このことは、実際に第一子を出産した女性たちに対するグループ・インタビュー調査においてもある程度語られていた。

首都圏のある核家族の、1歳6カ月の子どもをもちながらパートで働いている女性は、このことを「私は、自分の中で、結婚とか出産と仕事というのは結構大きくコロコロ変わってきて、私は、その度に悩み、その度に結構変えてきたのに、夫はずっと一緒なんですよ。ずっと夜11時まで仕事をしているわけですよ。そうすると、何か納得がいかないというか、それはよく夫と話したことがあります。あなたはなぜ変わらないのかと。悩みもしないのか」と表現している。妻は出産に際して仕事をどうしようか悩む。その度に悩み、辞めたり、パートにしたり、再就職を目指したりする。しかし夫のほうは、妻が出産しても全く働き方も生活も変えない。そして変えないことを悩みもしない。この女性が問題にしているのは、まさにこのこと自体おかしいのではないかということである。2人の子どもをもったはずなのに、「(出産や子育てを) 2人でという感じがしないのは、何か割にあわない。最近ずっと割にあわないと思っているんですけど。なぜ割にあわないかと思っているかというと、やっぱり仕事をしたいのかなというか」。おそらく、この「割にあわない」という感覚こそ、大学生の女性たちの多くに、「女だけが出産しなければならないのは不公平だと思う」という回答をさせた感覚であると思う。女性だけが出産するのはしかたがないとしても、なぜそのことによって女性の仕事や生活だけが影響を受けてしまうのか、なぜ男性は全く変わらないままでいられるのか、そこが納得い

かないという感覚である。

　妻が出産しても男性の働き方や生活が変わらないのは、おそらくジェンダー意識によって「男は家事や育児にかかわる必要がない」と思い込んでいるからであろうし、また世間や職場にもそれを当然とする考え方が強く、妻が出産したからといって仕事の上で大目にみてもらえるような雰囲気が全くないためでもあろう。したがって、産休や育休のために妻が家にいるようになると、子どもなしで共働きのときにはしていた家事すら、すべて妻まかせになってしまう夫もいる。「昔、二人で働いていた時には、完全にバッチリ分かれていたわけなんです。茶碗洗いは夫の仕事、掃除は二人で土日にとか。なのに、子どもができた途端、全部私にきて、それで、さっきも言ったように、朝から晩まで育児も私だけ……」。出産によって家事・育児の仕事量は倍増しているのに、妻が家にいるようになったということが、夫である男性に、すべて妻まかせにしてよいという正当化の口実を与えるのである。

　むろんこうした男性たちも、妻の妊娠・出産に何か問題が生じたり、妻が長期の入院をするようになったりすると、否応なく出産ということの大変さに気づかせられることになる。「切迫流産とか早産とかとなると、本当にもう（妊婦が）寝たきり状態になっちゃって、入院するでもなく、自宅でとにかく静養して、ちょっとでも動くとやっぱり悪いということで、本当におうちのことはできない……。だから、御主人のほうが不便な……」。最初の妊娠・出産に問題が生じて、女性だけでなく夫である男性の生活にも影響が出るようになると、家事や出産や育児を妻まかせにできると思い込んできた夫は、そうでない夫よりも、より強く出産をコストと感じると思われる。こうした夫は、「もう子どもはいらない」と、第二子の出産を強く拒否するようになる可能性が高い。

5　出産コスト感と出産回避

　このように、自分の生活に影響が出るまでは出産も育児も妻まかせにしてしまうこうした夫の態度は、次の子どもを産むかどうかという選択に、確実に影響を与えている。首都圏で核家族で暮らしている第一子を子育て中の女性たちへのインタビュー調査においては、たとえ妻が仕事を辞めて家庭に入っていた

としても、第二子を出産することには、第一子を出産するとき以上の困難性があるということが、日々に語られた。出産コスト感という概念を使用するならば、第二子の出産コスト感は、第一子の場合よりもむしろ強くなる傾向がみられたのである。

多くの女性たちが心配していたのは、上の幼い子を育児しながら妊娠期間を過ごすことができるのかどうかということであった。核家族で暮らしている彼女たちは、育児を支援してくれる手をあまりもたないで暮らしている。預かってくれる場所はあっても、それは一日のほんの数時間であり、基本的には第一子と自分の2人きりの時間が続いている。もし妊娠すれば、現在でも家事と子どもの世話でキリキリ舞いしている毎日を、妊娠中という身体条件でこなさなければならない。「うちはあんまり家のことはしないんですね……。こっちが具合が悪くても、何でもいいから作ってって言っても何もしない。お弁当を買ってきてくれるくらいで」。だから、夫をあてにすることはできない。しかし体重が重くなり活発さも増してきた上の子の世話をしながら家事をすることを、妊娠と両立させられるかどうか。第二子は、第一子の妊娠とは全く異なる条件のもとで、妊娠を持続しなければならないのである。

妊娠によって必要となる産婦人科病院への通院にしても、第一子を伴って行かねばならない。毎回3時間はざらという大人でも退屈してしまう待ち時間を、どうやって子どもに我慢させるのか。里帰り出産をするとしても、第一子のときとは異なり、子どものスケジュールにも配慮しなければならない。「幼稚園にあがる前に第二子をもたないと里帰り出産できないので大変」というのが、同じ年頃の子どもをもつ母親たちの常識だという。上の子が幼稚園にあがってしまうと、幼稚園を休ませるわけにはいかなくなるからだという。家事・育児をすべて抱え込んだ上での第二子の出産は、妊娠・出産への時間的コスト感を確実に増大させるのである。

仕事をもっている女性の場合には、第二子の出産コスト感には、仕事に関連する要因も含まれる。「第一子で職場に迷惑をかけているのに、これ以上迷惑はかけられない」といったことが、出産コスト感を強める要因になっている。「老人ホームに勤めているママなんですね。すごく必要とされている仕事だそうで、1年間休んだんだけれども、2人目ができたんだけれど、復帰してしま

っているから、散々悩んで子どもをおろしてしまったという」。産休はしかたがないとしても、育児休業もほとんど女性がとっている状況においては、育児休業もとらずに働き続ける男性と比較して、女性が「自分は職場に迷惑をかけてしまった」という気持ちを感じざるをえない状況をつくってしまっている。そうした「申し訳なさ」のゆえに、「1人目はまだしも、2人目となると、もうこれ以上はとても申し訳なくて無理」と感じてしまいがちになってしまうのである。「男は、妻の出産などにかかわりなく仕事をするのが当たり前」という男性たちに強いジェンダー意識は、女性の職業参加が当たり前になってきた今日においては、このような意味においても、女性に出産回避を選択させる要因となっていると考えられる。

6 リプロダクティブ・ヘルス／ライツの確立

　本章では、まず最初に、出産に関する不安やコスト感がどのような要因から構成されているかを概観した。

　次に、大学生の出産に関する意識調査から、出産に関する不安感や恐怖感がかなり存在することを示した。また女子学生の出産不安感・出産コスト感は、身体的な不安感ばかりではなく、仕事への影響や産褥期の世話など広範囲にわたっており、不安感は一般に男子学生よりも高かった。他方男子学生は、妻の出産によって自分の仕事や生活を変化させなければならないのではないかという予期をほとんどもっていなかった。おそらく、男子学生には、出産時の夫としての役割の認識がほとんどないのではないかと推測される。また出産に関する知識も、男女共に非常に少ないことが明らかになった。

　第三に、結婚した男女においても、出産を女性だけの問題としてしまうような夫の意識があることが、グループ・インタビュー調査から示された。そのことは、第一子を出産した女性の不満感を生んでいるとともに、第二子の妊娠・出産への女性の不安感を強めていた。子育てをしながらの第二子の妊娠・出産は、女性に、第一子の妊娠・出産とは全く異なる条件を課すことになる。しかし、インタビューに応じてくれたほとんどの女性たちは、夫を「頼れる相手」とはみなしていなかった。その結果彼女たちは、妊娠出産の時期を選ぶなど、

何とか1人で様々な条件を乗り越えようとしていたが、なかなか計画通りにはいかず、そのことが、第二子の出産を一層難しいものにしていた。

　これらの知見から、次のような考察を導くことができるだろう。ジェンダー意識の変容は、出産に関する男女間のコミュニケーション・ギャップをも拡大している。現在は女性も出産についての知識や情報源や援助ネットワークをほとんどもっていないのに、男性側が昔ながらの「出産は女だけが関与する領域」という通念を維持し続けていることが、女性の側の出産に関する不安感や負担感、また「女だけが出産しなければならないのは不公平」という不公平感を強めている。この男女間のジェンダー意識の相違は、出産回避と密接に関連していると思われる。

　そうであるならば、出産を選択し得る社会的条件を形成するためには、妊娠・出産に関する金銭的コストへの対処など、具体的な条件整備を進めるだけでなく、男女間のジェンダー意識の相違やそれに基づくコミュニケーション・ギャップを埋めることも、重要な施策の1つとなるだろう。例えば次のような施策が考えうる。

　第一に、社会教育や学校教育において、特に中等教育において、「女性学」など、現代社会におけるジェンダー意識の変容や家事・育児労働などのアンペイド・ワーク問題などについて具体的に考えさせる内容を大幅に導入すること。現在、「女性学」は大学教育の一般科目や専門科目においてはある程度導入されているが、それだけでは十分ではない。なぜなら、そうした科目はほとんど選択制となっており、そうした科目を選択するかどうかということもまた、ジェンダー意識によって規定されているからである。現在でも、男性には出産や育児に関する知識は必要ないという通念が強く、こうした通念をもつ男性は、ジェンダー意識の変化や現代社会における出産・育児にかかわる諸問題についてほとんど何も知らないままに、社会人となってしまうのである。社会教育事業においても、女性向けの啓発事業においては、こうした問題が取り上げられることが多いが、男性対象の啓発事業においてはあまり取り上げられない。すなわち、現状では学校教育も社会教育も、結果として、男女間のコミュニケーション・ギャップを大きくする機能を果たしてしまっていると言うことができる。このような状況を改善していくためには、特に社会教育における男性向け

の啓発事業を強化するとともに、ほとんどの男女が履修する中等教育において大幅に「女性学」や「ジェンダー研究」を取り入れることも有効であると考えられる。

　第二に、性・妊娠・出産・育児などに関する学校教育の内容を、「生理学的知識」中心から「行為や経験」中心の内容に変革していくこと。性・妊娠・出産・育児などを、単に「生理学的過程」としてのみ扱うことは、実際に必要な諸制度についての知識（性に関する様々な悩みをどこに相談できるか、性暴力被害にあったらどうするか、妊娠したらどうするか、不妊ではないかと思ったらどうするか、よい病院についての情報をどうやって得るかなど）を十分に伝えられないばかりでなく、男女双方に、性・妊娠・出産を単に受動的な生理学的過程として認識させてしまう効果をもっている。性・妊娠・出産などのリプロダクションにかかわる人間の営みもまた、男女双方の様々な意識的努力を伴う実践として行われているのであり、当然にもそれは様々な苦しみや喜びを伴っている。私見によれば、現在の教育内容においては、こうした人間的営みとしてのリプロダクションについては、ほとんど伝えられていないように思う。その結果、多くの学生は、性・妊娠・出産などにかかわる事柄を、労働や創造などの人間的営みとは別の、単に本能に基づく「動物としての営み」であるかのようにとらえてしまっていることが多い。そうした暗黙の前提が、人間的営みとしての性・妊娠・出産を、労働や創造と同等の意味をもつ活動として自分自身の人生設計上に描くことを困難にし、男性においては「生物学的に女のみに関連がある」事柄として自分自身の問題としてはとらえない心的諸傾向を生み出し、女性においてはそうした男性の心的諸傾向をも認識する結果、「面倒くさいやっかいな過程」としてしか把握できない心的諸傾向を生み出している。むろん、妊娠・出産にかかわる行為や経験を扱う場合に、それを女性にのみ関わる事柄として扱ったり母性のみを強調したりすることは、こうした男女の心的諸傾向をかえって強めてしまう可能性があることに注意するべきである。

　第三に、男性のリプロダクティブ・ヘルス／ライツの概念を確立し、女性のそれとの関連性を整理する必要性が挙げられる。男性が出産や育児を「自分にかかわる事柄」としてなかなか受け止められないのは、社会的に男性のリプロダクティブ・ヘルス／ライツの概念が確立していないためでもある〔沼崎、

2000〕。このことは、体外受精や出生前診断などの生殖関連技術が次々と開発されている現状において、男性のそうした技術に関する関心を著しく弱め社会的論議を生み出しにくい状況をつくり上げている。またこのことは、妻の妊娠・出産に関連する夫の役割に関する明確な社会的認識の形成を阻害し、夫もまた妻の妊娠や出産に関連して休暇をとる必要があることなどに関する社会的理解を、著しく低いものにしている。

　第四に、性・妊娠・出産・育児に関連する情報サービス・相談体制・社会的サービスを整備する必要性がある。情報サービスにおいては、医療情報だけでなく利用し得る諸制度についての情報も得られるようにすることが必要である。妊娠・出産・育児にかかわる活動を担う者は、そうでない者と比較した場合圧倒的に時間的余裕がない。情報を必要とする者ほど、情報探索活動に時間を割くことができない状況があることに注意するべきである。また都市部においては、出産期や産褥期に利用し得る家事・育児サービスの整備が不可欠である。

　男女間のジェンダー意識の相違やコミュニケーション・ギャップを埋めていくためには、知識の普及や情報開示に関連する上記のような施策が有効であると思われる。

第 5 章

独身男女の描く結婚像

釜野さおり

1 はじめに

　近年の日本の出生率低下は、結婚する年齢が高くなっていることと、結婚しない人が増えていることに主要因があると分析されている（阿藤、2000）。したがって、「結婚していない・結婚しない」という現象に注目することは、日本の少子化現象の背景をとらえるために極めて重要である。非婚化・晩婚化の原因として、女性の高学歴化、雇用機会の拡大、男女の賃金差が小さくなったことなどの「女性の社会進出」に伴い、女性が結婚によって失うものが多くなったこと、結婚することのベネフィットが相対的に低くなったこと、結婚へのプレッシャーが緩和されたこと、女性の意識が変化したこと、親と同居している未婚者は結婚するより豊かな生活ができるようになったことなどが挙げられ、数々の議論が繰り広げられている（山田、1999；阿藤、2000；目黒、1998）。

　本章では、数量データの分析ではみることのできない複雑で多様な意識や経験をとらえるべく、20～30代の独身の男女合計21人に行ったグループ・インタビュー調査（以下、インタビュー）の結果を分析し、晩婚化・非婚化の実態と背景をみていく。具体的には、20～30代の独身の男女が結婚をどのように考えているのか、独身の男女が結婚そのものを否定していないのなら、何が「要因」となって結婚が結果的に回避されているのかに注目する。

　本章で分析するインタビューは、首都圏20代女性（6人）、首都圏30代女性（5人）、地方都市20代女性（5人）、首都圏20代男性（5人）の4グループについて、1999年に実施したものである。参加者の女性は、16人全員が社会人、男

性は5人中3人が社会人で、2人は大学院生である。各インタビューの事前に簡単なアンケートを配布し（以下、事前アンケート）、その回答も参考にしながら、プロジェクトメンバー2人がファシリテーターとなって、90～110分のディスカッションを行った（インタビュー参加者のプロフィールについては、巻末の資料3を参照）。

まず、第2節では、結婚への関心、つまり結婚したいと考えているのかどうか、そして現在結婚していない状況をどのように自己分析しているのかについてまとめる。第3節では、結婚にどのようなイメージをもっているのか、結婚を考える際何を重視するのか、親や友人の結婚関係は、結婚のイメージにどう作用するのかについて述べる。第4節では、結婚のコストやベネフィットをどうとらえているかをまとめる。第5節では、インタビューから浮かび上がった様々な傾向を、第1章で提示された「価値観・意識」「結婚コスト感」「社会経済的変化」「結婚回避」を結びつける本書の分析枠組みと照らし合わせながら考察し、第6節で今後の社会の方向性を検討する。

2　結婚への関心

現在独身でいる男女は、結婚していないことをどう分析しているのだろうか。また今後結婚する可能性についてはどう考えているのだろうか。まず、結婚したいかどうかについての考えをみてみる。

2.1　結婚したいかどうか

われわれのインタビューした女性たちの大半は、結婚したいという考えをもっている。以下は、32歳のIさんの言葉である。

「もちろん、したいと思っています。……同じくらいの年齢で結婚をしていない人とかの話を聞いても……みんなそうなんだと思うんです。特に、私は一生結婚しない、面倒くさいからとか、そういう人はあまりいないと思うんですね。……やっぱり、これから長い人生を生きていく中、ずっとひとりでやっていくわけにもいかないですし、一緒に何かやるといった意味で、誰かいたほうがいいだろうとは誰でも思っていると思うんです」

彼女の言葉は、多くの女性の気持ちを集約していると言える。インタビューした女性のうち1人は、「……他人と恒久的にずっとその先を一緒にするというイメージがわかない……できたら、しないで一生過ごしたい」と語ったが、それ以外の女性は、「いずれは結婚したい」と考えている。あるいは、考えるまでもなく、結婚するのを前提としている様子である。
　それでは彼女たちは、どのような状況になったら実際に結婚を考えるのだろうか。大半の女性が、家族から言われたから結婚する、ある年齢が来たから結婚する、結婚するのが当たり前だからするのではなく、自分で選択して結婚したい、と考えている。
　たとえば33歳のHさんは
　　「……社会の概念というのにとらわれて、親が言うから結婚しようだの、
　　40になるまでには結婚しなきゃいけないというのでは結婚したくない」
と語る。
　ただし、子どもを産みたいと考える女性は、「ずっと一緒にいたいなと思う人がいれば結婚すると思うんですけれども。あとは、子どもが産める年齢までにはしたいです……」と語る27歳のCさんのように、出産可能な年齢のうちに結婚したいとの考えを示している。逆に、子どもをもたない可能性も考えるというHさんは「いくつになってもそのときに出てきた人と結婚をすればいい」と言う。
　これらの発言から、子どもが欲しいという気持ちは、出産可能年齢を意識しての結婚意欲に関連していることがわかる。日本では、結婚関係の中で子どもを産むことが規範となっているため、結婚意欲と出産意欲も、切り離されていない。
　一方、男性は結婚を消極的にとらえている。事前アンケートにおいても、婚約者のいる1人を含めた3人が「いずれ結婚するつもり」、2人が「一生結婚するつもりがない」と回答している。インタビューからは、将来は結婚「しているだろう」というあいまいなイメージはもっているが、たとえ結婚することになるとしても、自分の意思とは関係なく、成り行き任せにする、と考えている様子がうかがえる。例えば、1人の男性は次のように述べている。
　　「極端な話、ある日、ドアを開けたら、タキシードがあって、それをひょ

いと着せられて、『はい、結婚式ですよ』と言われても、そのまま、『ああ、そうですか』って行っちゃうような、そのくらいしかないんじゃないですかね。男にとっては」

2.2 現在結婚していないことをどうみているか

上で示したとおり、女性は、できれば結婚したいと考えているが、現時点で結婚していないことについては、どのようにとらえているのだろうか。ほとんどの女性が、特に理由があるのではなく、気がつくと結婚していなかった、という消極的な非婚状態にある。

例えば31歳のKさんは、「気がつくとこうなってしまったというのが正直なところなので。……いい相手がいたら結婚をしたいけれども……」と語る。

結婚せずにいられる背景には「女性もそれなりにやりがいのある仕事がもてて、やりがいがあるなしに関係なく収入が得られるようになったじゃないですか」（Jさん30歳)、といったように、今は女性も仕事をもつことができ、経済的に自立できるので、不本意な結婚を押しつけられる必要はないためだと自ら分析している。

このように、女性たちは、現在結婚していないのは成り行きで、大半が「いずれは結婚したい」と考えており、結婚を積極的に「回避」しているのではないことが明らかである。一方、男性の方は、結婚に消極的な意識が目立った。言うまでもなく、今回インタビューした男性は、20代後半の5人に限られていることや、同年代の男性の集まる場で、結婚願望を表すことはふさわしくないという意識が働いたなど、別の要因も考えられるが、少なくとも表面的には、同世代の女性との考え方のギャップは大きいといえよう。

3 結婚のイメージ

3.1 結婚に何を求めているか

上記でみたように、特に女性は結婚したい気持ちを強くもっている。では、結婚や結婚相手に対して何を求めているのだろうか。また、どのような相手と、

どのような関係を築きたいと思っているのだろうか。

　年齢、住んでいる地域、一人暮らしか否かにかかわらず、ほとんどの女性が、結婚したい理由に「パートナーの欲しいこと」を挙げている。例えば、25歳で一人暮らしのDさんは、次のように述べる。

　　「……やっぱり寂しいなって思うんですよ。家族と離れているし、一人というのと家族がいるというのは……全然違うんですよ。だから、一生のパートナーが欲しい……、自分の家族、欲しいなって……思いますね」

　また、結婚相手は一生のパートナーで、対等に話し合えることが望ましいと考えられていることもわかる。「……やっぱり一番のパートナーであってほしいから……お互いに対等に話し合える、そういう関係ができればいいなと思います」と語るOさん（25歳）は、現在付き合っている人と結婚するつもりで、相手はそのような人であるとのことである。同様に23歳のMさんも「……やっぱり聞く耳をもってくれる人というか、耳を傾けてくれる人。……話ができる人がいいですね」と、相手と話し合いのできることを期待している。また、「基本的には自分のことは何でもできる人」（Pさん・27歳）というように、相手が自立していることを挙げた人もいる。

　女性が結婚する際に望むことをみると、今のままの自分でいられること、気楽であること、今のままの生活（仕事など）が続けられることが重視されている。30歳のJさんは、「今のままの自分でいられるのが一番ポイント」と述べ、27歳のCさんも、「ありのままの自分を受け入れてくれる人」が理想とのことである。また、27歳のBさんは、「気楽にいきたいんです。……自分に自信をもって何もできないので、期待しないで嫁に来てくれという人が理想ですね」と述べている。実家で暮らしながらも、家事を問題なくこなせるというBさんであるが、従来の結婚において女性に期待される様々な事柄を、負担に感じるようである。

　「今のままの自分」「ありのままの自分」という言葉には、性格的なものだけではなく、仕事を続けるなどの「生き方」も含まれている。「仕事ができれば、別に結婚をしなくとも恋愛はできるから……（結婚しなくても）子どもを産んじゃってもいい」と思っていたという婚約中のEさん（25歳）は、「やりたいことをやらせてくれて、あまり期待していないと言われている」「仕事を辞め

ろと言う人だったら、私は結婚しない」と述べている。

その他には、「意識の高い人」（Ｉさん・32歳）、「自分を大事にしてくれる人」（Ｎさん・22歳）なども挙げられた。非現実的な期待を課せられることなく、相手と対等な立場で向き合う関係を望んでいることが明らかである。

一方男性は、結婚に消極的であることに加え、結婚あるいは結婚相手についても、具体的なイメージをもっていないようである。「一緒にいて疲れない」「収入があって気の合う」ということを挙げた男性はいるが、あまり強く主張せず、さらに結婚のイメージを強くもっている女性に反発さえ感じている人もいる。

たとえば、ある男性は次のように述べる。

> 「いつまでも恋人同士のような夫婦がいい……仕事ももちたい……というふうに最初から自分の結婚のコンセプトみたいなものを決めて、この通りに実行されない人、お断り、みたいなことを女性の側から言われると……そんなにイメージをもたなくてもいいんじゃないか。イメージが先行しているような感じがする……」

また、男性は、女性に多くみられた「対等な関係」というイメージも受け入れがたいようである。ある男性は、「……対等であればあるほど結婚することに対する意味というのは、……ますます乗り出すという感じが失せるというか、薄くなるというのは正直な印象ですね」と語っている。

このように、男女の間には、結婚のイメージをもつかどうかの違いがみられた。男性の方がイメージをもたない傾向にあるのは、少なくともこれまでは、多くを考えずに結婚しても、基本的な生活面において大きく影響されることが少なかったためではないだろうか。女性がありのままの自分でいたいという気持ちを示すのは、一般的に結婚すると、女性が自分の生活や働き方を変えることを強いられている実態をみているからであろう。結婚相手によって、生活レベル、ライフスタイル、居住地、就労する（できる）かどうか、相手の家族との付き合いなど様々な面での生活が決まっていくという現実を女性は直視しているので、独身であっても、結婚に対するイメージをもたざるをえないのだろう。

3.2 結婚のイメージはどこからくるのか——周囲の人の結婚関係

　上記では、結婚に対するイメージや理想をみたが、これらはどのようにつくられているのだろうか。重要な「原料」のひとつとして、親や友人など身近な人の結婚関係の観察や経験が考えられる。独身の男女の結婚イメージと、友人、知人、親の結婚をどう評価しているのかということは、どのように関連しているのだろうか。

◇**友人や周囲の人の結婚関係**
　インタビューでは、友人や知人の結婚をどのようにとらえているかによって、結婚に対する考えが異なる傾向がみられた。「いい相手がいたら早く結婚をしたい……周りを見ていても、結婚をしたら大変になったという人はいないんですね」と語るＫさん（31歳）は、「結婚をしても、その人らしさを失わないまま働き続けている例があるので、あんなふうに普通だったら自分も結婚したい」と考える。自分らしさを失わずに働き続けるなど、自分のよいと思える結婚関係が身近にあることが、独身の人の結婚意欲を高めているのである。
　逆に、結婚した友人が苦労していて幸せにみえない場合は、結婚を否定的にとらえ、結婚したいとの気持ちも薄くなる。例えば22歳のＮさんは、数人の友達から「……結婚なんか、自由時間もなくなるし、……年が近い人と結婚をしたりとかすると、相手にしてもらえないとか、／……／……人生の墓場って。しなきゃよかった」という話を頻繁に聞いているとのことである。彼女は、アンケートでは「いずれ結婚するつもり」と答えてはいたものの、話の節々に結婚に対して暗いイメージをもっていることが表れ、現在男性と付き合っているが、結婚には非常に否定的であった。夫との関係が付き合っているときとは異なったり、子どもをもつことによって育児の負担が増えたりすることを否定的に感じている様子である。
　男性は「……結婚している人を見ると、つまらなそうなので」というように、結婚している男性のあり方を否定的にみている。また、職場の飲み会などで、娘の話をしたり、写真を見せたり、ケーキを買って「そそくさと帰っていったり」する男性に対し、「……おもしろくないというと変ですけれども、……そ

ういうのをまねしたいとか、僕もそういうふうに早く娘のために帰りたいとはやっぱり思わない」「うらやましいとは思わない」と数人がコメントしている。

逆に、独身の年上の男性については、

> 「……すごい楽しそうというか、すごいよく勉強をして、遊んで、いろんな経験も豊富」

と好意的にみている。

つまり、20代後半の独身男性の目には、年上の結婚している男性は「おもしろくなく」、逆に、独身の男性はよくみえるようである。このようにみえることも、さほど結婚に乗り気になっていないことに関連していると言えよう。

◇親の結婚関係

親の結婚関係は、子どもである彼ら・彼女らの結婚のイメージに、知人・友人の結婚関係よりもさらに強く作用していると考えられる。長い年月、親の関係性の中で育ち、「親」は特別な存在であるため、両親の関係に対しては深い複雑な感情があると考えられる。そこで、独身男女の親の結婚関係のとらえ方と、彼女・彼らの結婚のイメージがどのように関連しているのかをみてみる。

われわれのインタビューでは、親の結婚生活を肯定的にとらえている人は、結婚をよいものだとみなし、結婚したいという気持ちも強い傾向がみられた。しかし、親の夫妻関係をよくとらえていない場合でも、結婚そのものに否定的になってはいない。「両親のようになりたくない」、「(相手が)父親のような人では困る」というように、反面教師としてみているが、結婚そのものは受け入れることが多く、親とは違った形の関係をつくるにはどうしたらよいのかを模索している。しかし、その具体像がみえないために、結婚に積極的になれない部分もあるようである。

両親の仲を良いととらえている次の2人は、自分も親のような結婚生活をしたいと思い、その延長で結婚そのものに対しても肯定的である。

> 「うちの両親はすごく仲がいいので。自営業だったものですから、いつも一緒にいたわけですね。……理想的だなって思いますね。／……／いつも一緒にいても仲いいというのは、いいなと思って、そういう関係の結婚生活をしたいなと思います」(Hさん・33歳)

同様に、31歳のＫさんも「うちの父母は普通に見合い結婚をして、あまり仲の良くなかった時期もあって、／……／最近、年とると仲良くなっていっている……夫婦っていいなと思って」と語る。

逆に、親の結婚生活を幸せでないと感じるため、結婚そのものへの意欲が低くなったという人もある。「親が結婚しているのをみて全然幸せそうじゃないので、何のために結婚したのというか、形だけ守るような感じで……」と語る男性は、事前アンケートで「一生結婚するつもりはない」と回答し、知人の結婚生活に対してもつまらないと否定的にみている。彼の場合は、両親の仲の良くない関係が、結婚観に直接影響している例であろう。

親の夫妻関係の質に加え、その役割分担のあり方も、「理想とする」または「避けたい」関係のイメージをつくり上げている。27歳のＢさんは、一般の家庭とは違う役割分担をしている両親のような関係を理想だと考えている。

　　「うち、全然両親の役割分担がはっきりしていないので、うちの父は何でもする人なんですよ。母が、ついこの間まで仕事をしていたので、夕飯は父が作るというのが決まっていた……ずっとそういう生活で、それが理想ですね」

ところが「父親は外で働き、母親は専業主婦」という環境で育った女性の多くは、そのようになりたくないと考えている。しかし同時に、他の形は知らないので、複雑な心境でいる人も多い。例えばＩさん（32歳）は、

　　「うちの親なんかはとても古い感じの人なので、お見合い結婚で……お父さんは仕事をして、お母さんは主婦をやって……うちの父とかはすごく頭が古いので、家父長制度みたいな、そういうのが頭にあるような人なので、そういった意味でいえば、反面教師という感じで、私は、あまり古い感じの頭をもった人は困る」

と述べている。

古い考えをもつ男性とは一緒になりたくない、という気持ちはあるものの、育った環境によって根付いた伝統的なジェンダー観は、意識とは別の部分で身体化している様子もうかがえる。25歳のＦさんは次のように語る。

　　「わりと父親は何もしないので、本当に何もしないので。(そのような関係には) できればなりたくないんだけれども、反面、ずっとそれをみている

から、『そうじゃなきゃいけないのかな』というような気持ちもあるというような、ちょっと微妙な感じなんですけれど」

同様に、平等ということを意識しながら、両親のような夫婦を理想としてしまうという38歳のGさんは、次のように語る。

「私も、……父が仕事、母は専業主婦で、お見合い結婚です。／……／そういうのをみて育ってしまっているので、例えば、奥さんもちゃんと働いて、旦那さんと対等というのは、……子育てをしながら仕事をしている友達の両親はそういうタイプなんです。お互いに話していて、親のタイプが自分の夫婦観にすごく影響しているなとは感じましたね。何だかんだいって、私は、進歩的じゃなくて、実は古風なイメージをもっているので、自分の仕事が忙しいと、妻の姿が、絶対に理想は達成できないからというので（結婚に）二の足を踏んでいるところも実はあるんじゃないかなと、最近は自分では思っています」

FさんやGさんの言葉は、多くの20代、30代女性の複雑な心境を表しているのではないだろうか。自分の育った家庭は、父親が仕事、母親は家を守るという性別役割分業で成り立っていたが、規範も変わりつつあり、自分の意識でも従来の性別役割分業をそのまま受け入れることはできない。しかし、「夫は仕事・妻は家庭モデル」を拒否しても、具体的にどのような男女関係をつくっていくのか、どのような関係が可能なのかは明らかになっていない。この複雑な心境は、結婚したいという気持ちをもちながら、積極的に踏み込んでいないことに貢献していると考えられる。

ここでは、結婚意欲が友人、知人、親たちの夫妻関係から受ける影響をみたが、友人や親の夫妻関係をよいと思わないと結婚意欲が弱くなり、周囲によいと思える関係が多いと結婚したい気持ちが強くなるという自明の関係が見出された。しかし、両親の役割分担によって受ける影響は複雑である。「父は仕事、母は専業主婦」という家庭で育った、現在仕事をしている女性の多くは、自分はそうしたくない・自分の結婚は違った形にしたいと思いながらも、両親のようなあり方が理想なのではという気持ちや、実際にどのようにしたら違った形の関係をつくれるのかがつかめず、迷いが生じているようである。それが、結婚に積極的になっていないことにつながっている可能性もあろう。

4 結婚のコストとベネフィットに対する考え方

独身の男女は、結婚に関して、様々な想いをめぐらせている。ここでは、インタビューで述べられた考えを、コストとベネフィットという枠組みで整理する。具体的には、(1)「結婚しないことのコスト」、(2)「結婚することのベネフィット」、(3)「結婚することのコスト」に分けてみていく。(1)から(3)は、それぞれ結婚を回避するかどうかにかかわっていると考えられる。ここでの目的は、コストやベネフィットの相対的な大きさを比較するのではなく、独身男女がそれらをどのようにとらえているのかを中心に分析することである。(1)から(3)ならびに「結婚回避」は次のように関連しあっていると考えられる。(1)の「結婚しないことのコスト」が高ければ、結婚を回避する傾向は弱く、同様に(2)の「結婚することのベネフィット」が高ければ、結婚回避の傾向は弱く、(3)の「結婚することのコスト」が高ければ、結婚を回避する傾向は強くなる。また、相対的に比較すると、「結婚することのコスト」が「結婚しないことのコスト」よりも大きい場合〔(3)>(1)〕ならびに「結婚することのコスト」が「結婚することのベネフィット」よりも大きい場合に〔(3)>(2)〕、結婚は回避される

表5-1 コスト・ベネフィットと結婚回避との関連

	結婚しないこと	結婚すること
ベネフィット	*	(2) 結婚回避と負の関係
コ ス ト	(1) 結婚回避と負の関係	(3)** 結婚回避と正の関係

(3)>(1)：結婚を回避する　　(3)>(2)：結婚を回避する

* 「結婚しないことのベネフィット」も概念的には当然存在するが、インタビューでの会話においてこの欄の分類に適する発言がなかったため、ここでは考慮していない。
**(1)「結婚しないことのコスト」と(2)「結婚することのベネフィット」の区別は、インタビューにおいて、参加者がどちらの意味をもって発言しているかの解釈に従った。例えば、結婚のプレッシャーを受けていることについて、それが心理的な負担になっており、結婚しないでいることが嫌になっている、という場合は、「結婚しないことのコスト」とみなし、それを「結婚すればうるさく言われなくてすむ」ととらえている場合には、「結婚することのベネフィット」（周りからあれこれ言われなくなることが、「結婚することのベネフィット」）に分類する。

4　結婚のコストとベネフィットに対する考え方

傾向が強い。コスト・ベネフィットと結婚回避との関連を**表5-1**に示した。

4.1　結婚しないことのコスト

まず、「結婚しないことのコスト」は、どのようにとらえられているのだろうか。女性は、母親の世代は「結婚しないことのコスト」が高かったため、仕方がなく結婚したが、今の自分たちは、経済的な自立が可能で、選択の余地なしに結婚に追い込まれる状況からは解放されている、と認識している。

Ｉさん（32歳）は次のように語る。

> 「……昔は、25になっても結婚をしていないと、これから一人で暮らしていけないから、『あんた、お見合いして結婚しなさい』と言われて、じゃあ、まあいいだろうということで結婚をした。今は、とりあえず25で結婚をしていなくても、これからしばらく食べていけるし、仕事もある」

また、実家暮らしのＢさん（27歳）は、「……貯金さえしなければ何とか食べていける……程度、今、収入があるので。だから、『文句があるなら実家から出てってやるよ』っていうような強気な態度、今ある状態なので」と語り、結婚する・しないにかかわらず家を出て自活できると考えている。彼女たちは、経済的自活力をもっていることを認識しており、経済的な理由だけで結婚する必要はないと思っていることが明らかである。

男性からも、結婚していないので日常生活上困っている、あるいは家事が大変なので結婚したいという発言はなかった。興味深いことに、女性からみても、男性は、外食産業やコンビニなどの普及のおかげで、家事をやる人を求めて結婚する必要はないようにみえている。たとえばＩさん（32歳）は、次のように観察している。

> 「同じぐらいの年代の独身男性で、……仕事に不満はなくて、もっと仕事を一生懸命やりたくて、……外食は今あるし、コンビニはあるし、コインランドリーはあるし。男性側も便利になっちゃったから、男性が結婚しなくてはいけないという切羽詰まった状況にならない」

裏返せば、女性たちは、身の回りの世話をしてくれる人が必要になると男性は結婚に向かう、という見方をしているとみることもできる。実際にＩさんの勤める会社では、独身男性が駐在員として海外に行くと、「コンビニもなく、

第 5 章　独身男女の描く結婚像

洗濯、掃除も一人でやらなくてはならない」状況に追い込まれるため、日本にお見合い帰国し、何度か会って結婚するケースも多くあるとのことである。彼女は、

> 「……どこかの要因が1個大きくなると、結婚しようかなと思うんじゃないかなと思うんですよ。そういう5つくらいある中で、ご飯とか洗濯とか……『ああ、やっぱりこれは困るな』って大きくなると……その理由だけでも結婚できる」

と述べている。男性にとっては「身の回りの世話」、女性にとっては、「経済的理由」がなければ、その他のプッシュ要因が作用しない限り、結婚しないまま過ごすだろうと彼女たちは分析している。

　上記のように、経済的なことや家事労働などの実質面における「結婚しないことのコスト」はかなり低く考えられていることがわかった。「結婚しないことのコスト」には、結婚しないのかと頻繁に問われたり、独身でいることに対して何か言われたりするなど、結婚へのプレッシャーを受けることも含まれている。これについてはどのような経験をしているのだろうか。また、それは結婚意欲にどのように影響しているのだろうか。

　プレッシャーは、受けている人と、受けていない人の双方がおり、その解釈も様々である。また、プレッシャーによって直接、結婚意欲が増すことはないようである。プレッシャーを感じているという女性によると、24～25歳がプレッシャーの「ピーク」であり、いまだにこの年齢が一つの「区切り」と考えられていることがわかる。

　例えばDさん（25歳）は、

> 「……地方と東京って分けるのはおかしいかもしれないけれど、……明らかに目を向けているものが全然違うんですよ、やっぱり。田舎なんですけれど、田舎だと、私、25で、『まだ結婚してないの』みたいなのがあるんですよ」

と述べている。

　実際には、「田舎」でなくとも24～25歳が切れ目になっているようである。首都圏出身のCさん（27歳）もこう語る。

> 「うちでは、24～25 までは結構、『しないの、しないの？』という感じだ

ったんだけれど、最近はそのことに触れないというか、あえて避けて通るみたいなところがあって、あまり言わないですね……」

結婚への「プレッシャー」は家族や親戚からだけでなく、職場においても経験されている。Ｃさんは、職場で毎日のように結婚が話題になり、次第に「結婚しなくちゃいけないのかな」と思い、結婚は「義務みたいなイメージ」をもつようになったという。

また、親が退職を延期するという形の圧力もある。「古い家の娘である」という30代前半のＫさんの父親は、定年を過ぎても、勤め続けたとのことである。

　「理由は、兄がいて兄は結婚をしたんですけれども、『私が一人残っていて、嫁の披露宴に自分が無職だったら体裁が悪い』という意識が相当あったみたいで、さすがに私がもう、ずっとこんな状態なので、自分の体力と相談して（辞めました）」

これらのプレッシャーに対しては、言わせておく、聞き流している、という人がほとんどであったが、数年前まではかなりのプレッシャーを受けていた30代後半のＧさんのように、「……ちょっとインターバルを置いてお見合いをするとかというのは、一応姿勢としては見せておこうみたいな感じでやっていました」と、定期的にお見合いをして対処していた人もいる。

一方で、プレッシャーを受けていない、あるいは、言われていてもそれをプレッシャーとは感じていない人もいる。例えば、次の2人は、親は、自分の将来を心配してくれているが、結婚を押しつけられているとは感じていない。

　「……親はもう、孫がいるというので、私に対するプレッシャーは少なくなっているんですよ。ないですね。私の将来は、親なりには心配しているみたいですけれど、何も言わないですね」（Ｊさん・30歳）

　「うちもそうかもしれない。結婚しないのかな、なんて思っているんでしょうけれど、もう怖くて口に出せない。……この先どうするのかなというのはあるんでしょうけれども、とりあえず自分でやっているなというのがあるので……」（Ｉさん・32歳）

また、27歳のＢさんは、父親からは、「俺は世話をしてやらないので、おまえが見つけてきて、行けるものなら行ってみろ」、年配の親戚からは、「早く結婚しないと、結婚式に出られないよ」といったことは言われるが、「何で結婚

しないの」、「すれば」という言葉はないので、プレッシャーは感じないと語っている。

さらに、母親から、結婚しないほうがいい、と言われているので、プレッシャーがなくて楽だ、という人もいる。「……面倒くさいので、あっちの親とか付き合いがあると。だから、結婚しなくてもいいんじゃないって」（Hさん・33歳）

このように、結婚や子どもをもつことに対する「世間」からのプレッシャーを経験しているかどうか、それをどのように受け取っているのかには個人差がみられる。プレッシャーがあっても、経済的に自活できる能力がある場合は、結婚意欲をかきたてられることはないようである。この点が、女性が経済的に自立して生活する糧のなかった時代に受けた結婚のプレッシャーとは大きな違いであり、彼女たち自身もそれを認識しているのである。

4.2　結婚することのベネフィット

次に、結婚することのベネフィットについては、どう考えているのだろうか。ジェンダー化した社会における「結婚」には、女性は経済的安定、男性は家事など身の回りの世話をしてくれる人を得るというベネフィットがあるとこれまでは考えられてきた。インタビューからは、男女とも結婚をこのようにとらえているが、実際にはこれらのメリットはなくなりつつあると観察している様子がうかがえる。

25歳のDさんは、以前は当然視できた経済的な保障が得られないのだったら、そのために結婚するには至らないとの考えを、次のように述べている。

> 「私の子どもの時のイメージは、結婚したら仕事を辞めて……もう仕事をしなくていいみたいな頭があったんですけれど、一緒に働いていたパートの人たちが……だんなさんとアパートで暮らしていたので、生活の足しにしなきゃと、すごい一生懸命働いていて。そう思ったら、結婚してもやっぱり働かなきゃいけないんだって思って」

同様に、女性が結婚して「専業主婦」となる可能性についても、「生活の心配は最近あるんですよね。専業主婦で、いきなり（夫が）リストラをされちゃうと。……専業主婦も安全パイじゃないなって、最近は」という32歳のIさん

のように、結婚したからといって、経済的不安から解消されるわけではないと感じている。

男性からは、結婚しても「家事をしてもらえる」という利点があるとは限らないのなら、わざわざ結婚しなくてもよい、という意味の発言があった。

> 「……一緒に暮らすから、……例えば女性のほうが家事を引き受けるからメリットがあるという、そういうことじゃないにしても、対等であればあるほど結婚することに対する意味というのは、……ますます乗り出すという感じが失せるというか、薄くなる……」

このように、男女とも、従来は結婚のベネフィットとみなされていたことは、今の結婚では保障されていないとみており、結婚を望んでいながら、それほど積極的になっていない状況に貢献していると解釈できる。経済的安定や身の回りの世話をしてもらう「ベネフィット」を得たい、それが得られるのなら結婚する、得られないのならしないというように機械的に考えているのでないにしても、従来のベネフィットはもはや存在しないと感じているため、それを超える魅力的なことがない限り、焦って結婚することもないという意識につながっていると考えられる。

4.3　結婚することのコスト

上記4.2では、結婚することのベネフィットがどのようにとらえられているのかをみたが、次は、結婚することのコストはどうとらえられているのかをみていく。主なコストとして、自由を失う、自己実現の機会や自由の生き方を失う、家計を支える負担、家事の負担、親の介護という負担が語られた。

◇**自由を失う、というコスト**

結婚によって失われるものの一つとして、「自由」があげられる。事前のアンケートでは、男性は5人中5人、女性は14人中10人（2人無回答）が、独身の利点として、「生き方が自由である」を選択している。裏返せば、結婚することによって、自由さに規制がかかる、つまり失われると考えている、ということである。

インタビューにおいても、自由でいたい、家族という責任を負うのは嫌だと

考えているため、自由を奪い、責任の生じる結婚には積極的になれないと語った男性がいる。

「結婚すると、……やっぱり責任が重くなったりとか、何かを選んだりする場合でも、家族のことも考えなきゃいけなくなったりとか、……子どもが育つにしても、育てるのが、これからもっともっと大変になってくるのではないかと思うので、そういうことを考えると、自分から積極的に（結婚）したいというような印象はあまりないですね」

この発言から、「結婚すると、これまでになかった責任が生じ、自由も奪われる。それを避けたいので、結婚はしたくない」と考えている様子が見受けられる。

◆**自己実現の機会や自分の生き方を失う、というコスト**

上記で示した「自由を失う」ことにも関連するが、女性の発言からは「自己実現の機会や自分の生き方」が失われることを懸念していることがわかる。たとえば、30歳のＪさんは、

「……仕事をしてきて、まだまだ自分の可能性があると思っているところがあって、結婚でそれがなくなるということじゃないでしょうけれど、……今はたぶん結婚には踏み切れないと思っているんですよ。この仕事をもうちょっと続けていって、もう十分やったかなと思えたら、きっと結婚に踏み切れると思うんですけれど」

と語っており、結婚してしまうと、仕事に思い切り挑戦してみることができなくなるとの考えを示している。

また、27歳のＰさんは、「……自分がまず一人の人間として目標に到達するとか、自分に自信がもてるというか、そうなってから私は結婚したいと思っていて……ある仕事に就けて、自分に人としての誇りがもててからでないと……」と、まず自分の目標を達成してから結婚を考えたい意思を示している。

女性たちがこのように考えるのは、現在の結婚が、女性の人生を犠牲にしているのをみているからだろう。

4 結婚のコストとベネフィットに対する考え方

◇「家計を支える」負担感

　上記で、女性は結婚よりも自己実現を優先したいと考えていることを示したが、男性は結婚後、家計を支える負担を感じており、「身を立ててから」結婚を考えたいと思っている。見聞きした結婚の様子から、結婚すると家計が厳しいと感じており、今の日本の経済状態では、将来に対する不安は募るのみで、結婚を現実的な選択肢として考えられない様子である。

　男性の数人は、「自分の将来が全く真っ暗闇というか、……10年たったら全然違う仕事をしているかもしれないし……自分のことで手一杯だから、結婚だの子どもだのというのは、そこから先」、「……出向先の工場ごと全部なくなって、自動的にリストラされそうとかいうようなことも聞くと、ますます、自分一人で何とか世渡りしていかなきゃいけないこのご時世で、結婚とかというのは、それは後回し」、「これで食っていけるというのが身に付かないと、とても結婚を考える気にならない」と述べており、結婚よりも身を立てることを優先したいという気持ちが表れている。

　しかし、男性全員が自分一人で家族を食べさせるべきだと考えているわけでもない。少なくとも、2人は次のような考えをもっている。

　　「……奥さんが働いていないと、この年だと食べていけないというのがありますし、子どもなんかできちゃったら、自分一人の給料じゃ、満足に養っていけない」

　　「自分が働かなくなったら、家族そのものの機能がストップしてしまうような状況というのは、ちょっと嫌ですね、やっぱり女性の方にもちゃんと働いてもらいたい」

　ただし、妻にも働いてもらいたいという考えは、女性の自己実現をサポートしたい、あるいは、男女とも働くべきだ、という考えに必ずしも基づいたものではなく、一人の収入では実質的に不安だという気持ちによるものが大きいこともわかる。

◇家事分担の負担感

　近年では、「夫はある程度家事を手伝うべきだ」との考えが主流になっている。例えば、総理府（1999）による「少子化に関する世論調査」（全国18歳以上

の男女対象、有効サンプル数3530人）では、未婚男女の3割以上が、家事は「夫も妻も同じように行うのがよい」と回答している。さらに、「主に妻が行うが、夫も手伝う」と答えた割合は5割を超えている。われわれがインタビューした女性たちも、夫にはある程度手伝ってもらう、と考える人の方が主で、自分と同程度の家事を分担してほしいと考える人より多かった。

相手にも分担してほしいという意見を比較的強く述べたのは、以前男性と暮らしたことのある25歳のFさんである。彼女はそのときの経験から、家事をきちんとやってくれる人と結婚したいと語る。

「(以前一緒に住んだ) 相手も、男は食事は作らないものだという考えがあって、私は、働いて帰ってくると、お米を炊いてぐらいは手伝ってくれるんですけれど、あとはやらないんですよ、やっぱり。女の人がやるものって思われていて、私は、それで合わなかったので、自分は家事も一緒にやってくれる、料理を作ることが好きだという男の人が理想ですね」

他の女性は、自分の嫌いな家事や、男性にもできると思う作業については手伝ってもらいたいと考えている。例えばCさん（27歳）は、いくつかの作業以外は、できる限り自分でやりたいと考えている。

「……掃除とアイロン掛けがすっごい嫌なんですよ。だから、それだけはやってくれる人がいいなとか。男の人、アイロンがけ好きな人、結構多いじゃないですか。あとは自分で、ちゃんとはできないと思うんですけれど、ある程度はやりたいなとは思っていますけれど。食事作るのもそんな嫌いじゃないし。ただ、やっぱり、皿洗うのは嫌いなんですよね。そういうのとかは、ちょっと手伝ってもらえればなとかいうのはあります」

結婚を予定している25歳のEさんも、すべてをやるつもりはないが、自分が主となって家事を行う生活を想定している。

「洗濯とか何かやれるものは、家にいる人がやってというのはあると思います、私の場合は。私がやらなきゃいけないということはないと思うので。料理はちょっと、向こうも無理だと思うので、両方お互いができるものであれば協力はしてもらいたい」

30代女性の家事分担のスタンダードは、さらに「寛大」である。半々にしようとするとかえって負担になるので、失敗や多少手を抜くことを大目にみてく

れたり、大変さを理解し、やろうという気持ちがあったりすればよいと考えている。例えば、Iさん（32歳）はこう述べる。

> 「今、現実的に、自分と真っ二つにシェアしてくれる人というのは、イメージとしてわりと少ないような気がするので、だから、もしも私が仕事も結婚も両立させてやっている場合、一応そのことをわかってくれれば、ある程度、へまをしようが手抜きをしようが、大目に見てくれればそれでいい」

Hさん（33歳）も、半々に分けることのストレスや大変さをわかってもらうことの大切さを強調する。

> 「私もあなたも働いているから、じゃあ、家事は50％ずつ必ずやらなくちゃいけないとか、そうすると、かえって生活も苦しくなって、堅苦しいし、かえって負担がかかりますよね。私は50％やっているのに、あの人はこっちの50％をやらないとか。そういうほうですごいストレスが溜まると思うんですよ／……／大変なんだなということをわかってくれるのと、あとは、ある程度やっぱり自分もやろうという、そういう気持ちがあればいいんじゃないかと思う」

このように、女性たちは精神的なサポートや理解を強調するが、実質的な作業の面での要求レベルは決して高くない。

しかし、男性の発言をみると、女性の考え方とは違った構図がみえてくる。結婚すると家事を半々に分担することを女性から期待されると考え、分担のしかたを女性に決められることに反発を感じているようである。

一人は次のように語る。

> 「……別に五分五分にするのはいいんですけれど、五分五分じゃなきゃって決めている人は嫌ですね。男がやるとか女がやるとか、そういうのも、逆も嫌ですけれどもね。……とにかく決められているのは嫌ですね」

別の男性も、「……世の中は、今、分担するという、そういう雰囲気があるじゃないですか。他の人と一緒の価値観で来られるのが、……家に……そのまま持ち込もうとするのが、やっぱり嫌ですね……」
と続ける。

つまり、インタビューでは、「女性が男性にもっと家事をやらせたいのに、

男性がそれを拒否する」という、一般的に想像されているものとは多少違った形のギャップが観察された。

◇親の面倒をみる、という負担

　結婚を考える際、家事だけではなく、親の介護のことも問題となる。インタビューでは、自分の親の「面倒をみる」ことについては、男女とも視野に入れているが、相手の親の面倒をみることを認識しているのは女性だけである、という明らかな違いが男女の間でみられた。また、女性の親までに考えの及ぶほど意識の高い男性がいないことを、女性は問題視している。

　例えば、33歳のHさんは、「結婚をしたら自分の親の面倒をみてくれって男の人は思っているから……一緒になって、両方の家族をみていこうなんていう意識の高い人はあまりいない……」とみている。また、Gさんは、30代になってから結婚話があったが、それを進めなかった理由は、相手の親の面倒をめぐることであったという。

　　「……結婚しようかどうか迷ったときがあったんですが、結果やっぱりちょっと踏み切れなかった最大の理由は、土壇場になって相手の方の真意が見えちゃったというか、……相手方のご両親の面倒をというのが直面する問題としてあり／……／いろいろ考えて保留にしている間に話がなくなった」

　彼女の場合は、介護の負担、というコストが、結婚しないことに直接影響を与えた例である。

　女性は、自分の親と相手の親の双方の面倒をみる必要がある場合、どのようにしたらいいのかわからない、という不安ももっている。32歳のIさんは、複雑な気持ちを語っている。

　　「子どもに面倒をみてもらうなんていう甘い考えをもっているから……親もよくないなってすごく思うんだけれども……（自分の親も相手の親も）両方をみるのは難しいですものね。自分の親をみるだけでも大変なのに、相手の親もみて、みたいなのは、やっぱり不可能に近いと思うんですよ」

　一方、男性のひとりは、「……（結婚後は親子で）一緒に住むのは嫌だという話をしているけれども、介護の問題がありますよね。だから、出ていけと言い

ながら、……一緒に住むことになるんではないでしょうか」というように男性は、自分の親については考えているが結婚した相手の親の面倒をみることについては考えていない。

◇**自分の結婚が両親の関係に影響を与える、という不安**

自分が結婚し、両親のもとから離れると、母親と父親の関係はどうなるのか、という不安が、結婚へのプッシュを弱くしていると思われるケースがいくつかみられる。このような不安は男性に多くみられた。

妹がいるという男性は、こう述べる。

> 「僕が出て、妹が出てとなったときに、うちの父母が二人で平和な生活を送れるのかどうかというのが。母親が相当というか、冗談めかしてはいるけれど、やっぱり相当嫌がっているので。……（両親を）ふたりで家に残すとなると、どういうことが起きるのか」

別の男性も、次のように話す。

> 「……うちもやっぱり、僕と妹が出ていってしまえば、○○家と同じような状況じゃないかなと。非常に険悪なムードですし、……『何か最近、定年後に離婚するというパターンが増えているらしいよね』とか、うちの母ちゃんも言っていますし」

対照的に、結婚の予定がある男性はこう語る。

> 「うちはあまりギスギスしたところはない。……うちは退職したからって離婚するような感じはない。……そんなに仲が悪いというのはないですね。今までもずっとなかったし。両親の老後となると……ふたりで放っておいて大丈夫」

彼の場合、両親の関係のことは心配せずに、自分の結婚のことを考えることができたようである。

家の経済面を気にかける男性もいる。

> 「……うちは、父がもう定年退職で、今のところは嘱託で経理関係の仕事をしているので、……年金をもらっているんですけれども、年金と足しても、やっぱり一番高かった頃の年収には全然及ばない。……少ないお金は固めたほうがいいだろうということで、……そういうこともあって同居し

ているというのもありますから……」

女性では、自分が結婚して（家を出ることで）両親の関係が壊れるのではないか、という不安を語った人はいなかったが、自分が出てしまうと、母親の生きがいがなくなると思っている人もいる。Fさんは、次のように語る。

「（姉は）結婚はしていないんですけれど、うちを出て、職場の近くに住んでいるんですけれども。それもあって、両親とも、すごい世話好きなので、たぶん私がいなくなったら寂しがるだろうなと思います。……やっぱり母親は専業主婦で、子どもを立派に育てるというのが人生の最大の目標みたいな感じで、だから、一応子どもがきちんとした学校に入って、就職もちゃんとして、それでちゃんとした結婚をして、結婚式をすごい盛大にやって、そう終わりたいんだろうけれども、そうなっちゃったら、世話する相手がいなくなっちゃうから、たぶん生きがいがなくなっちゃうんじゃないかなと思う」

ここに例として挙げた子ども側からみた親の結婚関係の共通点は、子どもである自分がいるから、なんとかつながっているのだという印象を与え、自分が出たらすぐに別れるのではないか、生きがいがなくなるのではないか、という不安を感じさせていることにある。

以上、結婚することのコストについてみてきた。これらの背景にあるジェンダー・システムとこれらが結婚回避とどのように結びついているのかについては、5の考察で分析する。

本節では、結婚すること・しないことに対しての発言を、コストとベネフィットの観点から整理した。すでに述べた通り、ここに挙げたコストやベネフィットを「量的なもの」として比較することは不可能であるが、インタビューに参加した男女は(1)の「結婚しないことのコスト」も(2)の「結婚することのベネフィット」もそれほど大きいものとして認識していないが(3)の「結婚することのコスト」については様々なことを認識し、語っている。このように、結婚することのコストが多方面に渡って細かく認識されていることも、結婚したいという意欲をもちながら、実際には結婚を回避していることと関連していると思われる。

5 考 察

　本章では、独身の男女の結婚に対する意識を、インタビューを通してみてきた。最後に、ここでの分析で浮き彫りにされた様々な傾向を、第1章で提示した「社会システム」、「価値観・意識」、「結婚コスト感」、「結婚回避」を相互的に関連付ける枠組みに照らし合わせながらポイントをまとめ、社会にどのような提言をすることができるかを考える。

　20代・30代の男女は、自己決定や自分の選択を重視する価値観をもっており、それは結婚に対する意識や結婚意欲においても同様である。われわれのインタビューした女性のほぼ全員は、現在結婚していないのは成り行きで、「いずれは結婚したい」と考えている。その意味では、未婚化の現象は積極的な非婚に基づくものではなく、消極的な成り行きによる延期の結果であるという江原（1995）や目黒（1998）との観察と一致している。しかし、ほとんどの人が、「誰かに言われたから」、あるいは「当たり前だから」といった「規範」に沿って行動するのではなく、自分で選択して結婚したいと考えている。その選択を可能にしているのが、女性の自活力を支える「社会システム」である。従来のように結婚へのプレッシャーを受けている人もいるが、自分の選択を尊重して独身でいることが可能である。また社会的にもプレッシャーをかける根拠がなくなりつつあるため、プレッシャーそのものも弱まっている。

　インタビューでも語られたように、これまでは、女性は経済的に自立できず、結婚していない人への偏見も強かったため、選択の余地のないまま結婚していたケースが多かったが、彼女たちが独身でいられるのは、そのようなしがらみから解放されつつあることや、女性の自立を可能とする、社会経済システムが定着しつつあることの証拠であろう。その意味では、晩婚化・非婚化の現象は肯定的にとらえることができる。

　しかし、別の角度からみれば、これらの女性たちは「結婚したいという意欲」をもっており、結婚制度を拒否して積極的に独身を選択したり、異性愛以外の関係性を選んだりしているのではない。消極的な非婚は、以下に述べるようにジェンダー役割を押しつける現行の結婚関係のありかたと、それを取り巻

く社会制度によって生じているということもできる。独身を通すことも、自分の自由な選択ではなく、少ない選択肢の中で選ばされた結果で、むしろ強いられた生き方にすぎないという谷村（1990）の指摘の通りである。

インタビューで浮かびあがった「結婚コスト感」や「結婚に対する意識」には、まさに現行の結婚関係のあり方を支えるジェンダー・システムならびに社会システムの問題点が見え隠れしている。具体的には、（1）結婚相手によって女性のライフチャンスが規定されること、（2）結婚によって女性の自己実現の機会が奪われる傾向があること、（3）男性と女性が家計を支える負担を対等に分担する機会も規範も確立されていないこと、（4）平等な家事分担を望むことさえできない性役割分業の実態、（5）親の面倒をみることを常に意識せざるをえない女性まかせの高齢者福祉制度、（6）親世代の結婚関係の問題から来る子どもの不安である。これらのことが、積もり積もって、また相互作用を起こして、広い意味での「結婚コスト感」を生じさせ、たとえ結婚したい気持ちがあっても積極的にならないという「結婚回避」に多かれ少なかれ貢献していると考えられる。以下、（1）～（6）のそれぞれについて簡単に述べる。

第一に、女性は結婚関係や結婚相手について、具体的なイメージを描くが、男性はほとんど考えていないという違いがみられたが、この違いは、結婚が女性の生活やライフチャンスにもたらす変化は決定的であるが、男性にとっては比較的小さいものであるためであると解釈できる。妻が就労するのか、どの程度のレベルの生活をするのか、どの程度「自分」をもち続けることができるのかなどは、夫によって決まる面が多い。それを女性たちは認識しているということであろう。男性の場合も、当然結婚相手によって生活は変わるが、男性に与えられた社会的地位や権力が大きいため、ライフチャンスにはそれほどかかわらないといえる。つまり、ここで観察された男女の違いは、現在のジェンダー・システムの不平等な現実に基づいているとみることができる。

第二に、女性が結婚よりも自己実現を優先したいと考えていることも、結婚関係に潜む不平等の結果であると解釈できる。女性は、結婚すると仕事や「自分探し」をする余裕がなくなると認識しているため、独身のうちに目標の職業に就きたい、あるいは満足できるまで仕事をしたい、と考える。現在の結婚制度においては、女性は自分のやりたいことができなくなるという不安をもたざ

5 考察

るをえないため、自己実現を優先しているのである。この結果は、仕事、交際、趣味など広義にとらえたライフスタイルへの変更を強いられることが結婚意欲に歯止めをかけていることを示した岩間(1999)の結論とも一致している。

第三に、男性は暗黙のうちに自分が家族を養う責任を負うと考えており、結婚後の家計負担を感じている。そのため、安定した収入やこれで食べていけるという確信のもてる「何か」がないことには、結婚を考えられないという。中には女性にも家計責任を負担してもらいたいと考える男性もいるが、主として自分の責任であると感じている。この負担感は規範や労働市場、税制を含む社会システムが男性が家計を支えることを前提としていることによって生じているといえる。結婚していても、子どもをもっていても、職業上のチャンスや収入が男女で違わず、規範や制度が変われば、男性のみが家計責任の負担を感じ、それが結婚回避に結びつくことはないだろう。

第四に、結婚後の家事分担についての考え方にも、ジェンダー・システムの問題点が映し出されているといえる。インタビューした女性たちの間では、自分が主となって家事を行い、夫はある程度手伝ってくれればよいという考えが顕著である。外で仕事をするにしても、家事のために夫の手を借りるのは必要最低限に抑え、できるだけ自分でやりたいという気持ちである。その一方で、家事は「半々に分ける」「平等にする」というイデオロギーの影響も受けている。しかし、家事を夫妻間でできるだけ分けたいと思っても、それを実行しているカップルは数少なく、実行していたとしても、ストレスを感じながら絶大な努力をしないことには不可能である現状の観察から、半々にすることを望むこともしない、という「あきらめ」であるとも解釈できる。男女が公平に家事を分担することを支える社会システムになっていないためである。

同時に女性は「家事をきちんとしたい」という宿命感をもっている。できる限り自分でやりたい、うまくできなくても許してほしい、手抜きしても大目にみてほしいという発言は、本来は女性である自分がきちんとすべきだという考えを内面化している象徴である。(外で仕事をしても)家事をきちんとすることは、男性との親密関係において、女性としてのアイデンティティの源ともなっているため、女性と家事と結婚意欲との関連は、「結婚すると家事育児が大変だから、結婚したくない」という比較的単純な構図でなく、非常に複雑なもの

があると推測できる。彼女たちは一見、家事のほとんどを引き受けることに負担を感じていないようであるが、言語化されていない宿命感を背負い、それが間接的に結婚回避に結びついている可能性も考えられる。

　第五に、親の面倒をみることについて、女性は自分の親のことも相手の親のことも考えているが、男性は自分の親のことのみを考えているという違いがみられ、女性は、相手の親までに考えの及ぶほど意識の高い男性がいないことを問題視している。「親の面倒をみる」ことへの不安感をもたざるを得ないこと、そして女性にそれが強いのは、女性にケア役割を押しつけてきた社会システムのあり方の問題点が表れていると言えよう。

　第六に、自分が結婚して両親のもとを離れることで、母親と父親の関係はどうなるのか、という不安が、結婚へのプッシュを弱くしているケースもみられた。結婚によって自分が家を出てしまったら、親の夫妻関係が成り立たないのではないか、という心配である。現行の（親の）結婚関係の質は必ずしもよくないため、独身の子どもに不安をもたらし、結婚に対して積極的な行動をとらず、「成り行き」にまかせていることは否定できない。

　上記の六点のほか、どのような結婚関係が可能かという像が描けないアノミー状態も、結婚回避に関連していると言える。3.2の結婚のイメージの節でも述べたが、「父は仕事、母は専業主婦」という家庭で育ち、現在仕事をしている女性の多くは、自分の結婚をそれとは違った形にしたいと思いながらも、逆に「そうでなければいけないのではないか」という気持ちもあり、さらに、実際にどうしたら違った形の関係をつくっていくことができるのかについても、わからない状態になっている。経済的基盤をつくったり自己実現を目指したりすることを含め、パートナーと共に生活を築いていく、というモデルはまだ確立されていない。従来の結婚のあり方は崩れているが、現在の社会経済状況を踏まえた「新しい関係の形」は未開発なのである。さらに、独身の男女は、江原（1995）の指摘するように、性別役割分業を前提としない結婚のイメージを自らつくり出している様子もみられない。また、結婚によって得られるベネフィットの認識の変化も、アノミー状態をつくっていると言える。男性も女性も、従来結婚のベネフィットとされていたことは、もはや保障されなくなったと認識している。それは「他に魅力的なことがない限り、焦って結婚することもな

い」という意識を生みだしており、新しい結婚像が未開発であることに輪をかけて、結婚を望んでいながら積極的にならないことに貢献しているとみることができる。

6 結　論
―――柔軟性のある社会へ―――

　ここでまとめた十数人のインタビュー結果は、20、30代の考え方の一例である。インタビューに参加した全員が短大あるいは大学を卒業した「学歴」の高い層であったり、30代の女性は全員フルタイムで勤務し一人暮らしをしているといった偏りもみられ、サンプルの代表性という面では制約があるが、似通った背景をもつ人が集まったため、ディスカッションのテーマが定まりやすく、結婚意欲の背景やジェンダー・システムの問題点がより明らかにされたといえる。これらのインタビューから得られた知見をもとに、今後の社会の方向性を考えてみたい。

　結婚したいと思いながら結婚しないでいる「不本意な」結婚回避は、上で挙げた社会システムの問題点の解決によって減らすことができよう。例えば、女性が結婚しても自己実現の追求を継続できるように、ライフコースに柔軟性をもたせること、家族の生活を変えることが必要であっても、女性のみにしわ寄せが行かないようにすること、家族のニーズを無視し、男性の仕事だけを優先するような職場の制度や慣習を変えること、男女共に、結婚後も経済的な自立を可能とし、家計を支える負担を性別にかかわりなく分担できる労働市場と社会制度を整え、どちらがどのくらい働くのかなどを性別にかかわらず決めることができるようにすること、平等な家事分担を可能とする「働き方」を推し、高齢者のケアが家族（女性）に負担にならないような高齢者福祉制度をつくること、そして、これらの改革を支える人々の意識を培っていくことが考えられる。

　長い目でみれば、晩婚化・非婚化の現象は、これまでは当たり前とされてきた結婚のあり方に疑問を示す意味において「必要」なものであり、より多くの人が幸せを感じられる自由な形の親密関係のシステムをつくり上げていくまで

の「過渡期」ということもできる。未婚率が上昇しているとはいえ、結婚の「強制力」はいまだ強く、結婚制度が社会的に力をもっている。そのことは、非婚カップルや同性カップルなど、現行の結婚制度の外で生きようとする人たちのぶつかる壁をみれば自明である（善積、2000）。インタビューでは、自己選択を重視する価値観の定着がみられ、今までの結婚には強制的な面があり、自由でなかったという事実が、結婚のイメージを悪くし結婚の魅力を下げていることが明らかにされた。これは、根本にあるジェンダー不平等を解決しないまま、むやみに結婚を推進しても、これまでの結婚関係の問題点が今の独身者の結婚回避に貢献しているように、結局は結婚の評価を下げ、さらなる結婚回避につながることへの警告とも言える。

　結婚を本当の意味での自由選択にするためには、どのような暮らし方をする人に対しても、公平な保障をし、できるだけ多くの選択肢のあるシステムをつくることが望まれる。社会保障をはじめとし、教育制度、労働制度など、社会全体が変化する必要がある。結婚すると損、あるいは、独身でいると損といったような、ライフチャンスや日常生活での便利さに不公平が生じないことが必要である。どのような生き方にも同等の社会的価値が置かれ、後ろ指をさされたり、社会に負い目を感じたりすることのないように人々の意識を変容することも重要である。関係が同性間であっても異性間であっても、子どもがあってもなくても、子どもとの間に血縁関係があってもなくても、保障と権利の質に違いがあってはならない。カップルであっても、単身であっても、親密程度の異なる複数の人間で生活をする場合についても同様である。多くの選択肢が用意された中から、たまたま「結婚」が選択されていく社会であれば、インタビューで観察されたような不本意な「結婚回避」はなくなっていくと思われる。

第6章

独身女性の結婚意欲と出産意欲

釜野さおり

1 はじめに

今や日本において日常語となった「少子化」は、1973年以来続いている現象である。1973年では2.14であった合計特殊出生率は1999年には1.34まで低下した（阿藤、2000）。ごく最近までは、出生率の低下は夫婦の産む子どもの数が減っているためではなく、結婚しなかったり結婚を遅らせたりする「非婚化と晩婚化」が進んでいるために起きていると説明されてきた。事実、非婚化と晩婚化は明らかに進んでいる。初婚年齢をみると、女性では1972年の24.1歳から1998年の26.7歳に、男性では26.7歳から28.6歳に上昇した。結婚していない男女の割合も増加傾向にある。20代後半の女性の未婚率は1975年の21％から1995年の48％に増加し、30代前半の女性でも同期間に8％から20％に増加している（国立社会保障・人口問題研究所、2001）。

近年になって、既婚女性の産む子ども数が減少している傾向も指摘されているが（国立社会保障・人口問題研究所、1998；2002）、晩婚化と非婚化が出生率の低下に大きく貢献していることには変わりがない[1]。したがって、わが国の少子化の背景を理解するためには、結婚しない・結婚を遅らせるという現象を多角的にみていくことが不可欠である。

本章では、独身女性について、非婚化と晩婚化の鍵を握る結婚および出生行動の源である「結婚したい」という気持ち（結婚意欲）と、「子どもを欲しい」という気持ち（出産意欲）の多変量解析を行う。本分析の特徴は、結婚意欲と出産意欲は相互に影響しあっていると考え、結婚意欲が出産意欲に与える影響

と出産意欲が結婚意欲に与える影響を同時にモデルに組み込んだ上で、ジェンダー的要因が結婚意欲と出産意欲に与える影響を見ていくことである。

以下の第2節では、本章の仮説を導く前提として、女性が結婚することで生活がどのように変化するのかを述べる。第3節では、その前提を踏まえ、ジェンダー的要因が結婚意欲と出産意欲にどのように影響するかの仮説を述べる。第4節でデータや分析方法の説明をし、第5節ではその結果と考察を示し、最後にまとめを行う。

2　女性の立場からみた結婚生活

結婚生活では、妻と夫が同居することが前提となっている。民法第752条（同居・扶助の義務）では、「夫婦は同居し、互いに協力し扶助しあわなければならない」と記され、日常的にも、夫妻が同居してない場合には「別居婚」「単身赴任」など、「普通」の結婚とは区別するために、別の用語が用いられている。男女が「結婚」して同居すると、それぞれの生活は変化するが、自己以外の者と関係をもち、生活を共にすれば、「1人」の時の生活とは異なる制約が生まれ、何かが変化するのが当然である。それであっても、当事者同士が対等な関係にあり、社会的にも対等とみなされ、生活の変化が2人の間でバランスよく生じるのなら、変化が否定的にとらえられることは少ないと思われる。

しかし、日本における結婚は、不平等なジェンダー・システムの下で行われており、例えば、同居生活を保つためには不可欠である家事を、無償で行うという負担は女性にのしかかってくる。結婚・出産によって家事・育児の負担がかかり、自分の生活スタイルの変更を強いられ、自分の時間を失い、上手に子育てをしなければならないという規範的圧力を受けることなどを考慮すると、女性の立場からみた結婚は「犠牲」であると受け止める人が多くなってもしかたのない状況である。

実際に、夫妻間の「家事・育児の分担」の実態をみると、どの年齢層でも、80％以上の家庭において、家事の8割以上を妻が担っている。育児についても、20代を除き、その8割以上を妻が担っている家族は、8割以上である（国立社会保障・人口問題研究所、2000）。独身の女性は、このような結婚の実態を目の当

たりにすることで、「結婚は負担である」というイメージをもち、家事育児に明け暮れる生活そのものを「自由がなくなる生活」とみなして回避するようになる（江原、1995）。現に20代後半から30代前半の独身の女性は、結婚していない理由に、「自由や気楽さを失いたくない」ことを選ぶ人が多い（国立社会保障・人口問題研究所、1999）。女性は、結婚することによって家事や育児の負担を背負い込むため、結婚前のライフスタイルに大きな変更を強いられる。仕事も趣味も友人との付き合いも、結婚前と同じように行い、かつ結婚によって生じる家事や育児を担うのは、時間的にも体力的にも不可能であろう。ライフスタイルの観点から、独身女性の結婚意欲を分析した岩間（1999）は、結婚することによって家事や育児を中心に据えたライフスタイルに移行する決意をもつことを、女性は期待されていると指摘している。独身の女性たちは、結婚や出産した女性がそれによって生活を大きく変える現実をみているため、現在のライフスタイルを転換してまで、結婚をするのかという決断を強いられる（岩間、1999）。

　自己の生活やライフスタイルの変更には、仕事や働き方の調整も含まれる。「家庭と仕事の両立」といわれて久しいが、現実には困難であることを女性たちは認識している。第11回出生動向基本調査によると、理想のライフコースに関する質問で、「結婚し子どもをもつが、仕事も一生続ける」との回答を選んだのは、独身女性の15％にすぎない（国立社会保障・人口問題研究所、1999）。また、岩澤（1999）の分析によると、就業と子育ての両立を理想とする独身の女性の7割以上が、その理想を実現できないと考えており、結婚した後、理想の生活をするのは無理だと多くの女性が考えていることがわかる。このように、結婚・出産をベースとした「家庭」をもつことと、収入を得る仕事をもつことは、二者択一的なものとしてとらえられている。

　さらに出産して子どもを育てることになると、「よりよい子育て」の規範に基づくプレッシャーと遭遇する。山田（2000）は、自分の子どもをよりよく育てたいという気持ちや、手間隙やお金を惜しまず子どもに注ぐという考え方とそのプレッシャーも、未婚化や少子化を促進する一因となっているのではないかと述べている。

　このように、結婚生活とそれを取りまく社会の現状をみると、女性にとって、

結婚は手放しによいものであるとは言えない。しかし、ほとんどの女性が結婚したいと考えていることも事実である。第11回出生動向基本調査において「いずれ結婚するつもり」と回答する人の割合は、男性では85.9%、女性では89.1%である（国立社会保障・人口問題研究所、1999）。この割合は、1982年の95.9%と94.2%に比べると低下しているが、皆婚規範は依然として根強いことが明らかである。これは、結婚を前提としている各種の制度と社会的統制によって支えられている。30代半ばを超えている独身の女性に向けられる偏見の目は依然として存在し（Gordon、1994［2001］）、金融業界などにいる男性は結婚しないと昇格や海外勤務の機会が与えられないなどの目に見える差別を受ける場合もある（伏見、2000）。結婚を奨励する規範の強さは、異性愛に疑問をもっている人や、レズビアンあるいはゲイであると自覚している人でも、「世間の目」を気にしたり、親の期待に応えたりするために、偽装・友情結婚を考え、実際に試みる人も少なからずいることにも表れている（Office Out、1998）[2]。つまり、晩婚化や非婚化は進行しているものの、結婚制度に入ることには、社会的に信用されたり、親の期待に応えることができるなどの利点があり、「結婚すべきである」「結婚はしたほうがよい」「ある程度の年齢で結婚していない人はどこかおかしい」という考えは、相変わらず支配的なのである[3]。

　上で述べたように、社会全体をみると結婚規範は強いが、結婚を望む程度は、人によって異なっている。本章では「結婚意欲は、（部分的には）結婚規範を内面化することで生まれ、結婚規範を内面化する程度は、個人のジェンダー意識やそれに関連した考え方によって異なる」ことを前提として分析する。結婚することは「妻」という役割、子どもをもつことは「母」という役割、つまり社会から女性に期待されている役割を果たすことにつながる。また、「結婚して当然」という意識の背景には、女性は1人では生きていくことができないとの考えや、男性と一緒になってこそ「本当の女性」であるとの考え方がある。「子どもをもつのは当然」という考えには、「女性なら一度は出産を経験すべき」「子どもを産んでこそ女性として一人前」という、女性の産む性と母性を誇張する意識が付随しているとみることができる。したがって、結婚によって生じる家事や育児の負担の感じ方、ジェンダー役割観、子育て観、仕事意識などの「ジェンダー的要因」によって、結婚・出産規範を内面化している度合い

も、結婚することがよいかどうかの評価も異なるため、結婚意欲と出産意欲が異なると考えられる。

3　結婚意欲・出産意欲とジェンダー的要因との関連

「ジェンダー的要因」と一口にいっても、様々な次元があるが、結婚意欲と出産意欲に関連するものとして、本章では「結婚観」「子育て観」「結婚コスト感」「ジェンダー役割観」「仕事意識」「自立志向」「自己優先志向」を取り上げる。下記にこれらが結婚や出産意欲とどのように関連しているかについての仮説を順に述べていく。

◇結婚観（結婚の必然性・子どもの必然性）

結婚するべきであるという規範をどの程度内面化しているかは、当然、結婚意欲にかかわっていると思われる。同様に、子どもをもつべきであるという考えをどの程度支持するかも、出産への意欲を規定するだろう。「結婚するのが当然である」「結婚したら子どもをもつべきである」との考え方をする人は、無意識であってもその考え方と一致する行動をしたいがために、結婚や出産をしたい気持ちが強いであろうし、「当然ではない」と考える女性は、結婚や出産意欲がそれほど強くないと予想される。

◇子育て観

子育てに関する考え方も、結婚意欲と出産意欲に関連していると思われる。しかし、どのように関連しているかの予想は困難である。「子どもにはすべてを与えたい」という考えをもつ人ほど、結婚や子育てに関心があるので、それらに対する意欲も高いと考えることができる一方で、それが心理的プレッシャーとして作用し、結婚や出産を回避するという可能性もあり得る。山田(2000) は、子どもには手間暇やお金を惜しまず「よりよく育てなければいけない」というプレッシャーが、未婚化や少子化を促進する原因となっていることを指摘しており、後者の仮説を主張している。未婚で子どものいない女性ほど、子どもをお稽古事やスポーツ教室などに行かせることに対する必要意識が

高いことを示し、彼女らは、たとえ子どもをもっても、お稽古事などに行かせる余裕がないと考えるため、結婚や出産をためらうのではないかと解釈している（山田、2000）。このように、子どもにはすべてを与えたいという考えは、結婚意欲や出産意欲を高めるとも低めるとも考えられるため、ここでは、結婚と出産の意欲にかかわっていると予想するのみにとどめる。

◇結婚コスト感

結婚コスト感は、経済的なものに限らず、様々な側面からとらえることができるが、ここでは、女性に降りかかる「家事を担うコスト」（家事コスト感）と「育児を担うコスト」（育児コスト感）に注目する。前述のとおり、日本では結婚や子どもをもつことによって生じる家事や育児のほとんどを女性が行っている。家事や育児の大半を自分が行うことを、結婚のコストである、と認識する女性ほど、結婚意欲が低くなると考えられる。

◇仕事意識

仕事に対する意識も、結婚と出産の意欲に関連があると思われる。仕事を好きだと思う女性ほど、結婚や出産の意欲は低いと予想される。前節で述べたように、現状の社会では、仕事と家庭とが分けて考えられており、これらは二者択一的なものとなっている。独身の女性は、結婚して子どもをもった女性が苦労しているのを目のあたりにし、「両立」は困難であるというイメージをもっている（江原、1995）。仕事が好きという女性は、結婚や出産によって、仕事が犠牲になることを避けたいと考えるため、仕事を好きでないという女性に比べ、結婚や出産への意欲が弱くなると思われる。

◇ジェンダー役割観

男性と女性の役割についての考え方も、結婚や出産の意欲に関連すると考えられる。ジェンダー役割を支持する人ほど、女性に期待される役割を果たすことにつながる結婚や出産をよしとし、自らもその役割を支持する考えと一致する行動をとろうとするため、結婚や出産への意欲が強いと思われる。

◇自立志向

　女性が独り立ちを望み、「人に頼りたくない」という自立的な考えをもつことは、ジェンダー役割に反しているとみることができる。相手（男性）に頼ることが「女らしさ」の定義の一部になっている現状のジェンダー・システムにおいては、女性の役割から遠ざかっていることを意味するからである[4]。前述の通り、結婚することは「妻」になるという女性の役割を果たすことにもつながるため、自立志向の強い女性は、結婚意欲が低いという可能性が考えられる。

◇自己優先的志向

　自己を優先的に考えるかどうかも、結婚意欲に関連していると思われる。「自分を優先したい」という自己優先的な考えを女性がもつことは、(6)の自立志向と同様に、ジェンダー役割の規範に反しているとみることができる。結婚することは「妻」になるという役割を果たすことにつながるため、自己優先的な考え、つまりジェンダー規範に沿わない考えをする人ほど、結婚への関心は低いと思われる。さらに、実際の結婚生活の中でも、女性は自分よりも夫や子どもを優先させることが必要である場合が多い。すでに述べたように、結婚したくない理由として、一般には、自分の生活がなくなったり、家族のことが優先になってしまったりすることが挙げられている。岩間（1999）は、30代前半の女性は、仕事もプライベートも充実しているほど、結婚への関心が低いこと、35歳以上49歳までの女性は、交際を中心とした生活をしている人ほど結婚意欲が低いことを示した。つまりどの年代であっても、なんらかの形で日々の生活が充実している女性は、結婚によってもたらされる生活の変化を避けたいため、結婚意欲が低くなるとみることができる。このような先行研究に基づくと、自分の生活を優先したいという自己優先志向も、結婚意欲と負の関係にあると予想される。

◇結婚意欲と出産意欲

　ここまで、それぞれの要因が結婚や出産意欲にどうかかわるかの仮説を述べたが、本書の枠組みでもう一点重要なのは、結婚意欲と出産意欲との相互関係である。「結婚」と「出産」は、規範レベルにおいても、個人意識のレベルに

おいても、切り離せない関係にあることは、女性が結婚すると子どもをもつことが期待されていることや（東京女性財団、2000）、出産は、結婚後にするものである、という意識が一般的に強いことからもうかがえる。既知の通り、女性は結婚すると「子どもは？」という質問を受け、子どもを産むことが当然とされている（浅井、1996）。第11回出生動向基本調査によると、既婚女性の8割近く、独身女性の7割以上が、結婚したら子どもをもつべきだと考えている。また、「子どもをもつのなら、結婚関係の中で」という考えも顕著である。独身女性の半数は、「自分の家族や子どものもてること」が結婚の利点だと考えている（国立社会保障・人口問題研究所、1999）。つまり、「結婚」と「出産」は、規範や意識の上で互いを含意しており、相互に関連しあっている。したがって、本章では、結婚意欲と出産意欲との相互関係を考慮した分析を行う。

4 分析方法

◇分析データ

ここでは、層化2段無作為抽出によって抽出された全国の20〜44歳の女性3000人を対象に実施された「女性の生活意識に関する調査」（生命保険文化センター、1991年12月実施）のデータを使用する。回収された2362票（回収率78.7%）から、今後結婚や出産する可能性の高い40歳未満の人のうち、重回帰分析で使用する変数に欠損値のない371人のデータを分析する。

◇変数の測定

結婚意欲と出産意欲、および前節で述べた各要因の測定方法とその尺度を**表6-1**に示す。結婚意欲と出産意欲の関連要因として述べたものに加え、教育年数や年齢もこれらの意欲に影響すると考えられるため、コントロール変数として分析モデルに含める。先行研究では、独身女性について、教育年数が長い人の方（短大・専修学校・大学・大学院）が、中学校や高校卒の人に比べて希望子ども数が多く（国立社会保障・人口問題研究所、1999）、多変量解析でも、年齢が高い人は子どもをもたない見通しであるとの傾向が確認されている（岩澤、1999）。結婚意欲についても、多変量解析によって、30〜34歳の女性では教育年数の長

4 分析方法

表6-1 変数の測定と尺度のコード化

概　　念	指　　標	尺度・値の意味
〈従属変数〉		
1.結婚意欲	・結婚したいかどうか （1＝このまま一生結婚したくない・2＝なるべく結婚したくない・3＝いずれは結婚したい・4＝できればすぐにでも結婚したい）	1：結婚意欲が低い 〜 4：結婚意欲が高い
2.出産意欲	・欲しい子どもの数 （1＝子どもはいなくてもかまわない・2＝少なくとも1人は欲しい・3＝少なくとも2人は欲しい・4＝少なくとも3人以上は欲しい）	1：出産意欲が低い 〜 4：出産意欲が高い
〈説明変数〉		
（結婚観） 3.結婚の必然性	・「経済的に自立していれば、あえて結婚する必要はない」*	1：必然性意識が、弱い 〜 4：必然性意識が、強い
（結婚観） 4.子どもの必然性	・「結婚したからといって、あえて子どもを産む必要はない」*	1：必然性意識が、弱い 〜 4：必然性意識が、強い
5.子育て観	・「子どもには夢を託したい」「子どもには苦労させたくない」「子どもは、できれば有名校・一流校に進ませたい」「子どもには、小さいころからおしゃれをさせてやりたい」「子どもの教育についてはお金を惜しみたくない」*の5項目の得点の和を有効回答項目数で割った、1〜5の値をとる尺度。	（クロンバックα＝0.663） 1：「子どもにすべてを与えたい」という考えが弱い 〜 5：「子どもにすべてを与えたい」という考えが強い
（結婚コスト感） 6.家事コスト感	「結婚によって失うもの（デメリット）」の項目リストから「家事などの仕事が増える」を選択したかどうか（0＝選択しなかった・1＝選択した）**	1：家事を結婚することのコストであると考える 0：考えない
（結婚コスト感） 7.育児コスト感	「結婚によって失うもの（デメリット）」の項目リストから「育児などの仕事が増える」を選択したかどうか（0＝選択しなかった・1＝選択した）**	1：育児を結婚することのコストであると考える 0：考えない
8.仕事意識	・「A．外で働くより、家事や育児の方が好きだ」「B．家事や育児より、外で働く方が好きだ」***	1：仕事志向が弱い 〜 4：仕事志向が強い
9.ジェンダー役割観	・「女性は結婚したら、家事・育児に専念すべきである」*	1：役割分業意識、弱い 〜 4：役割分業意識、強い
10.自立志向	・「人に頼らず生きていきたい」*	1：自立志向弱い 〜 4：自立志向強い
11.自己優先志向	・「夫のことよりも、自分のことを優先的に考えていきたい」*	1：自己優先志向弱い 〜 4：自己優先志向強い
〈コントロール変数（社会経済的属性）〉		
12.年齢 13.教育年数	・年齢の実数 ・教育年数の実数	

*そう思う・まあそう思う・あまりそうは思わない・全くそうは思わないの4段階尺度
**これは「結婚することによって失うもの（デメリット）とは、次のうちどのようなことだと思いますか」と問い、家事や育児の仕事をはじめとして、様々な項目のリストから複数選択する形式の質問である。本分析においては、結婚のデメリットについての回答を、結婚コストの認識を表しているとみなす。
***Aに近い・どちらかといえばAに近い・どちらかといえばBに近い・Bに近いの4段階尺度。

表6-2 非逐次モデルに含める変数のリスト

	従属変数	
	結婚意欲	出産意欲
結婚意欲	／	○
出産意欲	○	／
結婚の必然性	○	×
子どもの必然性	×	○
子育て観	○	○
家事コスト感	○	○
育児コスト感	○	○
仕事意識	○	○
ジェンダー役割観	○	○
自立志向	○	×
自己優先志向	○	×
年齢	○	○
教育年数	○	○

（○：含める、×：含めない）

表6-3 変数の基本統計量 （N=371）

	平均値	標準偏差	値の範囲
結婚意欲	3.11	0.49	1～4
出産意欲	2.63	0.73	1～4
結婚の必然性	2.81	0.89	1～4
子どもの必然性	2.88	0.85	1～4
子育て観	2.43	0.48	1～5
家事コスト感	0.55	0.51	0,1
育児コスト感	0.35	0.48	0,1
ジェンダー役割観	2.12	0.76	1～4
仕事意識	2.39	0.89	1～4
自立志向	2.87	0.68	1～4
自己優先志向	2.17	0.65	1～4
年齢	25.2	4.11	20～39
教育年数	13.1	1.53	9～16

い方が結婚意欲の高いことが示されている（岩間、1999）。

◇分析モデル

　結婚していない女性の結婚意欲と出産意欲の間には、相互関係があると考え、結婚意欲が出産意欲に与える影響と、出産意欲が結婚意欲に与える影響を同時

4 分析方法

表6-4　2段階最小2乗法による重回帰分析（非遂次モデル）の分析結果（標準化偏回帰係数）

(n=371)	従属変数	
	結婚意欲	出産意欲
結婚意欲	／	0.071
出産意欲	0.169*	／
結婚の必然性	0.275***	／
子どもの必然性	／	0.425***
子育て観	0.177***	-0.056
家事コスト感	0.058	-0.081+
育児コスト感	0.032	0.040
ジェンダー役割観	-0.002	0.024
仕事意識	-0.098+	-0.076
自立志向	-0.017	／
自己優先志向	0.025	／
年齢	0.179**	-0.154**
教育年数	-0.063	0.078+
R^2(修正済みR^2)	0.211(0.187)	0.305(0.288)
残差$(1-R^2)^{1/2}$	0.883	0.834
非標準化残差間の相関	0.169	

+10％の水準で有意　*5％の水準で有意
**1％水準で有意　***0.1％の水準で有意

にみながら、表6-1に示した変数が結婚意欲と出産意欲それぞれに与える影響をみる非遂次モデル（関係が一方向ではないモデル）を、2段階最小2乗法（two-stage least squares method）を用いた重回帰分析によって推定する[5]。表6-2にモデルに投入する変数を示す。「人に頼らず生きていきたい」という気持ちの強弱によって測定される〈自立志向〉および「夫よりも自分を優先に考えていきたい」という気持ちの強弱によって測定される〈自己優先志向〉は、未婚女性にとっては、「結婚したいかどうか」には関連しているが、「子どもを欲しいかどうか」には関連していないと思われるので、〈結婚意欲〉の説明変数としてのみ投入する。また、〈結婚の必然性〉は、結婚したいかどうかの気持ちに関連するが出産意欲には影響せず、結婚後の〈子どもの必然性〉は、出産意欲には関連しているが、結婚意欲には関連していないと考えられるので、〈結婚の必然性〉は〈結婚意欲〉、〈子どもの必然性〉は〈出産意欲〉の説明変数として投入する[6]。

◆分析結果

　表6-3に各変数の平均値、標準偏差、値の範囲を示す。モデルによって推定した標準化偏回帰係数を表6-4に示す。

　まず、出産意欲と結婚意欲との関連をみると、結婚意欲に対する出産意欲の効果は統計的に有意である。これは、出産意欲が高い人ほど結婚をしたいという気持ちが強いということである。しかし、結婚意欲に対する出産意欲の効果は有意ではなく、結婚したいという気持ちが強いほど出産したいという気持ちも高い、という関係は確認されなかった。

　次に、結婚意欲の規定要因についてみていく。結婚意欲に対して統計的有意な効果を示したのは、〈結婚の必然性〉〈仕事意識〉〈子育て観〉、そしてコントロール変数の〈年齢〉である。これらの効果は、結婚を必然と考える人ほど結婚意欲が強い、子どもにはすべてを与えたいと考える人ほど結婚意欲が強い、仕事が好きな人ほど結婚意欲が弱いことを意味する。また、〈年齢〉の正の効果は、年齢が高い人ほど、結婚意欲が高いということである。結婚意欲に対して最も大きな効果を示したのは、〈結婚の必然性〉で、次いで〈年齢〉、〈子育て観〉である。

　出産意欲についての結果をみると、〈子どもの必然性〉〈家事コスト感〉〈年齢〉〈教育年数〉が統計的有意な効果を示している。〈子どもの必然性〉の正の効果は、結婚したら子どもをもつべき、という考えをもつ人ほど、出産意欲が強いことを意味している。〈家事コスト感〉の負の効果は、家事などの仕事が増えることを結婚のコストだと考える人ほど、出産意欲が弱いことを示す。〈年齢〉の負の効果は、年齢が高い女性ほど出産意欲が低く、〈教育年数〉の正の効果は、教育年数が長い女性ほど、出産意欲が高いことを意味している。出産意欲に対して一番大きな効果を示した変数は、〈子どもの必然性〉、次いで〈年齢〉である。なお、〈自立志向〉〈自己優先志向〉〈ジェンダー役割観〉は、〈結婚意欲〉にも〈出産意欲〉にも影響を示さなかった。

　結婚意欲の重回帰分析の R^2 値（0.211）は、出産意欲を含めた変数によって結婚意欲の分散の21％が説明されたことを示す。出産意欲についての R^2 値0.305も同様に、これらの変数によって、出産意欲の分散の31％が説明されたことを意味する。

◇考　察

　本分析によってみられた結果は、ほぼ予想どおりであるということができるが、注目に値する点を詳しくみていくこととする。

　第1に、結婚と出産は一般的に一体のものとして考えられていることがこれまでにも指摘されてきたが、この分析を通じ、独身女性も、結婚と出産とを切り離して考えていないことがわかった。「結婚したい」という気持ちは、「出産したい」という気持ちによって増長されており、日常的に言われている「子どもが欲しいから結婚したい」という考えが確認されたといえよう。しかし、「結婚を強く望む人は出産も強く望んでいる」という逆の関係はみられず、結婚したいからといって、子どもをもつことを望むわけではないことが示された。

　第2に、女性は（経済的に自立していても）結婚すべきであると考える人ほど結婚意欲が強く、結婚したら子どもをもつべきだと考える人ほど出産意欲が強い、という結果は、「女性は結婚すべきである」、「結婚したら子どもをもつべきである」と考える女性は、自分自身もその考えと一致するような意欲をもっているからであると解釈できる。また、もともと「結婚したい、子どもをもちたい」と思っている女性は、その考えの根拠を、「結婚すべきである」、といった規範に求めているためでもあろう。いずれにしても、結婚すべきという意識をもつ人は結婚意欲が高く、出産すべきだと考える人は出産意欲が高いといったように、結婚と出産についての価値観が、意欲にかかわっていることが確認された。

　第3に、結婚して家事をすることを、「結婚のコスト」と認識している女性の方が、出産意欲が低いことが示された。結婚したら女性が家事をすることになっている現状の結婚のあり方が、「子どもを欲しい」という気持ちを下げる作用をしている、とみることができる。家事を結婚のコストであると認識している場合、結婚そのものへの意欲は変わらないが、そのような状態で子どもは欲しくないと考えるのかもしれない。一方で、育児コスト感、つまり結婚すると育児をする、ということをコストだと思うかどうかは、結婚意欲にも出産意欲にも関連を示さなかった。育児を結婚のコストであると感じていても、結婚したくないと考えたり、子どもを欲しくないと考えたりすることにはつながらない、ということである。

第4に、子どもにはすべてを与えたいと考える女性ほど、結婚したい気持ちが強いことが示された。子どもにはできるだけのものを与えたいと考えることがプレッシャーとなり、結婚や出産を回避する結果になっているという主張（山田、2000）は、本分析では支持されなかった。子どもにすべてを与えたいと考える人ほど、結婚したいとの気持ちは強くても、いざ結婚する段階になると回避するなど、複雑なメカニズムが働いている可能性を示唆している。

　第5に、仕事を好きな女性ほど、結婚意欲が弱いという結果がみられたが、これは仕事と結婚・家庭が、二者択一的にとらえられているので、仕事を好きだと思う女性は、結婚するとそれを思うようにできないと感じ取っているためであると考えられる。

　最後に、コントロール変数についての結果で、年齢が高くなるにつれ、結婚したいという気持ちが強くなるが、出産したいという気持ちは弱くなる（欲しい子どもの数が少なくなる）ことが示された。若い女性は、結婚へのプレッシャーもそれほど受けず、周りの人もしていないので、特に意欲が高くないのであろう。出産に関しては、高齢出産などを避けたいなどの理由もあり、年齢の高い女性の意欲が低くなるものと考えられる。

5　結　論
―― 多様な生き方を可能にする社会に ――

　本章では、ジェンダー的要因を中心に、独身女性の結婚意欲と出産意欲についての多変量解析を行った。その結果、個人の結婚や出産に対する意欲は、規範、仕事とのかかわり、結婚生活でのジェンダー関係の実態など、様々な方面から影響を受けており、個人の自由意思のみによって決まっているのではないことがわかった。

　結婚したら家事を女性である自分がするのだという負担感は、子どもを欲しい、という気持ちに歯止めをかけている。また、仕事が好きだと思う女性の結婚意欲が低いのは、まさに、仕事と結婚生活の両立が難しく、仕事と結婚・出産は、二者択一的となっているからであろう。これらのことを総合して考えると、男性の家事、育児参加を促進する意識を培い、それを可能とする労働環境

を含む社会環境を作っていくことの必要性が示唆される。それによって、「結婚したくない・子どもをもちたくないわけではないが、結果的に自分一人が家事をすることに疑問を感じている女性」や「仕事が好きなので、それを優先するために結婚や出産をしないでいる女性」にとっては、結婚したり、子どもをもったりすることが容易になるであろう。

また、結婚をすべきであると考える女性ほど、結婚意欲が強いという結果は、当たり前の結論のようだが、その意味するところは大きい[7]。この結果は、女性の結婚したいという気持ちが必ずしも「自由」な選択のみに基づいたものではないことを意味している。出産についても、結婚したら子どもをもつべきであると考える女性が、出産を強く希望しているということは、それが支配的規範に基づく「意欲」に左右されていることを物語っている[8]。一般的には、「昔と違って、いまや結婚や出産は個人の自由である」といわれているが、本章で示したように、人々の結婚意欲や出産意欲は、根底では、規範に左右されているのである。結婚や出産の動機が規範に大きく左右されると、満足感や充足感を得ることは難しいと思われる。まず、結婚や出産をするかどうかによって、生活の質や福祉の質が異なるのではなく、生き方にかかわらず公平になるような社会環境をつくり上げていくことが重要である。つまり、結婚や出産に関しても、多数ある生き方の一つとして位置づけられた社会で、あえてそれを選び取った女性の生活の質を改善していくことが望まれる。

注
1) コーホートの動態率を用いたシミュレーションによる分析に基づいても、夫婦の出生率の低下と晩婚化・非婚化の比重は、3対7との結果である［廣嶋、2001］。
2) 偽装結婚、友情結婚、契約結婚などの言葉が用いられている。このような形の結婚は、性的指向にかかわらず、例えば在留資格を得る必要から行われる場合もある。レズビアンやゲイの場合、自分の性的指向を隠しながら・気づかないふりをしながら、あるいは結婚すれば自分が変わるだろうという希望をもちながら、異性と結婚することも多かった［伊藤、1986；掛札、1992］。近年では、インターネット上の偽装・友情結婚のサイトにみられるように、互いの同意の上で結婚する場合や、男性同士のカップルと女性同士のカップルが協力し、

実質的に親しい関係・家族を作ることを目指そうと考える人もいる。
3) 結婚の利点として精神的な安らぎの場が得られるなどの心理面が強調され、社会的信用を得たり、周囲と対等になれたり、親を安心させたり周囲の期待にこたえられたりといった、社会的な利点を挙げる人は減ってきていることが示されているが［国立社会保障・人口問題研究所、1999］、これは意識的にそれを求めて結婚したいと考える人が減っているだけであり、結婚に社会的利点がなくなったことを意味するのではない。
4) 現状のジェンダー・システムでの異性愛関係においては、女性は「女らしく」振る舞うことが期待されており、その関係の中で（あるいは関係を期待する過程で）、女らしさ・男らしさが強調され、ジェンダー・システムを再構成している［Connell、1987］。
5) 具体的な手続きは、次の通りである。第1段階で、それぞれの従属変数に対し、説明変数すべてを入れて、重回帰分析を行う。まず、〈結婚意欲〉を従属変数とし、**表6-1**の説明変数と社会経済的属性変数（**表6-1**の変数3～13）を投入した重回帰分析（下記の①）および〈出産意欲〉を従属変数とし、説明変数と社会経済的属性変数（**表6-1**の変数3～13）を投入した重回帰分析（下記の②）を行う。それぞれの重回帰分析で、予測値および残差を求める。第2段階で、各従属変数について、推定したい説明変数およびもう一方の従属変数の予測値（第1段階で求めたもの）を投入する。つまり、〈結婚意欲〉を従属変数とし、〈子どもの必然性〉以外の変数と〈出産意欲の予測値〉を投入する（下記の③）。そして、〈出産意欲〉を従属変数として、推定したい変数（「自立志向」「自己優先志向」「結婚の必然性」以外の変数）および第1段階で求めた「結婚意欲の予測値」を投入する（下記の④）。なお、重回帰分析についての説明は巻末の資料4に詳しい。

第1段階
　　①結婚意欲＝b_1〈結婚の必然性〉＋ b_2〈子どもの必然性〉＋ b_3〈子育て観〉＋ b_4〈家事コスト感〉＋ b_5〈育児コスト感〉＋ b_6〈ジェンダー役割観〉＋ b_7〈仕事意識〉＋ b_8〈自立志向〉＋b_9〈自己優先志向〉＋ b_{10}〈年齢〉＋ b_{11}〈教育年数〉
　　②出産意欲＝b_1〈結婚の必然性〉＋ b_2〈子どもの必然性〉＋b_3〈子育て観〉＋b_4〈家事コスト感〉＋b_5〈育児コスト感〉＋b_6〈ジェンダー役割観〉＋b_7〈仕事意識〉＋ b_8〈自立志向〉＋b_9〈自己優先志向〉＋b_{10}〈年齢〉＋b_{11}〈教育年数〉
第2段階
　　③結婚意欲＝b_1〈結婚の必然性〉＋b_2〈子育て観〉＋b_3〈家事コスト感〉＋b_4〈育児

注

コスト感〉+b₅〈ジェンダー役割観〉+b₆〈仕事意識〉+b₇〈自立志向〉+b₈〈自己優先志向〉+b₉〈年齢〉+b₁₀〈教育年数〉+b₁₁〈出産意欲の予測値〉

④出産意欲＝b₁〈子どもの必然性〉+ b₂〈子育て観〉+ b₃〈家事コスト感〉+b₄〈育児コスト感〉+b₅〈ジェンダー役割観〉+b₆〈仕事意識〉+b₇〈年齢〉+ b₈〈教育年数〉+b₉〈結婚意欲の予測値〉

6) 〈結婚の必然性〉〈自立志向〉〈自己優先志向〉の3つの変数は、〈結婚意欲〉を推定するのに使われる道具的変数［豊田、1998］の役割を果たし、〈子どもの必然性〉の変数は、〈出産意欲〉の推定の道具的変数の役割を果たすので、このモデルは識別され、非逐次モデルが適用する。

7) 「結婚意欲も出産意欲も、その規範を支持する人ほど強い」という結果をもとに、結婚や出産を促進するために、「結婚はするべきだ、結婚したら子どもをもつべきだ」という考えを広め、結婚するほかに選択肢のないように、女性の経済的自立を妨げたり、結婚しない女性の自由を奪ったり差別したりすることは、言うまでもないが、生き方の多様性を認め、男女間の平等を追求していくことに反しており、誤っていると考える。

8) 規範レベルで、「結婚すべきである」と考える人がいない社会であっても、自分にとって結婚がよいと考え、結婚を選ぶ人もいるという社会もありえる、ということである。

第7章

既婚男女の出生意欲にみられるジェンダー構造

岩間暁子

1 はじめに

　1989年に合計特殊出生率が1.57となり、このいわゆる「1.57ショック」を契機に、「少子化」が社会的関心を集めるようになった。その後、合計特殊出生率はさらに低下し、1999年には1.34となっている。「少子化は社会保障の担い手不足、労働力不足といった形で既存の社会システムの根幹を大きく揺るがす」という危機意識によって、育児休業制度の導入・拡充、待機児童の解消を目指す保育所の増設計画といった政策が展開されてきた。

　確かに、このような政府の子育て支援策は、現実に仕事と育児の両立に悩む女性たちの負担を軽減するために必要な政策である。しかし、これらの政策が結果として、政府が期待する出生率の上昇につながる効果をもつのか否か、については、現実に人々がどのような条件がそろったときに子どもをもとうとするのか、逆に、どのような条件が欠けているために子どもをもとうとしないのか、といった出生行動のあり方によって異なると考えられる。特に、合計特殊出生率の急激な低下を引き起こしてきた世代の出生行動がどのような要因によって規定されているのか、は興味深い問題である。

　実際、夫婦の出生行動には変化の兆しがみられる。国立社会保障・人口問題研究所が1997年に実施した「第11回出生動向基本調査（夫婦調査）」によれば（国立社会保障・人口問題研究所、1998）、結婚持続期間15～19年における夫婦の完結出生児数は2.21人であり、70年代以降の安定傾向が続いている一方で、結婚持続期間が短い夫婦の出生パターンにはいくつかの変化がみられる。

1 はじめに

　たとえば、平均出生児数については、結婚持続期間が0〜4年、5〜9年、10〜14年のいずれの期間においても低下しており、80年代後半から結婚した若い夫婦の出生プロセスに遅れがみられる。その結果、子どものいない夫婦の割合はすべての結婚持続期間で増加し、特に結婚期間が0〜4年の夫婦では10年前の同調査よりも10.1％増え、42.6％に達している。また、出生タイミングの変化を反映する「合計結婚出生率」も1990年以降2.0を割り込む状況が続いている。

　このようなデータを前にすると、夫婦の出生行動には変化が生じているのではないか、という疑問が生じてくる。そこで、本稿は、出生行動を根底から規定すると想定される「出生意欲」を取り上げ、「夫婦の出生意欲はどのような要因によって規定されているのか」、について実証的に検討することを目的とする。ここでは特に、「性別役割分業」と「価値観の多様化」という2つの要因に着目して考察を進める。

　子どもを産み育てるプロセスでは、親は長期にわたって社会経済的資源や時間資源を投入することが求められるが、「男は稼ぎ手、女は家事・育児」といった性別役割分業がシステムとして強固に定着した日本では、父親には経済資源、母親にはケアのための時間資源の投入が期待されており、それを前提に扶養者手当や育児サポートの提供などがなされている。したがって、個人のレベルで見れば、性別役割分業システムが期待する役割を果たせるか否かを基準として「子どもをもつ／もたない」を選択する、というメカニズムが基本的に存在していることが推測される。

　近年急速に進む結婚観・家族観の変容の影響も見逃せないだろう。各種調査結果を整理した江原によれば、女性では役割に縛られない結婚や家族のあり方を望み、性別役割分業を否定的にとらえる傾向がこの10年の間に急速に進んだが、男性は相対的に従来通りの結婚観・家族観をもち続けており、結婚観・家族観にみられる男女のギャップは若い世代ほど拡大している（江原、1999）。このような知見を踏まえると、男性以上に女性の中で家族観の多様化がみられ、女性では家族観が「子どもをもつ／もたない」という意思決定に影響を及ぼす可能性がより大きいと考えられる[1]。

　まず最初に、男女含めたデータで計量分析を行い、分析結果の男女比較を通

じて、既婚男女の出生意欲を規定する要因にはジェンダーによる違いがみられるのか、を検討する。子どもを育てるコストはすでにいる子どもの数によって異なるため、子どもの人数によって、あと何人の子どもを望むか、という意欲は異なると考えられる。そのため、本稿では第何番目の子どもに関する意欲であるのか、を区別し、第一子出生、第二子出生、第三子出生ごとに分析を行う。

計量分析によって全体的な状況を明らかにした上で、「結婚はしたけれども子どもはいない」という状況にある既婚女性を対象にグループ・インタビューを行い、彼女たちの子ども観や子育てイメージに焦点を絞りながら、「結婚しても子どもを産むとは限らない」という選択の現実について考察を行う。

2 出生意欲の計量分析における仮説
―― ジェンダーと家族観に着目して ――

これまでのところ、「既婚男女の出生意欲がどのような要因によって規定されているのか」という問題に関する計量分析はほとんど行われていない。日本における数少ない先行研究として、ヴィネット調査を用いて架空の状況を想定し、どのような条件であれば出産を望むのか、を計量的に明らかにした研究がある（織田、1994）。

筆者が指摘するように、ヴィネット調査は調査時点では存在しない要因（例えば今後導入する可能性のある政策）の効果をある程度予測できるという利点があり、世代によって出産の意思決定メカニズムは異なる可能性が示されている。しかし、架空の状況下の意思決定であるため、現実の出生意欲を説明するモデルではなく、また、調査の性格上、客観的要因以外の主観的要因（価値観など）の効果を検討することは難しい。

それでは、現実の出生意欲はどのような要因によって規定されているのだろうか。現実の子育てのありさまが、すでに存在する社会システムの枠組みを前提とせざるをえない以上、日本の性別役割分業システムが出生意欲に与える影響は大きいことが予想される。

「子どもを産み育てる」プロセスでは、親の社会経済的資源や時間資源、親族等の私的育児サポートだけではなく、社会システムが提供する各種サービス

やサポートも利用されている。したがって、親はこれらの資源やサービスを利用できる可能性を考慮に入れながら子どもをもつか否かを選択する、といった基本的なメカニズムの存在が想定される。日本のように多くの男性が企業社会の中に取り込まれ、ほとんど育児にかかわれない男性が多い状況では、妻は、夫が育児にあまり参加できないことを前提に就業や親からの援助等を調整することで母親役割の遂行を試みるだろう。同様に、男女の賃金格差が大きく、一度離職した後では賃金も福利厚生も低い水準の仕事にしか就けないリスクが大きいため、夫は父親として自らが継続的に稼ぎ手役割を果たせるのか、を重視すると考えられる。

このような日本の状況を踏まえ、第一仮説として、「子どもを何人もちたいか」という出生意欲の高低は性別役割分業システムの枠組みによって規定されている、を考える。すなわち、男性は自らが「稼ぎ手」としての役割を果たせると判断できる条件がそろえば子どもをもとうとするだろうし、女性は自分が育児を担える条件がそろったときに子どもをもとうとする意欲が高まる、というジェンダー構造が存在するのではないだろうか。後で説明する説明変数に即して具体的にいくつか挙げるならば、例えば、男性では年収や将来の生活設計志向、女性では時間資源の量を示す職業の有無が影響を及ぼしていることが予想される。

子育ては親に育てる楽しみを与える反面、親の限られた時間資源を長期にわたって拘束する。特に、女性が子育ての責任者である、という考え方が根強い日本では、その拘束力は女性により大きい。アメリカのように気軽にベビーシッターを利用できる意識やシステムは少なく、日本では、一度子どもをもったら母親があらゆることに責任をとることが期待されている。このような状況は、「個人としての時間を大切にしたい」というライフスタイルを望む女性たちに「子育ては負担の重いもの」という認識を与え、この負担感の強さが結果的に出産や育児を回避しようとする方向に導いていると考えられる。そこで、「個人主義的ライフスタイルを好む女性は出生意欲が低い」を第二仮説とする。

このように、日本の性別役割分業システムを背景として予測される仮説のほかに、結婚観や家族観が多様化したことによる影響も大きいと考えられる。ここでは子どもをめぐる価値観に着目し、家庭生活において子ども中心的な価値

観をもつ人々ほど子どもをもとうとする意欲が高く、子ども中心的な価値観をもたない人々は子どもをもとうとする意欲が低い、を第三仮説として検討する。

3 出生意欲の規定要因に関する重回帰分析
―― 男女比較の観点から ――

以下では、3つの仮説の実証的妥当性を検討するために、被説明変数として出生意欲、説明変数として社会経済的要因と価値観を含めた重回帰分析を用いる。ここでは、性別によって出生意欲をもつに至るメカニズムが異なる可能性を検討するため、男女別に分析を行い、その分析結果の比較を行うことで、ジェンダーでどのように異なるのか、を探る。

先述したように、すでにいる子どもの数によって子育てコストは異なり、そのことが今後の出生意欲の規定要因に違いをもたらしている可能性が考えられるため、（1）まだ子どものいない男女が何人の子どもを望んでいるのか、（2）すでに子どもが1人いる男女が何人の子どもを望んでいるのか、（3）すでに子どもが2人いる男女が何人の子どもを望んでいるのか、という3つに分けて分析を行う。

3.1 分析データ

1994年に生命保険文化センターが首都50km圏で実施した「夫婦の生活意識に関する調査」のデータを用いる。層化2段無作為抽出法によって抽出した満20～49歳の既婚男女3000人を対象に、留置調査法によって実施した。有効回収数は2355票、有効回収率は78.5%である。調査の詳細については報告書を参照のこと（生命保険文化センター、1995）。

本稿の分析には、今後も出産を経験する見込みが高いと考えられる40歳未満の男女のデータを用いる。

3.2 変数の測定

以下では出生意欲を被説明変数とし、表7-1に示す説明変数を含めたモデルを重回帰分析によって検討する[2]。

3 出生意欲の規定要因に関する重回帰分析

表7-1 分析に含める各変数の測定

◆被説明変数	変数のスコア化
1)第一子出生意欲	まだ子どものいない人が今後欲しいと思っている子ども数
2)第二子出生意欲	すでに子どもが1人いる人が今後欲しいと思っている子ども数
3)第三子出生意欲	すでに子どもが2人いる人が今後欲しいと思っている子ども数
◆説明変数	
①年齢	満年齢
②学歴	教育年数で測定
③職業の有無	無職＝0、有職＝1とするダミー変数 ただし、女性は本人、男性は妻についての情報とする
④年収	各回答カテゴリーの中央値を与える。具体的には、0円、50万円、200万円、400万円、600万円、850万円、1250万円、1500万円。ただし、男性は本人、女性は夫についての情報とする
⑤生活設計志向	「何年後までに何をするというように、きちんと生活設計を立てて暮らしたい」 （「そう思わない」～「そう思う」の4段階評価）
⑥個人主義志向	休日を家族や夫婦で一緒に過ごす場合について、AとBの2つの考え方を挙げます。あなたは今後どのようにしていきたいと思いますか A「配偶者や子どもが楽しむことを優先したい」 B「自分が楽しむことを優先したい」 （「Aに近い」～「Bに近い」の4段階）
⑦伝統的結婚観	「結婚しても必ずしも子どもをもつ必要はない」 （「そう思う」～「そう思わない」の4段階評価）

　「まだ子どものいない人々が今後欲しいと思っている子ども数」をスコアとした変数を「第一子出生意欲」とする。同様の手続きで、「すでに子どもが1人いる人々が今後欲しいと思っている子ども数」を「第二子（追加）出生意欲」、「すでに子どもが2人いる人々が今後欲しいと思っている子ども数」を「第三子（追加）出生意欲」としてスコア化する。ここでは、今後欲しい子ども数が多いほどスコアが大きくなり、（追加）出生意欲が高いとみなす。調査票では当該の子ども（例えば第一子）をどの程度欲しいと思っているのか、を直接尋ねていないため、「現在の子ども数」に関する質問と、「今後何人の子どもを欲しいと思っているのか」を人数で尋ねた質問を組み合わせてこのように新たな変数を作成した。

　説明変数については、まず、出産は年齢によってリスクが異なるため、①年

齢を含める。また、学歴によって価値観や意識が異なることが多くの調査結果で確認されているので、②学歴もモデルに含める。これらのコントロール変数に加えて、先に挙げた3つの仮説を検討するために③〜⑦の変数を含める。

③職業の有無については、子育てを主に担う女性の場合には子育てと就業が時間的にトレードオフ関係にあるため、子どもをもつという選択が就業によって回避させられる可能性が考えられる。また、近代家族では、「家族は、お互いの一定の生活水準の確保、および労働力の再生産に責任を負う」いう自助原則が割り当てられており（山田、1994：p.43）、妻が就業によって苦労している姿を見たり、自分がその分の家事・育児負担をすることを好ましく思わず、夫の出生意欲が低下する可能性も考えられる。そこで、女性が就業しているか否かのダミー変数を、女性の場合には本人、男性の場合には妻の就労状況を分析に含める。

同様に、家族の中で男性が稼ぎ手役割を果たせるか否かが出生意欲に影響を及ぼすことを予測する第一仮説を検討するため、④年収については、男性には本人の年収、女性には夫の年収を用いる。この他に、経済資源に関わる要因として、将来の見通しにかかわる⑤生活設計志向も分析に含める。

第二仮説を検証するために、⑥「家族と一緒に過ごす時間よりも1人で過ごす時間を優先させたい」という個人主義志向、第三仮説を検証するために⑦「結婚しても必ずしも子どもをもつ必要はないとは思わない」という子どもをめぐる価値観（伝統的結婚観）の2つの変数も含める。

3.3 「第一子出生意欲」の重回帰分析

表7-2に示す分析結果でまず興味深い点は、男性の場合には年収がプラスの有意な効果をもつことであり、年収が高ければ、今後もとうとする子ども数が多くなるが、逆に年収が低いと子どもの出生を望まないという結果である。男性が「稼ぎ手」として自らの役割を位置づけ、経済的役割を果たせる程度に応じて初めての子どもをもつか否かを考える、という結果は、第一仮説を支持している。しかし、女性にはこのような効果はみられない。

第二に、女性では年齢がマイナスの有意な効果をもつことから、年齢が高い場合には出生意欲が低くなる。子どもをもつか否かの選択にあたって、女性に

表7-2 「第一子出生意欲」の重回帰分析

説明変数	〈女性：N=83〉 標準化偏回帰係数	〈男性：N=94〉 標準化偏回帰係数
年齢	-0.21*	-0.15
学歴	-0.01	-0.02
職業の有無	0.00	-0.03
年収	-0.09	0.19*
生活設計志向	-0.03	-0.12
個人主義志向	-0.17	0.01
伝統的結婚観	0.26**	0.39***
モデルの有意水準	F値=2.69**	F値=3.81***
決定係数	0.20(0.13)	0.24(0.17)

***は1％水準で有意、**は5％水準で有意、*は10％水準で有意
（　）の数字は修正決定係数を表す

は出産コストが常につきまとう。特に、高齢での出産になるほど障害児の産まれる確率が高まり、また、出産時の異常も増えるという統計データが示されている以上、年齢が高い女性たちは、子どものためにも、自分の身体・生命を守るためにも出産を回避したい、という気持ちになるのは当然の結果と言えるだろう。他方、収入とは逆に、男性にはこのような年齢の有意な効果はみられない。男性では年齢ではなく、収入確保が出生意欲に影響を及ぼすという結果は、出産の当事者性が男女で異なる状況を示していると考えられる。

　第三に、男女に共通した結果は、伝統的結婚観はプラスの有意な効果をもつ点である。すなわち、「結婚をすれば子どもをもつものだ」という価値観をもつ人々は出生意欲が高く、逆に、結婚と子どもを結びつけて考えない価値観をもつ人々は子どもをもつことに消極的である。この知見は、「結婚しても子どもをもたない」という新しいタイプのライフスタイルが価値観の多様化に伴って出現している状況をデータとして示していると考えられる。ただし、この効果には、「出生意欲が低い、あるいは、今後出産を経験する可能性が低いからその状況を合理化するために子どもは不要という考え方をもつようになる」という逆方向の因果関係が関与している可能性が考えられる。横断的データを用いている以上、時間的にどちらが先行しているのかを確かめることはできないが、「結婚しても必ずしも子どもをもつ必要はない」という考え方が少数派の意見ではないことを併せて考えると（20～49歳のサンプル全体で「そう思う」「ま

あそう思う」の合計が39.7%、男性32.5%、女性45.9%)、このような価値観の違いが出産を回避するという選択にある程度の影響を及ぼしていると判断してもそれほど実態とは異ならないと思われる。

これらの結果を踏まえるならば、出産・子育てに伴って自分の希望に反して仕事を辞めざるをえない女性に対する政策的対応は引き続き推し進めなければならないが、他方で、結婚しても子どもを望まない夫婦が存在している以上、個人の多様な選択を社会全体で認める状況をつくり出す努力も求められていると言える。

子ども中心主義ではない価値観をもつ女性たちの出生意欲に関しては、4節の出産未経験の既婚女性を対象に行ったグループ・インタビューの考察であらためて検討する。

3.4 「第二子出生意欲」の重回帰分析

すでに子どもが1人いる人々の追加出生意欲に関しては、男女共に、まだ子どものいない人々がもつ出生意欲とは異なる要因が影響を及ぼしていることが明らかになった (表7-3参照)。

男性については収入の効果はみられないが、「きちんと生活設計を立てて暮らしたい」という志向性が強いほど今後も子どもを多くもちたいという意欲が高いことから、第一子出生意欲と同様に、男性は自らの経済役割を重視して子どもをさらにもつか否かを決める傾向があることが確認された。女性では第一子出生意欲と同様に、年収や生活設計志向に関して有意な効果がみられない。

女性の場合に興味深いのは、職業の有無が有意なマイナスの効果をもつ点であり、有職女性は追加出生に消極的である。しかし、男性では妻の職業の有無は有意な効果をもたない。これらの結果は、夫の協力が期待できず、利用できる公的・民間の育児サービスが少ない状況では、母親1人で対応できない場合に第二子をあきらめる選択につながる、という因果関係の存在を示唆している。以上の結果を総合的に判断すると、すでに子どもが1人いる人々の追加出生意欲に関しても第一仮説が支持されていると言えるだろう。

男女共に、初めての子どもをどの程度欲しいと思っているのか、に対しては、子ども中心主義という伝統的結婚観が強い影響力をもっていたが、第二子以降

3 出生意欲の規定要因に関する重回帰分析

表7-3 「第二子出生意欲」の重回帰分析

説明変数	〈女性：N＝121〉標準化偏回帰係数	〈男性：N＝120〉標準化偏回帰係数
年齢	-0.27***	-0.26**
学歴	0.02	0.09
職業の有無	-0.17*	-0.14
年収	0.06	0.06
生活設計志向	-0.04	0.17*
個人主義志向	-0.27***	0.12
伝統的結婚観	-0.08	0.09
モデルの有意水準	F値＝4.75***	F値＝2.69**
決定係数	0.23(0.18)	0.14(0.09)

***は1％水準で有意、**は5％水準で有意、*は10％水準で有意
（ ）の数字は修正決定係数を表す

の追加出生意欲に対しては有意な効果はみられなかった。

　しかし、女性では、個人主義志向が高いほど出生意欲は下がるという第二仮説を支持する結果が得られた。このように、女性についてのみ「今後は1人の時間を大切にしたい」という個人主義志向が追加出生意欲を抑制するという結果が得られたのは、現代の子育てがいかに母親に多くのことを要求する負担の多いものであるかを示すと同時に、子どもを産む前に主体的なライフスタイルを経験した女性にとって、人生における選択肢は子どもを産み育てることだけに閉ざされていない、という状況も表していると考えられる。

　これまでは「結婚すれば子どもを2人産む」というパターンが結果的に広くみられたが、仕事と子育てとのトレードオフ、そして、自分の生き方も大切にしたいという自己実現と子育てとのトレードオフを女性たちに迫る状況が続くならば、結果として2人目を産まない、というパターンが拡大していく可能性も十分考えられる。

　また、年齢は男女共に有意なマイナスの効果をもつことが確認され、年齢が高くなるほど第二子以降の追加出生を控えようとする。女性では第一子出生意欲に対してもみられた効果であるが、男性の場合には2人目の子どもをもとうとする際に年齢が重要な基準となっている状況は、晩婚化が結果的に子ども数の減少をもたらす可能性を示している。

3.5 「第三子出生意欲」の重回帰分析

すでに子どもが2人いる人々の間の追加出生意欲に関しては、男女共に決定係数が低く、モデルの説明力はあまり高くないが、限られた範囲で考察を行う（表7-4参照）。

前節の結果と同様に、年齢が高くなるほど男女共にさらに子どもをもとうとする意欲が低下していく傾向がみられる。女性の場合にはこの他に有意な効果をもつ変数はみられず、女性では第三子以降の追加出生意欲は年齢の影響を大きく受けることが明らかとなった。

男性の場合には、すでに1人の子どもがいる場合の追加出生意欲についてもみられたように、「何年後までに何をするというように、きちんと生活設計を立てて暮らしたい」という志向性が有意な効果をもつ。ただし、効果の方向は逆で、第二子についてはプラスの効果がみられたが、第三子についてはマイナスの効果であり、生活設計志向が高いほど出生意欲は低くなっている。いずれにしても、男性は自分が家庭の中において経済役割を果たせなくなる前に子どもを育て終えたいという意識が、子どもをもとうとする意欲に関係しており、ここでも第一仮説を支持する結果が得られている。

また、男性では伝統的な結婚観をもつ場合には、第一子と同様に第三子をもつことにも積極的である。

表7-4 「第三子出生意欲」の重回帰分析

説明変数	〈女性：N＝223〉 標準化偏回帰係数	〈男性：N＝216〉 標準化偏回帰係数
年齢	-0.29***	-0.17***
学歴	0.07	0.04
職業の有無	-0.06	-0.03
年収	0.09	0.01
生活設計志向	-0.02	-0.12*
個人主義志向	-0.10	-0.11
伝統的結婚観	0.08	0.16**
モデルの有意水準	F値＝4.03***	F値＝2.68**
決定係数	0.12(0.09)	0.08(0.05)

***は1％水準で有意、**は5％水準で有意、*は10％水準で有意
（　）の数字は修正決定係数を表す

3.6 分析結果のまとめ

以上の分析結果を整理すると、次の5点に集約される。

第一に、すでにいる子どもの数によって追加出生意欲に影響を及ぼす要因は男女共に異なる。したがって、出生意欲の促進・阻害要因をひとくくりにすることはできず、子育てに関する家族政策を展開する上で、第何子の出生であるのか、を区別してきめ細かな対応を行う必要がある。

残りの4点については、分析に先立って構築した仮説に沿って整理する。第二に、出生意欲を規定する要因は性別によって異なり、男女がそれぞれ既存の性別役割分業システムの中で割り当てられている性別役割を前提として、子どもをもつ／もたないという選択を行っているという第一仮説はおおむね支持された。具体的な根拠は、次の通りである。まだ子どものいない男性の出生意欲には年収、すでに子どものいる男性の追加出生意欲には生活設計志向が有意な効果をもつが女性についてはこれらの効果はみられないこと、逆に、女性では就業が2人目以降の追加出生意欲を規定するが、男性では妻の就業は有意な効果をもたない。

母親の子育て負担が大きい現状では、女性についてのみ個人主義志向が出生意欲を阻害するという第二仮説については、2人目以降を産もうとするかどうかの出生意欲について成立することが確認された。分析結果は、「個人としての時間を大切にしたい」という個人主義志向の強い女性は、1人目の子どもは育ててみたけれど2人目以降については消極的になっている状況を示している。

価値観の多様化が出生意欲に及ぼす影響に関する第三仮説についても、「結婚しても必ずしも子どもをもつ必要はない」という非伝統的価値観をもつ男女は出生意欲が有意に低いことが確認されたことから(まだ子どもをもっていない人々の出生意欲については男女共に、すでに2人の子どもがいる人々の出生意欲については男性のみ)、支持されたと言えるだろう。特に、まだ子どもをもっていない人々の出生意欲に対しては価値観の影響が非常に大きい、という結果が示されている。

第五に、当然のことではあるが、コントロール変数として加えた年齢も大きな影響力をもつことが明らかになった。女性では一貫して年齢の高さは出生意

欲を低め、男性についても第二子以降の追加出生意欲で同様の効果がみられることから、晩婚化が結果的に出生数を低下させる可能性が確認されたと言えるだろう。

本章では現在の子ども数別に分析を行っているため、各モデルで利用できるサンプル数は少ないという制約はあるものの、これらの結果には、「子どもをもつ／もたない」という選択に固定的な性別役割分業のあり方が色濃く反映されている現状が示されている。

最後に、仮説から離れて、男性の出生意欲には妻の就業は有意な効果をもたず、同様に、女性の出生意欲には夫の年収は有意な効果をもたない、という結果について若干の考察を行いたい。第一仮説が実証的に成立していることと併せて考えるならば、男女共に自らに期待されている性別役割に基づいて出生意欲が規定されている、踏み込んだ表現を用いるならば、自分の果たすべき役割にのみ目がいっておりパートナーの役割遂行能力は考慮されていないことを示している、という可能性も考えられる。ここでの限られた分析では本格的な検討は難しいが、子育てを行うために必要となる機能をカップルとして備えているか、というトータルな判断がなされず、パートナーとして子育てを共同で行う、という意識が不足しているのかもしれない。日本の合計特殊出生率が低下している背景には、未婚率の上昇や固定的な性別役割分業のほかに、夫婦が一つの単位としてお互いに配慮しあうパートナーシップの不足といった要因も考えられる。

4　子どもをもたないという選択

前節での分析の結果、子どもを中心に据えて結婚を考える伝統的結婚観が出生意欲に一定の影響を及ぼしており、特に、まだ子どもをもっていない人々の出生意欲に与える影響が大きいことが明らかとなった。この効果は男女に共通してみられるものだが、出産・育児を担うのは女性であり、日本の既婚女性のアイデンティティのかなりの部分を母親役割が占めている現状では、「結婚後子どもをもたない」という選択が個人に与える影響は男性以上に女性でより大きいと考えられる。また、現状では少数派にとどまる「結婚後子どもを産まな

い女性たち」が感じる葛藤やプレッシャーの中に、日本の性別役割分業がもつ構造的な問題が集約されている面もあると考えられる。

そこで、本節では、子どもをもたないという状況に至るプロセスをより詳細に明らかにするため、結婚後子どもを産んでいない女性5人（事実婚1人を含む）を対象に1999年3月に東京で行ったグループ・インタビューをもとに考察する。年齢は皆30代半ばであり、結婚後3～11年が経過している。全員が夫との2人暮らしである（5人の職業など詳細は巻末の資料3を参照のこと）。

機縁法で対象者を選んでおり、また、人数も少ないことからここで得られた結果の一般化可能性についてはおのずと限界はあるが、類似の先行研究がまだ乏しい状況であることから、計量分析で得られた知見をより具体的に理解するための一つの手がかりとして実施した。

計量分析の結果から「結婚しても必ずしも子どもをもたなくてもよい」という価値観が結婚後も子どもをもたない状況を基本的には方向づけていることが推測されるが、その他にどのような要因が介在しているのかも検討するため、まず最初に、子どもをもたない状況に至る背景について話を聞いた。その中で、自分の価値観に基づいて選択的に子どもを産まない場合と、そうではない場合に分かれることが確認された。さらに、子育てイメージ、人生プランにおける子育ての位置、親子関係の葛藤について話を聞いた。

今回のインタビューは価値観に焦点を絞っているが、価値観の多様性は話の内容だけではなく、女性たち自身が用いる言葉や表現から感じ取れる部分も小さくないと思われるので、冗長にならないように配慮しつつ、筆者が重要と判断した箇所についてはできる限り生の声を引用する方針を採用する。また、各々の発言から読者が立体的にイメージを構成できるように、発言者を明示する形で引用する。

4.1 子どもを産まない背景

まず最初に、子どもを産んでいない背景について話を聞いた。5人のうち2人は明確に「子どもは欲しくない」という価値観に基づく選択だという。Aさん（36歳）は高校生の頃に「子どもは要らない」という価値観をもつようになり、それを実行しているという。事実婚を4年続けているEさん（34歳）も子

第7章　既婚男女の出生意欲にみられるジェンダー構造

どもはどちらかというと怖い存在だと感じており、まだやりたいこともあるし、好きなことをやって自分自身が成長していくにはお金も時間もかかるので子育てには手がまわらないだろう、と感じている。

選択的に子どもをもたない2人とは対照的に、結婚4年目のCさん（37歳）は、「中途半端な感じで、不妊がちというのがありまして、頑張って不妊治療を必死にやればできないわけではないんだけれども、でも、そんなことをする気はないという、ちょっと微妙なんですけれども」と現状を語る。

結婚した当初は子どもは要らないと思っていたものの、結婚後7年が過ぎた現在は迷っているというBさん（36歳）は次のように語る。

> 「子どものいない人というのは、他の人からみると、全然要らないわという人と、すごく欲しくて不妊治療しているのよという人に二極分化しているようにみられている気がするんですよ。私なんかはフワフワワッときちゃったところはあるし、今もはっきり要らないとは思わないし、不妊治療ですごく痛い思いをしてまで欲しいとも思わない。だから、こういうふうにパッカリ2つに分けて考えられると、困るとは思わないけれど、ちょっと嫌な感じをもっているんですよね」

結婚して3年が過ぎたDさん（35歳）も次のように話す。

> 「私もその中間タイプというか。人から『何でいないの』と言われると、すごく返事に困る。初めて会った人に『結婚何年目？』と聞かれて、『2、3年が過ぎたかな』と答えると、『子どもは？』って必ず聞かれるし、聞かれること自体が最近すごく嫌だなって思うところがある。『今はいないけど』と言葉を濁して。やっぱりどっちかに決めなくちゃいけないというようなみんなの見方があるみたいで」

選択的に子どもを産まないAさんとEさんにさらに詳しく話を聞いた。

Aさんには4歳の子どもを育てている1歳下の妹がいる。近所に住んでいることもあり、保育園の送り迎えをしたりなど、Aさんも子育てを手伝っている。その経験を通じて、「子ども自体がそんなにおもしろくないとは思わないけれども、夫婦2人の生活で何も悪くないのでこの生活を変えたくない」と思っている。その理由として、大人同士の関係性とは異なり、嫌になったからといって子どもとの関係を絶つことができない（できそうもない）という「恐怖感」

4 子どもをもたないという選択

が大きい、と話す。また、子どもを介して他の母親とかかわりをもつこと等も逃れられない「拘束」と感じる。Aさんにとって、「子育てとは子どもの時間にすべてをあわせなくてはいけないこと」というイメージである。Eさんも「子どもって、自分のすべてを食い尽くしてしまうエイリアンのような気がしてしまって怖い」と語る。

妊娠を想像すると、Aさんは、「自分とは別の人格である人が、10カ月お腹の中にいるだけで、もうゾーッとする。本当に別の人という感じがするんですよ」と話し、Eさんも同様に、「別の生き物がお腹の中で着々と大きくなっていくのかと思うと、映画のエイリアンを思い出しちゃいますね」と話す。

ここには、近代社会が前提としてきた子どもを中心とした家族のあり方を否定する価値観が示されている。近代家族の枠組みでは、子どもには手間とお金をかけて、愛情をたっぷりと注ぐことが期待されるが（落合、1989）、それを現実のものとするために、子育て中の女性たちは他の何者であるよりも母親になることを強く要請される。それは日々の生活において、「他の何よりも子どもを優先させる態度」「子どものために他の大人ともうまく付き合っていく努力」「やりたいことを我慢して、自分の時間やエネルギーを子どもの成長に注ぐ生き方」の実践を要求する。それに対する違和感や反発が、現代女性の一部には確実に存在しており、それが少子化の一端を担っている可能性が考えられる。また、親と子をあくまでも独立した別個の存在ととらえる見方が「別の人格」「別の生き物」といった表現の中に明確に示されている点も興味深い。

選択として子どもをもたない女性と、そうではない女性の2つに大別されることが明らかになったが、彼女たちの子育てイメージとはどのようなものなのだろうか。この点について、4.2節、4.3節で検討する。

4.2 仕事との両立の困難

選択的に子どもを望まないAさん、Eさんだけではなく、他の3人にとっても、子育てのイメージは否定的である。

地方公務員のEさんは、職場で子育てをしながら働く女性をみて、「悲惨」というイメージをもったと話す。

「子どもをもって、それで働いている女の人って、みんな悲惨という感じ

はしますよね、どうしても。というのは、どんな学歴をもった女の人でも、結局母親役割に押し込まれちゃうから。東大出身の女性がいて、おそらく能力もあるんだろうけど、それでも、子どもの方に逃げ込んでしまう部分もあって、絶対に仕事にエネルギーを割かなくなってくるというのもあるし。他方で、女性で子どもをもって産休をとって、例えば、それが2人とか3人とかになっていったら、絶対に出世しなくなるんですよ。子どもをもって、なおかつある程度の役職に就いている女性なんてみたことがない。だいたい役職に就いている女性は、子どもがいない人か、結婚していない人のどちらかですね。女性の側が疲れちゃって嫌になるという部分も大きいと思うけれど、でも、やっぱりそういう女性を評価していないというのがすごく大きいですよね。要するに、仕事に滅私奉公してこないんだから出世はあきらめなよ、みたいな暗黙の了解というのか」

現在はパートタイムだがかつて民間企業で働いた経験をもつCさんも、当時を振り返り、次のように語る。

「結婚しても働き続ける、子どもができても働き続けるという先輩をみていて、羨ましいと思ったことはないです。何と悲惨なかわいそうな先輩なんだろうって。例えば、保育園に走らなきゃとか、子どもが熱を出しているとか、困ってばっかりいる先を行く先輩をみて、私もあれに続かなきゃと思ったことは一度もない。ああはなりたくないというほうが絶対に大きかった。(略) ちょっと前に読んだ報告書か何かで、女性に仕事もさせてあげましょう、保育所もなるべく増やしてあげましょうというような話が書いてあったけれども、『じゃあ、何、全部女性がやるわけ』っていうふうに、あれはとってもずれてるなって思ったんです。正直なところ」

Cさんと同様に民間企業で働いていたときに、子育てをしながら働き続けている先輩をまのあたりにしたDさんも、「すごく頑張っているというのが表面に出ていて、女性からみても『なんか悲惨だな』という、あそこまでいかないで、自然体で育児ができて、仕事も続けていけたらいいのに」と感じたという。

4.3 画一的な母親像への反発

このような仕事との両立の困難だけではなく、子どもをもつことで画一的な

母親像に押し込められることへの反発や違和感も語られた。Bさんは次のように語る。

「友達をみていて思うのですが、いわゆるお母さんの『ステレオタイプ』というのがガッチリ決まっているような気がするんです。私の友達はほとんど専業主婦なので、お母さんと一緒にビデオ見てというように、みんな同じパターンにみえちゃうんですよ。幼稚園バスを待っているお母さんの塊とか、毎日、毎日、幼稚園のお弁当を作っているとか。だから、子どもはいいと思うんだけれど、みんなあの幼稚園バスを待っているお母さんになっちゃうのかって思うと、ちょっと何か違うなという感じはあるんですよ、正直言って」

Dさんは、母親役割に限らず、日本社会が暗黙のうちに想定している理想的な家族像に対しても疑問を投げかける。

「日本には、何か標準タイプというのがあって、旦那さんがお仕事をして、お母さんは幼稚園のバスにバイバイという感じで、それにちょっとでも外れると、標準から外れると排除するみたいな、そういうところがたぶんあるんですよ。(略)子どもがいてもいなくても当たり前、というふうになってもらいたいなという気はします。それが当たり前になっちゃえば、逆に産んでしまうのかもしれないなという気はします」

事実婚のEさんは、制度的な結婚をした場合を想定して次のように語る。

「結婚した途端に『子どもはどうするの？』って言われちゃうんだろうなという気はしますよね。日本はそういう幅がすごく狭いような気がするんですよ。家族のありかたというのが、親2人、子ども2人で、都会だったらマンションに住んで、子どもは保育園なり幼稚園なりに行って、みたいな。そういうステレオタイプ」

このようなステレオタイプは、「子どもをもつためには結婚しなければならない」という形でも表れている。Eさんの友人には、「旦那は要らないんだけれど子どもは欲しい」という人が結構いるという。オランダで「ワークシェアリング」の実態をみてきたEさんは、「もっと自由にやりたい育て方で育てられる社会というのはできないのだろうか」と感じている。

Cさんも、「産んでしまった後が怖いという気持ちがあって子どもをつくら

ない人も、手作りのお弁当を『やらないもーん』って軽く言い切って許されるような社会になれば、気軽に産めるようになるのではないのでしょうか。(略) 女性にしかできないことって妊娠と出産だけでしょ。それ以外の子育てと家事は男性と半々にしていいと思うんですよね。その分、働く方も収入の方も半分にしてもかまわないという形が実現したら、すごく自然に気楽にみんな子どもを産めるような気がしています」という意見をもっている。

「結婚したら子どもをもつのが普通」「子どもをもつためには結婚しなければおかしい」「子育ての責任は母親にある」といったような様々な規範がなくなり、多様性を認める方向に社会が変化することで、より楽な気持ちで子どもを産めるようになる可能性が指摘されている。

4.4 人生プランにおける「子育て」の位置

「子育ては仕事との両立の面でも、画一的な母親役割に押し込まれるという意味でも大変」というイメージは、女性たちの人生プランにも影響を与えている。

子育て期とキャリアの発展期が重なる時間資源のトレードオフについて、Eさんは次のように語る。

> 「少なくとも子どもが幼稚園や保育園に通っている間とか、小学校低学年ぐらいまでは、なんだかんだって、突然熱出したとかって呼び出されて、産んでから6、7年は子どもに拘束されている状態じゃないですか。間違って2人産んじゃったら10年近く拘束されちゃいますね。逆に、その年代にあたる30代くらいって仕事の面でもやりたいこととか、いろいろチャレンジできる年代なのに、そこにも割けなくなっちゃう。(略) 男の人で育児休業をとった人、私、身近でまだ1人もみたことないですから。うちは産んでから1年休めることになっているんですけれど。やっぱり2人で育てるというよりも、1人で育てることになる」

子育てと仕事のトレードオフが女性にだけ切実な問題であることへの不満が語られているが、そもそも職場でやりがいのある仕事を与えられないために、1つの逃げ道として出産に踏み切る女性たちの姿をAさんは次のように話す。

> 「保育園を充実すれば子どもは産まれると言われているけど、私、あれは

絶対おかしいと思う。私の友達でも、会社に残っていても道がないから結婚して子どもを産むっていう人が結構いたんですよ。でもプライドがあるから、会社が嫌になったから結婚しますと言えないんですよね。だから、結婚か出産をきっかけに辞める。でも、もうその前に会社に居場所がないんです。だから、保育園なんてつくったってしようがないんですよね。そんなことまでやって働こうと思わない」

このような一種の「逃げとしての出産や子育て」は、自分が積極的に望んだり選択した出産や子育てではないだけに、育児の負担感をより高める条件となるだろう。また、Cさんが指摘するように、「夫が育児をしなくても社会的に許される状況」に対する不満を高めてもいると考えられる。

「結婚して子どもができちゃった人から、『いいな、気楽で』と言われたことがある。彼女の話を聞いていくと、結局、子どもが産まれたらかわいいお弁当を毎日作ったりとか、そういうことを全部やらなきゃいけなくなっちゃっている。ここに来ている私たちは、それが嫌だから産まないという段階で止まっていられるけれど、産んだ人たちは、世間の言葉とか、おじいちゃん、おばあちゃんの声に負けて産んでしまったんですね。なのに、旦那は忙しいを口実に、仕事から帰ってきても、夜中に子どもがぐずると隣の部屋へ行って寝ちゃうっていうんですよね。やはり彼女は悶々としていますよね」

Cさんの発言を受けて、Eさんは、女性にとって出産が人生の1つの選択肢になりつつある状況について次のように話す。

「昔みたいに産むのが当たり前という感覚は、たぶんもうないですよね。産んだ人たちにしても、うんと若いときに産んじゃった人は別だけれど、どうしようかなっていう悩みがあって、でも、考えた挙げ句やっぱり産もうかということで産んだ人たちというのがほとんどだと思う。そういう意味では、昔とは違って、何とかそれを選んでもいいやというような段階にきたのかなという気はするんだけれど。ただ、逆に言うと、そこで、やっぱり社会の状況があまりにもちょっと息苦しいから選ばないでおこう、みたいな人も増えちゃったと思う」

個人の多様な生き方を阻むものとして社会をとらえる見方はCさんにも共有

されている。

　「個性を大事にしたいと言って子どもをつくってこれが私の育て方なんですって育てられる勇気を、今は社会が押さえつけていると思う。まだ社会の方が強いという気がすごくしてるんですよね」

現代女性が直面する悩みは、Dさんの次の言葉に集約されていると言える。

　「子どもの問題も、職業の問題とか、結婚の問題でも、女性って『どうするの？　どうするの？』って言われる。男性って何も考えずに会社員をやっていて、不況になって辞めろと言われたから転職したみたいないいかげんな感じでも、別に人から後ろ指を指されずにやっている。すごく羨ましいなって思う」

4.5　親子関係の葛藤

　前節までは、今後の人生にとって子どもをもつことがどのような意味をもつのか、という点を中心に考察を進めてきたが、インタビューの中では、親といい関係をつくれなかった経験が躊躇させる一因になっていることも語られた。

　BさんとCさんは、自分たちが体験してきた親子関係の葛藤が、子どもを積極的にもとうとしない理由の1つだろう、とそれぞれ自己分析をしている。

　「親がすごく暴力的で、とにかくすごいんですよ。それでちょっと、自分が親になるのも怖いです。自分が守ってあげられるのかとかね」(Bさん)

　「私は親との関係がとても悪くて、子どもが怖い、子どもは絶対に嫌いと感じています。自分の子どもという概念はなかったんですね。だから、他の人とは違うだろうなと思いながらこのインタビューに来たんですが、今こうやってお話を伺っていて、同じような感覚をもっている方がかなり多いですね」(Cさん)

　Eさんの場合、母親が子育てのためにした我慢や断念の矛先が自分や弟に向けられて息苦しかった感覚が大きな影響を及ぼしていると語る。

　「たぶん私たちの世代の親って、専業主婦の走りというか、都会で生活している人たちで、専業主婦でお家にいて当たり前みたいな感じになってきてしばらくたった頃の世代という気がするんだけれども、そういう世代の女の人の恨みを自分たちは一身に受けたみたいな気はしますね。(略)子

どもによって断ち切られたということがすごくあるんですよ、どこかにね。たぶん、そういうのが自分たちに跳ね返ってくるんですよね、私たちのほうに。(略) 自分たちが達成できなかった力の表現みたいなものをわれわれのほうに向けてこられて、すごく苦しい子ども時代だったなという気がしますよね。じゃあ、その間、父親は何していたのかというと、父親は何もないのと同じようなかかわりだったから。母親だけに還元しちゃいけないんだけれど」

Cさんも母親の人生を振り返り、次のように語る。

「やっぱり一番苦しかったのは母親なんだろうなあって。母親は経済的に苦しくて、女四人姉妹でみんな高校がやっとという感じで、結婚して、当然すぐ子どもを産んで、子どもオンリーという感じ。すべては子どものために犠牲にします、と生きてきて。だから、私と妹がプイと横を向いちゃったら、もうガタガタってなっちゃうような、そういう典型的な親なんですね。やっぱりすごく重たいですよね。そういう親の世代って一番かわいそうだったんじゃないかなって思うんです。(略) 無意識のうちに私たちはそういう親の思いを背負い込んでいて、自分の子どももてない状況になっている人がいっぱいいるんじゃないかなって、本当にしつこいんですけれども、最近思いますね」

現在、日本の子育ては、長期にわたって母親を時間的にも、精神的・肉体的にも拘束する負担の重いものとなっている。このような状況は、母親世代がすでに経験してきたことでもある。母親世代がやりたいことをあきらめて子育てを優先させてきた過程で味わった「自分の人生を犠牲にしたやるせなさ」が子どもに向かい、子どもの立場で苦い思いを感じてきた経験が、子どもをもつことを躊躇させる、という連鎖がここに示されている。

4.6 グループ・インタビューのまとめ

子どもを積極的にもとうとしない要因として、インタビューから浮かび上がってきたのは、次の3点である。

第一に、選択的に子どもをもたない女性の中では、子どもの存在そのものに対する否定的イメージがある。自分が嫌いになったからといって子どもや子ど

もを取り囲む大人との関係を断ち切れない拘束感や恐怖感が、意識的に子どもをもたない選択の一因となっている。

第二に、選択的・非選択的という理由にかかわらず、子どものいない女性の中では、「子どものいる生活や人生」に対して肯定的イメージが共有されていない。具体的には、「仕事との両立で時間的に悲惨な状況になるのは嫌だ」「画一的な家族像や母親像へ閉じ込められるのはつらい」といった形で表現されている。

第三に、これら2つの要因の原因にもなっているものだが、いい親子関係をもてなかった経験が「親になること」に対する否定的イメージを女性たちに与えており、「親になったときにもしかしたら自分も子どもに同じことをしてしまうかもしれない」「子どもにあの苦しみを与えたくない」といった思いが、積極的に子どもをもとうとしない態度につながっている。

5　結論と提言
――求められる脱性別役割分業システム――

晩婚化を推し進めてきた世代の男女がこれまで通りに、結婚すれば子どもをもとうとする出生行動をとるのか、という問題に関して「出生意欲」を取り上げ、計量分析とグループ・インタビューによって考察してきた。全体を通じて明らかになった結論は次の3点である。

第一に、人々は既存の性別役割分業システムを前提に出生の意思決定を行っている。男性では主に自分の年収を基準として経済役割を果たせるか否か、女性では自分が育児役割を果たせるか否かという判断に基づいて出生意欲の水準が規定されている。また、育児の責任は母親にある、とする社会の期待は子育てに対するマイナスイメージを出産前の女性たちに与えており、子どもをもつことに対して消極的な姿勢をもたらしている。

第二に、このシステムは女性にとって負担の重いものとして認識されており、育児の負担感が様々な形で出生意欲を抑えている。例えば、1人目の子どもを産んだ有職女性は2人目以降を産もうとする意欲が低く、「個人としての時間を大切にしたい」という個人主義志向をもつ女性は2人目以降の出産に消極的

である。このような負担感は、結婚はしても子どもをもつことを回避する生き方にもつながっていると考えられる。

　見逃せないのは、インタビューの中で複数の参加者から指摘されたように、女性たちの母親世代がすでに自分のやりたいことを犠牲にして子育てをした体験をもっているために親になることを肯定的にとらえられない、という世代にまたがる問題が存在している点である。出産や子育てをしながらも個人が生きがいをもって生きていける社会を実現できなければ、そのつけがいろいろな形で次世代に持ち越されしまう問題が示されている。

　第三に、子どもや家族をめぐる価値観は多様化しており、「結婚しても必ずしも子どもをもつ必要はない」という価値観をもつ人々は出生意欲が低く、また、子どもに対して否定的なイメージが強い場合には意識的に出産が回避されている。特に女性は子育てによって長期間、時間的・心理的・物理的に拘束されるため、個人主義志向が高い女性や仕事での自己実現を目指す女性は、子どもをもつことに消極的である。

　これらの結論を総合的に考えると、女性の価値観や望む生き方が多様化しているにもかかわらず、様々な社会制度は今なお性別役割分業を前提としているために、個人の希望と社会の諸制度が対応していない状況にあると言えるだろう。現在進行中の少子化は、戦後の日本の家族を特徴づけてきた「性別役割分業」や「画一的な家族像」に対する反発という側面を有しており、多様な個人を画一的な生き方に押し込められることへの息苦しさや疑問が、子どもを産み育てることへの懐疑的な態度につながっていると考えられる。個人に限られた選択肢しか認めないシステムは、インタビューの中で繰り返し語られたように、次世代に負の遺産として受け継がれるリスクをも伴っている。

　このような問題の解決には、時間のかかることであるが、「ジェンダー・システム」の解体が必要である。社会的文化的に形成された性差を前提として構築されている社会システム一般をジェンダー・システムという概念でとらえると、少子化にかかわっては、①男性は市場労働、女性は家庭内再生産労働に従事するという労働の分業パターンにかかわる「性別役割分業」と、②社会が個人に対し、ジェンダーに基づいて望ましい生き方として提示する「性役割規範」の２つが大きな影響を及ぼしていると考えられる。

①に関しては、公的な労働領域では男性を基幹労働力と位置づけ、終身雇用制や年功序列制などで男性を通じて家族の経済的安定を図る仕組みがあり、私的な家内領域では、女性が家事や子育て、看病、介護を担うという分業が戦後長らく続いてきた。このように役割が性別に応じて固定的に決められている状況は、本稿で明らかになったように、女性個人の人生を制約する抑圧的な面をもつものとして疑問が投げかけられていると同時に、長引く不況や構造改革の影響によって、リスクの高いものへと変質している。

②に関しては、「夫は外で働き、妻は家庭を守るべきだ」「女性は子どもを産んでこそ一人前である」などといったジェンダーに基づく価値観が基準となり、そこから逸脱した家族のあり方には否定的評価が加えられる現状がある。インタビューでは「結婚すれば子どもがいるのが当たり前」という社会規範の下で、「夫婦関係がもろい」と思われたり、「子どもを産んで育てて一人前よ」という言葉を投げかけられて傷ついた経験が語られた。

子どもをもつか否かだけではなく、個人の多様な選択を認める方向に社会全体が変化しなければ、子どもをもとうとする意欲は今後も下がり続ける可能性があるだろう。なお、子どもを欲しいと思っても仕事との両立や、1人で子育てをする難しさから躊躇する女性たちもいる。このような、育児負担の解消にかかわる問題については、次章で検討したい。

注

1) 1997年に実施された「第11回出生動向基本調査（夫婦調査）」の結果によれば、92年実施の前回調査と比較すると、5年間で既婚女性が個人を重視する価値観が強まっていることが確認されている［国立社会保障・人口問題研究所、1998］。

2) この他に、夫婦の育児分担状況に関する変数を分析に含めたモデルも検討したが、有意な効果は男女共にみられなかった。選択肢は「すべて妻が行う」、「主に妻が行うが、夫も頼まれると育児を手伝う」、「主に妻が行うが、夫も自ら進んで育児を手伝う」、「夫も妻も同じ程度育児を行う」、「主に夫が行うが、妻も自ら進んで育児を行う」、「主に夫が行うが、妻も頼まれると育児を手伝う」、「すべて夫が行う」の7段階であるが、「夫も妻も同じ程度育児を行う」～「すべて夫が行う」の4カテゴリーをあわせても全体で5％未満であり、ど

の家庭でも妻が育児の大半を担っている割合が極めて高く、もともとの分散が小さいために有意な差がみられなかったと推測される。実際、次章の子育て中の母親を対象としたグループ・インタビューの中でも、育児の大部分を妻が行っている現状が浮き彫りになっている。なお、重回帰分析に関する解説は巻末の資料4を参照のこと。

第8章

育児コストの地域差と社会的支援

岩間暁子

1 はじめに

1人の女性が一生涯に産む子ども数をあらわす合計特殊出生率（TFR）は、表8-1に示すように、都道府県によってかなり違いがみられる。沖縄や東北地方などでは全国レベルの1.32人を上回るが、首都圏を中心に都市部では大幅に下回っている。未婚や既婚といった婚姻上の地位にかかわりなく、すべての女性を対象に計算される合計特殊出生率は、結婚の枠の中で出産が行われる傾向が強い日本の場合（1999年の婚外出生率は1.55％）、未婚女性が多い地域では低くなり、少ない地域では高くなる傾向がある。しかし、それだけではなく、こ

表8-1 都道府県別合計特殊出生率（1999年）

1位	沖　縄	1.79
2位	福　島	1.63
3位	島　根	1.61
4位	山　形	1.59
5位	佐　賀	1.59
	（略）	
40位	大　阪	1.28
41位	神奈川	1.24
42位	埼　玉	1.23
43位	奈　良	1.23
44位	千　葉	1.22
45位	京　都	1.22
46位	北海道	1.20
47位	東　京	1.03

出所：国立社会保障・人口問題研究所、2000b

こには、地域による子育てコストの違い、すなわち、「合計特殊出生率は子育てコストが高い地域で低く、子育てコストが低い地域で高くなる」という関係性も反映されていると考えられる。特に、現代の子育てが主に母親によって担われている状況をふまえると、母親が負担する育児コストの高さが合計特殊出生率の低さにつながっている側面が大きいと考えられる。

　このような観点に立ち、本章は、母親の育児コストが地域によってどのように異なるのか、という実態を明らかにし、その上で、地域特性に配慮した子育て支援策のあり方とはどのようなものであるのか、を探ることを目的とする。以下の理由から、合計特殊出生率の低い地域の代表として首都圏を選び、対照的な地域の代表として山形県を選んだ。

　山形県の家族は、1990年国勢調査の結果によると、①三世代同居率が31.6%と47都道府県中最も高い、②核家族世帯率が45.9%と最も少ない、③平均世帯人員が3.69人と最も多い、という特徴をもつ（藤井、1997）。いずれも首都圏の家族とは対照的な特徴であり、山形県の家族が日本の三世代家族（直系家族）に関する実証研究の対象として、頻繁に取り上げられてきた特徴を今なお有していることがうかがえる。近年では子育てを社会全体で支援しようとする取り組みが試みられているものの、主たる責任が家庭、特に母親に割り当てられている状況は基本的に変わりはなく、このような地域によって異なる家族形態の違いが母親の子育てコストに具体的にどのような影響を及ぼしているのか、は興味深い課題である。

　以下では両地域の母親を対象にグループ・インタビューを実施し、その結果を比較しながら考察を進める。

2　グループ・インタビューの概要

　1999年3月〜4月にかけて首都圏在住の母親を対象に2回のグループ・インタビュー、山形県A市在住の母親を対象に1回のグループ・インタビューを実施した（参加者の年齢などの基本的プロフィールについては巻末の資料3を参照のこと）。首都圏インタビューの対象者については、3歳以下の子ども1人をもつ既婚女性にそろえてある。

第 8 章　育児コストの地域差と社会的支援

　首都圏の夫婦の（追加）出生意欲がどのような要因によって規定されるのかを分析した結果から（詳細は前章を参照）、すでに子どもが 1 人いる既婚女性が今後欲しい子ども数は、「職業の有無」、「個人主義志向性」によって規定されるという知見が得られたことを踏まえ、「子育ての状況」や「子育ての悩み」のほかに、「職業と子育てにかかわるライフプラン」、「自己実現志向」などについても話を聞き、これらの要因が追加出生を考える際に具体的にどのように影響を及ぼしているのか、を検討する。

　首都圏で先にインタビューを行い、首都圏の子育て環境と比較できるように考慮しながら A 市でインタビューを実施した。インタビューに先立って、職業や家族構成などの現状について調査票に記入してもらい、それらの情報を参考にしながら約 2 時間にわたって話を聞いた。

　インタビュー参加者は機縁法で選ばれており、参加者がその地域の母親の特性を備えた代表性を有しているという点は保証されていない。したがって、ここで得られた知見の一般化可能性に関しては限られた有効性しかもちえないが、友人の状況、配偶者の価値観や出産・子育てへのかかわりなどについても話を聞き、これらも含めて各対象者が置かれた状況をできるだけ総合的に考察することによって、子育てコストの地域差について大まかな傾向を把握できるよう努めたい。

　山形県の参加者のうち、残念ながら、三世代同居で暮らしている対象者は 1 人しかおらず、厳密な同居という観点からみると山形県の家族の特徴を反映していないが、いずれの対象者も徒歩あるいは車で15分以内のところに実家があり、後述するように、全員が日常的に実家から子育てをサポートしてもらっていることを考えると、子育てに関してはほぼ同居に近い状況にあると判断できるだろう。これは、首都圏の女性たちとは対照的な子育て環境である。

　以下では、3 回のグループ・インタビューに基づき、子育ての実態や悩み、女性の志向性などに関する地域差について、内容別に検討する。

3　子育ての地域差
　　──「夫の子育て参加」と「親族からの子育て援助」──

3.1　子育ての実態

　首都圏インタビューの参加者はすべて核家族で暮らしており、子育てに関する夫婦の役割は、純粋な性別役割分業型であった。妻の職業の有無に関係なく、平日は夫の帰宅が遅いため、妻が1人で家事や子育てにあたり、夫は時間がある休日に遊び相手をしたり、お風呂に入れるというパターンである。育児休業を終えて仕事に復帰した女性2人は、次のような生活を送っている。

　フルタイムで週40時間働くEさんの会社は、民間企業の中ではかなり子育て支援の制度が進んでいる。企業内保育所があり（通常は18時、最長で19時まで預かってもらえる）、育児休業も最長で2年近く取れる。Eさんの部署は全面的にフレックスタイムを採用しているため、月に150時間という勤務時間を満たせばどのように時間を使おうと個人の判断に委ねられている。このように会社が子育て支援を積極的に行っているという恵まれた条件下でも、夫が朝7時半に家を出て、夜中の2時、3時に帰宅という生活であるため、「分担をしてほしくても気の毒で頼めない」状況があり、育児の負担は大きいと話す。子どもがひどい風邪をひいて1週間保育園に預けられなかったときには、自分が3日間の休暇をとり、夫に無理を言って半日の休暇をとってもらい、残りの2日間は仙台にある自分の実家から母親に新幹線で来てもらってしのいだ、という経験をもつ。また、平日は自分のことは5分、10分のことすらできず、新聞を読むこともままならない「ぜい肉がそぎ落とされた生活」と感じている。

　1年間の育児休業を経てもとの職場に復帰し、現在は契約社員として週に30時間働くAさんは（本人の希望で出産後に契約社員になったが、いつでも正社員に戻ることが可能）、家庭的雰囲気のあるところに預けたいという希望をもっていたため、保育園ではなく、区の家庭福祉員の制度を利用している。夫は、徒歩圏内にある夫の実家（自営業）で働いているため、サラリーマン世帯に比べると時間の融通をつけやすく、夫も比較的育児に参加しているものの、「仕事

第8章　育児コストの地域差と社会的支援

に復帰しても満足な仕事ができない」という悩みを抱えている。「仕事に復帰しても満足な仕事ができないというのが常にイライラの原因になっています。子育てでも中途半端だなという気もするし、主婦としても中途半端な仕事しかできないし、仕事の場でもしょっちゅう熱を出したとかいうふうなお迎えの話がありますから、どの役割においても自分は中途半端なような気がして、この点は非常に悩みます」と話す。

徒歩圏内に夫の実家があるAさんを除いて、日常的に親に育児を手伝ってもらっている女性はいない。山形県のインタビュー対象者とは異なり、近くても電車で1時間程度かかるところに実家がある場合が多いため、日常的なサポートが得にくいのは当然とも言えるが、それだけではなく、そもそも親子関係の中に「娘（嫁）の子育てを助ける」というパターンが組み込まれていないようにみえる。遊びに行くことはあっても、子どもの面倒をみてもらうことはないという。そのため、「できる限り自分1人で対応しなければ」という意識で育児をしている女性が多い。

例えばFさんは、「近くに手を貸してもらえるような人がいないために、自分の体調が悪くなる時が一番怖くて、ちょっとでも頭が痛いと薬を飲んで、ちょっと鼻水が出てもすぐ薬を飲んだりというように、私のほうがすごく気をつけるようになりました。私が倒れたらダメだという意識があるので、そういう癖がつきました」と話す。

このように首都圏では母親1人で子育てをしている状況があるのに対し、山形県の場合には、夫の帰宅時間は首都圏よりも早く（19時頃までには帰宅するという人が多い）、全般的には、夫が家事や育児に積極的に参加している傾向がみられる。また、インタビューに参加した女性たちは親族から日常的に子育て援助を期待できる環境がある。全員が徒歩圏内に夫婦どちらかの実家があり、しかも母親の他に祖父母など複数の人手があることも多く、日常的に面倒をみてもらいやすい。どちらかといえば気兼ねなく預けることはできるのは自分の実家だが、夫の実家でも「かわいい孫が来た」と喜んで面倒をみてくれる。そのため、「知らない人に預けるファミリーサポート事業はあれば便利だと思うけれど、わざわざ自分が利用しようとは思わない」という意見が大半を占めた。実際、首都圏ではベビーシッターサービスを用意してインタビューを実施した

が、山形県では実家に預けたり、自宅に来て面倒をみてもらえるため、このサービスを希望する女性はいなかった。

首都圏のインタビューで唯一、夫の実家が近くにあり、子どもの面倒をみてもらえるAさんは、「私は他の方と比べると比較的楽な育児をしていて、いろいろな人の手を借りてやっているので、ストレスを感じることなくやっています。夫婦2人だけでやっていらっしゃる人と比べて考えると、いろいろな人の手を借りるというのがやっぱり一番なんだろうなというふうに思います」と話す。

3.2 子育ての悩み

首都圏では母親1人に子育ての責任がずしりとのしかかる状況があるのに対し、山形県では夫や実家からの手助けを日常的に受けながら子育てをしている。このような子育て環境の地域差を反映し、子育ての悩みについても地域差がみられる。

首都圏のインタビューでは、子育て中の悩みとして「孤立感」を挙げる人が非常に多い。

「孤立感を何となく感じました。時々ですが。わりと周りがまだ独身で仕事をしている人が多くて、子どもが小さいと友達にも会いに行けないですよね。電話では話すけれど、なかなか仲のよい友達にも会えなくて、ちょっと寂しいなと思うときもありました」

「子どもがお座りもできない6カ月ぐらいまでの小さい頃は外に出られないので、特に閉鎖感というのも感じました。雪が続いたり、雨が続いたりすると簡単に出られなくて。(略)1人目だからのせいもあると思いますが。あと、私の性格もあると思いますけれど、ちょっと神経質ぎみになって、寝ていても生きているかなとか、そういうぐらい気になっちゃって。だから、寝ていても、いつも神経を使っていて、それでよけい出られないと、孤立感を感じてしまって。春にならないと、子どもが風邪をひくのが怖くて出かけられなかった」

郊外に住んでいるDさんは、「孤立感が一番問題だと思うんですよ。育児中、子どもがいて絶対に外に出られないから。預けようにも預けられるところがそ

う簡単にはないし、あっても高かったりする。ないことはないんですけど、3時間以上で8000円なんて払えない」と話し、インターネットで知り合った「ネット友達」とのやりとりで孤立感を解消している一例を次のように紹介する。

「子どもがインフルエンザになったときに、病院で『インフルエンザB型です』って言われてもよくわからなかった。A型はいっぱい載っているのに、B型ってほとんど載っていなくて、B型って何だろうって思って、メールで『B型って何ですか』と聞くと、誰かが教えてくれる。『頑張ってね』とか言われて、『はーい、頑張ります』なんて返事を出して。看病している横にパソコンでこういうメールのやりとりをウトウトしながらやっています」

このように先に実施した首都圏インタビューでは孤立感を訴える女性が多かったので、比較のために山形県でも孤立感について質問をしたところ、共働き家庭が多い集合住宅に住む女性は「寂しさを感じる」と答えたが、他の女性たちからは、「公園などに出かければ同じように子どもを連れた母親がいて自然と友達ができるので、孤立感を感じることはない」という答えが返ってきた。実家との結びつきが強いため、生後まもない外出が難しい時期にも孤立感を感じることなく対処できる面も大きいのだろう。離婚をしたMさんはすでに実家の両親は亡くなっているが、叔母など他の親族からサポートを受けられる状況にある。

良好な夫婦関係によって夫が自分を理解してくれるという感覚をもてることで育児不安が軽減されることが明らかにされているが（大日向、1988）、そのことを具体的に裏づけるケースが山形県のインタビューではみられた。家事や育児を含めて夫とのコミュニケーションが活発なJさんは、現在は2人の子どもを楽しみながら育てているそうだが、2人目を産んだ直後に極度の疲労感に襲われると同時に将来の経済的負担も頭をよぎり、精神的にひどく追い詰められたが、夫との話し合いで乗り切ることができたと話す。

このように、実家や夫の手助けを借りながらの育児は、母親の「物理的コスト」だけではなく、「心理的コスト」をも軽減する効果をもっている。この他に母親の心理的コストを軽減する効果をもつものとして、現在実際に母親として子育てをしている友人の存在がある。首都圏のグループ・インタビューで孤

立感を訴えたFさんは、「子育てについて具体的なことだけではなく、もうちょっと深いところで話し合えたり、特に悩み事があるというわけではないけれど本音で相談できたり話し合いができるという人が周りにいないので、そういう人が欲しいと思います。ずっと朝から晩まで子どもと2人でいると、ちょっとしたことでも、気になり始めると、『どうなるだろう、どうなんだろう、どうなんだろう』と考え込んでしまう。『大丈夫よ』ってもし、声をかけていただいたら、それだけでスッキリするということがよくあるので、欲しいですね、相談できる方が」と話す。他の女性についても、困ったときに相談する相手は、実家の母親もしくは自分の姉妹に限られており、その都度わざわざ電話をして尋ねる状況だという。

　山形県のグループ・インタビューに参加したMさんの場合、身近に気軽に相談できる人がいるおかげで孤立感を感じずにすむ現状について、「1、2年先に出産を経験した先輩お母さんというのが大事で、そういう人の話を聞く機会があるので、親戚に深刻な電話をしなくてすんでいます。今時のことを教えてくれるというのがありがたいです。お医者さんの言うことも時代とともに変わるし、オムツでも何でも変わっていく。そういう今時の情報を『こうだよ』って教えてくださる先輩お母さんはとてもありがたいです」と話す。

　以上の話を総合すると、夫の育児参加、実家を中心とした親族サポート、母親ネットワークといったいずれの面に関しても大まかな傾向として山形県のほうが、相対的には首都圏よりも母親の孤立感を軽減する環境にある[1]。

4　追加出生における問題の地域差

4.1　育児を1人で担えるかに悩む首都圏の女性たち

　子育て実態にみられる地域差は、もう1人産もうとする際に立ちはだかる問題にも違いをもたらしている。

　首都圏インタビューからは、「孤立感や閉鎖感と向き合いながら1人で子育てにあたる母親」という姿が浮かび上がったが、このような状況は、2人目の子どもを望んでも「1人で育児をこなしきれるのか」という大きな不安感を女

性たちに与えている。後述するように、山形県では将来の教育費を中心とした経済的負担を訴える声が圧倒的に強い点とは対照的である。

不安の内容は2つに大別される。1つは、「2、3時間の待ち時間は当たり前で、途中で出産が入ると何時に終わるかわからない、というような産婦人科での長い待ち時間に上の子が我慢できるだろうか」「上の子のお昼寝時間を確保しながら病院に通う時間を考えなければならないのが大変」「友達の子どもを見ていると、上の子がいじけないように親として気を使うのが大変そう」といったように、初めての子どもの妊娠・出産時にはなかった、「上の子どもの面倒をみながら」という事態に対応しきれるのか、といった不安。

もう1つは、夫が妊娠中も出産直後もほとんど育児に参加しなかった女性たちを中心に、「産褥シッターを安くしたらガンガンお客さんが来ると思う。2人子どもを夜お風呂に入れるなんて想像できませんよね」「子どもをお風呂へ入れて寝つかせるまで全部自分1人でやっているので、もう1回あれをやるかと思うと……」という、1人で育児総量の増加に対応できるだろうか、という不安。

生後数カ月間は寝ているか母乳を飲むかのどちらかであることが多いために父親が育児に参加しにくい面がある、と理解を示しながらも、夫が家事にも協力しなかったため、「家事負担も重くのしかかって大変だった」という率直な感想が寄せられた。里帰り出産をしなかったDさんは、「退院してからも家事も全部1人でやりました。夫も『協力しようかな』という気持ちにはなるんですけれど、あまり手が出ない。頭にはくるんですけど。ただ、部屋が汚くても、ご飯を全部買ってきたものですませても、何も言わないタイプなので、結婚後太った夫のダイエットを兼ねて夕食を食べるな、ということにしました。出産後3カ月ぐらいまでは彼の食事を作りませんでしたから随分楽だったんですけれど」と、「家事の省略化」で対応したことを明らかにしている。

4.2 教育費を負担できるかに悩む地方都市の女性たち

このような子育て負担の増加に関わる不安は山形県のインタビューでは一切語られなかった。すでに述べたように、夫婦のどちらか一方の実家が近くにあり、今後の出産においても親族ネットワークから育児支援を受けられる見込み

が高いため、公的な子育て支援サービスの提供については一定の意義を認めつつも、むしろ将来の教育費を支援する政策を求める声が強い。

すでに2人の子どもをもつLさんは、3人目の出産を望んでいるが、経済的負担が頭をよぎる。

> 「友達と話すんですけれど、子どもを何人欲しいという話になって、いっぱい欲しいという人は多いんですけれど、やっぱり経済的なことを考えると、もう2人でいいという人も。希望としては4人、3人いてもいいと考えても、経済的問題で迷うという方が多くて。特に、うちの場合には私が働いていないので経済的な負担は大きいです」

現在2人目を妊娠中のKさんも次のように語る。

> 「私も3人以上欲しいと思うんですけれど、やっぱり同じように経済的問題で迷います。夫が自営業をやっているものだから不安定なんです。だから、夫に頑張ってもらわなくてはいけない」

このような発言はどのような背景から出てくるのだろうか。ここでは、山形県の経済状況と、女性たちの性別役割分業意識という2つの要因が存在している可能性について検討する。

山形県の経済状況は、1990年代の統計に基づくと、農業世帯割合が高く（全国6.8％に対し、19.9％と全国3位）、第三次産業従事者比率が低いために（全国59.0％に対し48.2％と全国で下から2位）、全般的に所得水準が低く（課税対象所得額は全国46位）、男性の収入のみでは家計が賄えず、女性の労働に頼らなければならない状況があり、共働き世帯比率は全国1位の66.7％に達する（全国は48.1％）という特徴をもつことが示されている（藤井、1997）。地域経済がこのような状況にある以上、子どもを生み育てるプロセスにおいて教育費を中心とする経済的コストを家庭で担いきれるのか、という不安を抱くのは自然と言えるだろう。

同時に、女性たちが性別役割分業を肯定する意識をもっていることによる影響も大きいと考えられる。山形県のインタビューに参加した女性たちは、「働く必要がなければ家で主人の帰りを待ち、生きがいは仕事以外のことでみつけたい」「できれば、経済的なことを全然考えなければ、本当に家の中のことだけをしっかりやりたいなという気持ちはあるんですけれど。やっぱり子どもに

お金がかかるし、家を建てたいという夢もありますし。経済的な面から考えて、自分に収入があったらなって思うと、子どもが小学校を出るまでは家にいて、その後に働くしかないと考えています」といった発言からうかがえるように、「家計の補助」として仕事を位置づける姿勢が全般的に強い。また、「自分が仕事をしていないから、夫が家事や育児をしなくてもしようがないと思う」という意見も聞かれた[2]。

5　女性の望む生き方

　夫のみの収入で将来的に教育費を負担しきれるのか、という不安をもつ山形県の女性たちと、自分1人で家事や育児を担う不満や悩みを訴える首都圏の女性たち。首都圏の女性たちの不安の背景には、母親の育児負担がより重いという実態があるわけだが、同時に、「自分の能力を発揮したり、自分らしさを確認できる場を人生の中で継続的にもっていたい」といった、仕事などを通じて自己実現を求める志向性が高いことも関係していると考えられる。
　そこで、以下では、女性たちが自分の人生において結婚や出産をどのように位置づけているのか、という点に焦点を絞って考察を進める。

5.1　人生における子育ての位置

　山形県のインタビューでは、離婚した女性を除いて、2人以上の子どもをもつことをごく自然なものとみなしており、自分も当然そうするもの、と考えている。将来的に仕事を持ちたいと思っている女性も、「三つ子の魂百までといわれているので、子どもが3歳になるまでは、できれば6歳くらいまでは家にいて子どもをみたい」と表現するように、「母親役割」を主軸に自分の人生を考えている。
　それに対し、首都圏インタビューに参加した女性たちは、「仕事は自分の人生において重要なものであり、出産や子育てのために一時的に離れることはあっても、いずれは自分が戻る場所」と考える傾向が全般的に強い。首都圏ではインタビューを2回実施したため参加者が多く、また、両地域の参加者では子ども数も異なるため単純な比較はできないが、1歳前後の子どもを保育園に預

けて復職するパターンが実際にみられることからも(育児休業後にすでに復帰して いる女性が2人、近いうちに復帰予定の女性が2人)、母親役割を優先的に考える山形県の女性たちとは異なる志向性をもっていることがうかがえる。4月から復帰予定の女性たちは、次のように語る。

　「ようやく来月から子どもが保育園に入園し、やっと仕事を再開しますので、少し仕事が軌道に乗ってから次の子のことを考えようかなとも思っているんですけれども。すぐにというのは、ちょっと考えられないですね」
　「私もそうですね。4月から保育園に入って、自分の仕事ができるので。子どもができちゃったときがちょうど一番仕事が楽しかったときだったんですよ。私の人生の中で一番楽しい時にできちゃって。(略)だから、ギリギリまで働きましたし、戻れるのがすごく嬉しいので。私も戻ってある程度仕事ができるようになってそこでまた赤ちゃんができちゃうとやめなくちゃいけないというのはちょっと避けたいので。しばらくは仕事をして、と考えています」

　仕事を通じた自己実現を求める女性にとって、都市部の子育ては様々な形で仕事とのトレードオフを迫っている。仕事を続けたいと考えている友人たちからは、「4月から保育園に子どもを預けられるように逆算して計画出産を試みても仕事や勉強と違って計画通りにはなかなかいかない」という悩みが多く聞かれるという。両立が極めて困難な状況になれば、2人目の出産を望みつつも実際にはそれが実現できないケースも出てくるだろう。

　Bさんは、子育てを支援する環境が整ったEさんと同じ会社に以前勤めていたが、同僚が同時期に何人も流産し、働き続けながら妊娠するリスクを目の当たりにして怖くなり、仕事にやりがいを感じていたものの、妊娠前に退職した。このような流産のリスクを避けた離職は、出産・子育てと仕事とのトレードオフが妊娠以前から始まっていることを示している。

　インタビューに参加した女性たちは全員追加出生を考えているが、友人の中には仕事のために中絶をした女性もいるという。老人ホームに勤めているある女性は、1人目の子どもを産んだ際に1年間育児休業をとり、復帰間もない時期に2人目を妊娠した。自分が仕事で必要とされていると感じていたため、さんざん悩んだものの、結果的に中絶を選択したという。

ここで示されているのは、「仕事と子育ての両立」は、決して出産後だけに生じる問題でないということだ。現在のように子育てが母親1人に委ねられている状況では、「仕事もしたい」と考える女性は妊娠前、妊娠中、出産、育児といったそれぞれの段階で絶えず仕事とのやりくりに悩む場面に向き合わざるをえない。子どもがまだ1歳にもかかわらず、「保育園よりも帰宅時間の早い小学校になったときにどう対処しようか不安。毎日塾やお稽古事といった場所を考えなくてはいけないのだろうか」という不安も寄せられた。長期間に渡って母親1人で対処することが多ければ、1人目は何とか乗り切れても、2人目のハードルを超えられない場合も出てくるだろう。

上司に妊娠を報告した際には「いつ戻るの？」と尋ねられるほど育児休業後の復帰を当然だとみなす職場で働くEさんの場合でさえ、「条件的には恵まれているものの、それでも会社に勤め続けるとなるとやっぱりかなり状況は苦しくて、2人目ができる時期によって、自分の仕事の調整も必要になってくるので、そこのところは、できてしまったらそのときはキャリアのほうを変えていくしかないかな、と思っています」と話す。

独身時代からネット友達を通じて「仕事と子育ての両立の大変さ」について聞いていたDさんは、「そんな大変なこと、私にはとてもできないわ」と感じていたという。

将来的にはフルタイムの仕事に転職したい、という希望をもっているBさんは、自分1人で育児をするという条件の下で前職と同じようにやりがいのあるおもしろい仕事が果たして見つかるのだろうか、という不安を抱えている。実際、求職活動の際に、1人子どもがいるということを伝えると、幼児がいることをハンディと思われるだけでなく、もう1人子どもを産むだろうという点も警戒されて雇ってもらえなかった経験をしている。現在のやりきれない思いを次のように語る。

「私は、結婚のために転勤して、子どもを産むために会社を辞めたんですけれど、その間、夫は何も変わっていないんですね。異動もなくて。(略) 私は自分の中で、結婚や出産、仕事というのは結構大きくコロコロ変わってきて、私はその度に悩み、その度に実際、結構変えてきたのに、夫はずっと一緒なんですよ。ずっと夜の11時まで仕事をしているわけですよ。そ

うすると、何か納得がいかないというか、それはよく夫に話します。あなたはなぜ変わらないのかと。悩みもしないのかと。(略) 何か割に合わない。ずっと最近割に合わないと思っているんですけれど。なぜ割に合わないと思っているかというと、やっぱり仕事をしたいのかなと」

5.2 「個」としての生き方

妻や母親としての役割に縛られない生き方を求める女性たちは、仕事を通じた自己実現に限らず、自分らしく生きていける「個」としての生き方を模索しているようにみえる。

首都圏で収集されたデータを用いて行った前章の計量分析の結果によれば、すでに子どもが1人いる既婚女性の中では、「個人としての生活を充実させたい」と考える女性ほど追加出生意欲が低いことが明らかになっている。この点に関して、首都圏インタビューで尋ねたところ、結婚前に仕事と出産に関してはっきりとした具体的なライフプランをもっていたわけではないものの、「自分固有の領域をもっていたい」という思いを漠然と抱いていた女性が多い。

現在フルタイムの仕事をもつEさんは、「さらに子どもが欲しいという気持ちと、他方で、仕事は何らかの形で継続したいというふうに考えています。そこには、長い目でみて、常に自分の何かをもっているということを求めていく気持ちがあります」と話す。

契約社員として働くAさんは、将来的には、夫が実家の自営業を継いで経営者になった場合に現在の仕事を辞めて自分も手伝わなければならない状況を予想しながら、次のように語る。

「私はわりと2人の人生設計は別物というふうに考えていて、結婚しても、もうそのまま別物でいいやと思っていたんですけれども、やっぱりそうじゃなかったんだなと。結婚したらやっぱり違うもんだなってあらためて感じているんですけれど。やっぱり2人で調整して妥協していくしかないのかなって、思うんですけれどもね、最近は。難しいですよね。私としては、収入の糧を自分で稼ぎたいという気持ちがあって、昔からそういう気持ちがあったので、仮に自営業者の妻というふうになったとしても、自分で収入を得るという道を模索して確保したいなというふうには思っています。

(略)まだ具体的にではないんですけれど、私はずっと経理の仕事をしていたので、主人の会社の経理をやるということもあるんですけれど、できれば会計事務所というように独立して、店舗のちょっと片隅でという感じの道にいきたいなというふうに思っています」

具体的な日常生活に即しては、「1人になる時間が欲しい」という悩みが多くの女性から寄せられた。例えば現在子育てに専念しているGさんは、「ただ1人で抱っこ紐なしで、1人でぼーっとしている時間が欲しい。そういう時間は1日のうちに1時間もないのが今の状態。子どもが昼寝をしている時も結局家のことをやっていて、自分のことはしていない。1人でいる時間がちょっととれると、自分の精神的なバランスを保つことができる。そういう時間がとれないと、怒りっぽくなっちゃったり。今は、昼間は娘の相手をして、旦那さんが帰ってきてからはその相手というように、常に人に対して何かしている状態」と語る。

山形県インタビューでは、夫の転勤が多い銀行員の妻と交流のあるMさんから同様に次のようなケースが紹介された。

「転勤族の方で営業だと夜遅くまで帰ってこないそうで、母子家庭と同じ状態だと言います。そのせりふの中には精神的葛藤が含まれているんですよね。子どもを好き、嫌いとはまた別と感じます。嫌いとかじゃないんですよ、我が子だから。でも、自分に対して自分の時間を使ってもいいよというときがあってもいいじゃないか、というのが、そういう正直な気持ちですよね。自分1人でゆっくりとお茶を一杯飲む時間が欲しいよねというのが正直言って、私の周りには多いんですが。(略)自分だって女性だよって、自分だって1人の人間なんだから、母だけれど人だよという人が多いです」

有職女性と専業主婦の育児不安を比較した研究によって、子どもとの距離のある有職女性の方が専業主婦よりも育児不安が低いことが明らかにされているが(牧野、1983)、その知見に沿った意見が、育児休業を経てすでに仕事に復帰している女性たちから寄せられた。

「数時間だけでも子どもとちょっとでも離れるということが結構息抜きになっていて、お迎えの時間なんかはとても劇的な感じで、帰ってからもも

のすごくかわいく思えて、働き始める前よりは精神的に子どもに対しては いいんじゃないかなという感じで今のところは毎日の生活をおくっています」

「友達と会っていても、常に子どもを連れていて落ち着いて話ができないから、結局、子ども同士を交流させて終わり。こういう意味では、子どもから物理的に離れている時間があるということが、少しでいいんですけれども、子どもにとってもプラスになるんですよね。仕事を始めてから1人になる時間ができたので、気持ちの上ではすごく楽になりました」

5.3 子育て経験が及ぼす影響

　子育て経験は、女性たちにどのような影響を与えているのだろうか。4節では追加出生に与える影響との関連で一部触れたが、子育てが女性の人生の中で重要な位置を占めていることを踏まえ、ここではより広い観点から子育て経験が女性に与える影響について検討する。

　子育てが女性のアイデンティティに与える影響についてカナダ人女性59人（中流階級と労働者階級の2グループ）を対象にインタビューをしたマクマホンによると、所属階層にかかわらず子育ては女性のアイデンティティを変容させる契機となるが、中流階級の女性は子育てをする中で出会う初めての諸体験を新しい発見と感じ、「自己成長」や「自己実現」といった観点から体験をとらえるのに対し、労働者階級の女性たちは新しい発見というよりも普通のことと受け止める傾向が強く、また、子どもをもつことで「責任」や「落ち着き」を手に入れたと感じる、という階層差がみられる（Mcmahon, 1995）。

　本稿のインタビューでは、山形県の女性たちは出産や子育てをごく自然に体験するものととらえ、自分にとっての意味を自覚的に意識化する傾向が全般的に弱いのに対し、後で示す具体例から明らかであるように、仕事など子育ての他にもやりたいことをもっている首都圏の女性たちは子育て経験を自覚的にとらえるという違いがみられ、マクマホンが階層差として示した知見とほぼ対応する内容が地域差という形で表れている。

　インタビュー対象者の年齢は、山形県は20代、首都圏は30代が中心である。全国レベルのデータによると、1995年の女性の初婚年齢は山形県26.88歳、東

京都29.22歳といった違いがあることから（国立社会保障・人口問題研究所、2000：p.223）、初婚年齢の地域差を反映していると考えられるが、他方で、山形県の参加者は年齢の若さと比べて子ども数が多い、職業継続率が低いといった違いもみられることから、学歴や職種、配偶者の職種といった階層差が反映している可能性もある。本章ではこのような体験のとらえ方の違いが地域差と階層差のどちらを表しているのかについてこれ以上踏み込んだ検討はできないものの、首都圏に高学歴女性やキャリア女性がより多く集まっている状況を考えると、このような子育て経験のとらえ方の違いがある程度地域差を反映したものとしてとらえることは、ある程度の妥当性を有していると思われる。

首都圏の女性たちは全般的に子育て経験を自覚的にとらえているが、さらに、自己実現が達成されている程度によって子育て経験のとらえ方が異なる傾向がみられる。

仕事を継続的にもちたいと願い、それが実際に実現されている、あるいは、近々仕事への復帰が決まっている女性たちは次のように肯定的にとらえている。

「子どもができてみると、わりと自分で想像していたものと違うから、子どもができるとこういう生き方になるのかなという新しい発見という感じがします。人生が変わったというのではなくて、ちょっと方向転換して」

「子どもが生まれてから考え方に融通性が出てきたような気がします。子どもがいないときはちょっと計画が狂うとイライラしてしまっていたことでも、そんなにイライラしなくなって、そういう生き方もあるなとか、そういう暮らし方もあるなというふうに思って、じゃあ、そのときにどうしようという『状況対応型』というか、そのときのベストで道をつくっていくのも悪くはないかなという考え方に、変わりました」

「核家族で育って子どもに接することがそれまでなかったので、子どもを産むことに対してはとてもマイナスイメージがあって、産むまでは子どもをかわいく思えるかしらという不安がとてもあったんですけれど、実際に産んでみたらすごくかわいくて、こういう気持ちになるものかなというふうに思っている」

しかし、子育てによって断念したものが多い女性の場合、子育てに対して複雑な思いを抱いている様子がうかがえる。

「私はあまり子どもは好きじゃなかったのですが、産んでもやっぱりあまり好きじゃないというか。よく、子どもを見ていると時間を忘れるという人がいるんですけれど、私は隙あらば何かほかのことをしてやろうとか思って。『あなたという命をあげたから、もう許して』という気があるんですよね。私が子ども嫌いで『子どもは嫌い』と言ったら生まれなかったあなたなんだから、産んだだけでもよしと思えというのがどこかにある」

 それでは、子育て経験は父親にはどのような影響を及ぼしているのだろうか。以下では、妻の目を通した間接的な考察にとどまるが、この点について若干の検討を行う。

 両地域のインタビューに共通しているのは、「家族を養う」という経済責任が夫のプレッシャーとなっている点である。

「あまり欲しくないような、でも欲しいような、まだ迷っているところですね。というのは、生命保険に入る時に設計プランといってすごい数字のグラフがくるんですね。子どもを育てるのに、全部私学だと幾らになるとか。もしお医者さんになったらとか。コストを見せられた気がしたようで、『こんなにかかるんだよ』とか、『2人で楽しめなくなる』とか言っていました」

「(経済的な面で) 私よりも主人の負担の方が大きいものですから。みんなぶら下がっているわけだから。夫とはそういうことについて話をしますが、あまりに私が言いすぎちゃって、ちょっと逃げ腰になっていますけれども。でも、2人目もできたので、頑張ってもらわないといけないと思っています」

 また、育児に比較的多く参加している夫の場合には、次のような変化があったという。

「主人がすごく欲しがって、『早く子どもが欲しい』といったものですから、私は実際問題、最初は全然子どもが欲しくなかったんです。『1人ぐらいは産んでみようかな』みたいな感じで産んでみて、子育て期間中を過ごしたわけですけれど。今、私は2人目、3人目が欲しいなと思うけれど、逆に主人は、もう1人でたくさんという感じで。あんなに欲しがっていたくせにと私は思うんですけれど。思ったよりも時間が拘束されているんだ

ろうと。休日の時間も拘束されているし、子どもがいればどこかに連れていかなければならない、遊びに連れていかなければならないとか。そういうのでやっぱり彼としても大変なのかなって思いますけれど。男性側も多少そういうのもあるかなって思いますけれど」

　本章では母親の育児コストに焦点を絞って考察を行ってきたため、夫の育児コストについては補助的な考察にとどまっているが、夫婦が1つの単位となって子育てをしている以上、経済面などを中心とした父親の育児コストについても目を向け、総合的に育児コストと少子化との関連について分析する必要があるだろう。

6　結論と今後の展望
―― 育児ニーズの多様性に根ざした支援策を ――

　首都圏と山形県で実施したグループ・インタビューを比較しながら考察した結果、以下の3点が明らかになった。

　第一に、首都圏では母親1人が子育てをしているのに対し、山形県では夫や親族もかかわる形で子育てが行われている、という点で子育てのあり方が異なる。首都圏の2回にわたるインタビューでは、母親1人で子育てにあたる厳しい現状が浮き彫りになった。母親に子育て負担が重くのしかかっている現状は、「孤立感」をもたらし、「2人目を産みたいがどうすれば1人で対処できるのだろうか」という不安につながっている。また、「仕事と子育ての両立の難しさ」は、時には、妊娠前の離職、妊娠後の中絶といった深刻な事態を生み出している。他方、山形県では夫が家事や育児に参加しやすい労働条件があり、また、親族との同居や近居によってサポートが得られるため、母親は孤立感や不安感から相対的に解放された状態にある。このような子育てのしやすさは、ごく自然に「もう1人子どもを産もう」という意識につながっている。彼女たちの頭を悩ませているのは、「将来の教育費をどうやって負担していくのか」という経済的コストである。

　第二に、このような子育て環境の違いに加えて、女性たちが人生の中で母親役割を重視する程度に関しても両地域で違いがみられる。首都圏の女性たちは、

子育ては人生の重要な体験の１つだという認識をもちながらも、「子育てをしながら家庭とは異なる領域で自分の人生を充実させたい」という思いが全般的に強い。しかし、山形県の女性たちの中には「家庭外で自分のしたいことを見つけたい」という欲求はそれほどみられず、母親役割を主軸に人生を考えている。首都圏の女性たちは１人で子育てを担う困難と向き合うだけではなく、「子育て」と「自己実現」との間に心理的葛藤も感じている。

　第三に、母親役割だけではなく、「男は仕事、女は家庭」といった既存の性別役割分業システムを肯定する意識についても地域による違いがみられる。山形県の女性たちは働くことをあくまでも家計の補助とみなし、「夫の所得で十分ならば家事や育児に専念したい」という考え方が強い。このように稼ぎ手として夫１人を想定しており、また、地域経済が低調ということもあって、教育費の負担が追加出生の際に頭を悩ませる要因となっている。

　以上を通じて明らかになったことは、戦後に確立・維持されてきた日本の性別役割分業システムが、少なくとも子育てに関しては、都市部と地方のいずれにおいても限界に達しているという事実である。母親の育児コストを、物理的、時間的、心理的、経済的コストの４つに分けて整理すると、都市部では母親の物理的・時間的な面での育児コストが高く、孤立感や不安感といった心理的な育児コストも高い。また、高い自己実現志向をもつにもかかわらず、それが出産や子育てによってかなえられない状況に対して心理的葛藤を強く感じている女性もおり、こういった意味での心理的な育児コストも高い。他方、地方では物理的・時間的・心理的な面での母親の育児コストは相対的に低く抑えられているものの、家計を単位としてみると夫が主に担う経済的な育児コストが相対的に高い。このように地域によって育児コストの中身は異なるものの、いずれにしても、子育てにかかわる様々な困難が結果的に合計特殊出生率の低下につながっていると考えられる。

　他方で、表8-1に示すように、地域によって合計特殊出生率には高低がみられることをどのように考えたらいいのだろうか。数量的に各コストの大きさを測定した上で、それぞれの効果の大きさを比較する、あるいは、合計してコストの総量の違いが及ぼす影響を検討するという手法を用いていないため、厳密な検討は別の機会に譲るほかないが、あくまでも今回のインタビューから考えら

れる暫定的な見通しとして、コストに関して別の角度から若干の検討を行いたい。

インタビューに際しては、子育てにかかわって当面心配していることと、将来気になることを分けて尋ねたが、首都圏インタビューで将来不安なこととして挙がるのはまずは子どもの小学校入学後の預け先であり、それは現在彼女たちが悩んでいる物理的・時間的・心理的コストの延長線上にあるものである。経済的コストについて言及する女性はいなかった。非常に対照的なことに、山形県インタビューでは、子育ての負担感の小ささと連動する形で子育てそのものに関する不安を述べる女性はおらず、もっぱら、子どもが高校を卒業した後の進学に伴う費用負担にかかわる不安が訴えられた。首都圏では大学や専門学校が多数あるために自宅通学できる可能性が高いのに対し、高等教育機関の少ない地方では自宅外通学に伴う経済的負担がかなり大きくなる事実も関係していると思われるが、それ以上に、子どもを産み育てることに関して直接女性たちが感じる物理的、時間的、心理的コストが大きすぎて将来とはいってもせいぜい6歳以降のことしか考えられない状況にある首都圏と、子育てそのもののコストを意識せずに2人まではそれほど悩まず子どもをもてる環境にある地方といった違い、換言するならば、コストのスパンの違い（短期と長期）が関係している可能性が考えられる。

最後に、現在求められている社会的支援について触れておきたい。

第一に、地域によって子育ての条件が大きく異なるため、全国一律の支援策は有効ではなく、地域の実状や個人のニーズにあわせたきめ細かな対応が必要となる。具体的には、母親の育児コストが大きい都市部では、産褥期の家事・育児を支援する産褥シッター、病院や美容室などに通う短い時間に子どもを安心して預けられる保育サービスなど、母親の子育てを直接サポートする諸制度の導入が求められている。現在は待機児童の解消など、働く母親の子育て支援に重点が置かれているが、孤立した子育て環境がある都市部では専業主婦にも育児コストは大きすぎると感じられており、専業主婦もリーゾナブルな料金で利用できるサービスを求めている。また、インタビューでは、「子どもとの相性があるので、同じ地域に複数のサービス提供者がいて、その中から選択できるようになってほしい」という意見も寄せられた。この点に関してはすでに指

摘されているように（柏女、1994）、特定の価値観や家庭像を前提とした最低限の画一的サービスから、多様な子育ての姿を認めた上で子どもや家庭のニーズにサービスをあわせる形へと方針を転換することも重要と考えられる。他方、賃金水準が相対的に低い地域では、児童手当の拡充などの経済的支援が求められている。経済支援策は、都市部でも所得階層が低い家庭向けに実施される必要があるだろう。

　第二に、対処療法的に政策をたてるのではなく、親が子どもを安心して生み育てられる環境を継続的に提供することが求められている。ある程度見通しがつかなければ、人々が子どもをもとうという気持ちになるのは難しい。子どもがまだ1歳にもかかわらず、「フルタイムで仕事を再開するので、小学校入学以降の学童期をどうやって乗り切ればいいのか」と今から悩む母親の姿がある状況は、1人を育てるだけで母親が疲れ切ってしまい、2人目を育てようとする気持ちを奪いかねない。また、経済的支援についても、山形県のインタビューでは「経済的に支援してもらいたいが、地域振興券などの一時的なものではなく、継続性をもっていることが重要」という声が寄せられた。

　第三に、女性たちが家庭を超えた自己実現を求める状況に応えられる体制をつくる必要がある。自己実現の中身の代表的なものは仕事であるが、育児休業制度のように直接子育てを支援する内容に限らず、子育てとの両立がしやすい柔軟な雇用形態の導入、一度辞めても能力に応じて採用や昇進が可能となる流動性の高い労働市場の再編成など、働き方そのものの多様性を許容するシステムづくりが、長期的に見れば女性たちの負担感や不安感を解消するために大いに有効となるだろう。他方、バブル経済崩壊以降、10年以上にわたって経済が停滞し、かつてのような経済成長を今後は見込めない状況を想定するならば、夫1人を稼ぎ手とすることの経済的リスクは以前より高まっており、女性の継続就業を可能とする条件づくりは家計の安定性の確保といった面でも有効だと考えられる。先進国を対象にした国際比較によって、女性の就労率が高い国ほど合計特殊出生率も高いという関係性が示されており（阿藤、1996）、子育てと仕事が両立できる社会の実現は決して夢物語ではなく、社会の仕組みいかんにかかっている。

　第四に、インタビュー時に複数の女性から要望があったことだが、自治体な

どが提供するサービスの種類や利用方法などについて広報活動を積極的に行う必要がある。出産直後や、子どもが小さいうちは外出もままならないことが多く、また、突発的に支援を必要とする事態に遭遇しやすい。日頃から各自が利用できる支援策等を知らせておかなければ、たとえ提供するサービスがあったとしてもアクセスできず、ニーズを満たせない。また、事前に自分が受けられる支援の中身を知っておくことで、母親の不安感を解消することも期待できる。また、単に情報のアクセス方を広く知らせるだけではなく、各部署に問い合わせをしなくてもすむように情報提供の窓口を一本化することも必要だろう。

このような１つ１つの積み重ねが、厚生省が1997（平成10）年版の『厚生白書』にテーマとして掲げた「子どもを産み育てることに『夢』を持てる社会を──」の実現につながるのではないだろうか。戦後続いてきた性別役割分業システムの中で過大になりすぎた育児コストをいかに軽減できるのか、が今後の夫婦の出生率を決める１つの鍵になると考えられる[3]。

注

1) 山形県で行ったインタビューでは、すべての女性が実家を中心に親族から日常的に子育て援助を受けていたが、そのことに伴う悩みも触れられた。つい最近まで自分の実家で両親と同居していたＪさんは歩いて数分のところに引っ越したが、現在の心境を「『子どもの面倒をみてくれる人がいていいな』って言われるけれど、実家から離れて住んでほっとしているんです。見る人がいっぱいで、甲高い声が飛び交って、子どもよりそっちのほうがうるさいというのが正直な話で。……子どもとの時間をゆっくり持てるし、ちょっとくらい散らかっても周りがギャーギャー言う人がいないから。お母さんたちと一緒にいると、母親ってこうしなきゃいけないというふうなプレッシャーを感じて、お尻から煽られるような感じがする」と語る。また、転勤族の夫をもつ女性たちとの交流があるＭさんからは、転勤族の家庭では夫の帰宅は深夜となり、近所に子育てを助けてくれる親族もいないために、母親１人が子育てにあたらざるをえない状況がある、という例が紹介された。今回は両地域の大まかな傾向の違いを検討することに主眼があるため、これらの点について踏み込んだ考察はしていないが、それぞれの地域内の多様性にも目を向ける必要がある。

2) このような経済状況と、性別役割分業を支持する態度は、密接に関連しあっていると考えられる。歴史を振り返ると、大正期に新中間層で専業主婦が誕生

した当初は、仕事をせずに妻・母親役割に専念する生き方はあこがれの対象であったし［落合、1994］、現代においても学歴が低い女性たちの間では専業主婦を理想と考える傾向が強い［国立社会保障・人口問題研究所、1999：p.72］。
3）「出産体験」が追加出生に及ぼす影響の検討については第4章を参照のこと。

第9章

男性の家庭役割とジェンダー・システム
―― 夫の家事・育児行動を規定する要因 ――

西岡八郎

1 はじめに

　人口問題審議会（旧厚生相の諮問機関）は1997年に、少子化および人口減少社会に関する基本的な考え方をとりまとめ、少子化の主たる要因と背景について以下のように整理している（人口問題審議会,1997）。固定的な雇用慣行、性別役割分業型社会、働く女性のニーズに応じた子育て支援の欠如などが、女性に仕事か家庭かの選択を迫り、結婚、出産を躊躇させている。こうした要因によって、若い女性にとっては結婚や出産・子育てが義務感や負担感の強いものになっており、その結果、結婚しない女性の増加により、未婚率が上昇、少子化が進んだとしている。論点のひとつは、家庭内の性別役割にとどまらない、社会の多くの面で制度として具体化されているといってもよい性別役割型社会の変革を提言していることであり、多少迂遠であっても、こうした変革が少子化への対応策となり得るという考え方である。

　本章の目的は、家庭の共同責任を担う夫の家事、育児遂行を検討することによって、少子化と家庭を取り巻く社会や制度の問題を考える一助とすることである。男性の家事や育児協力の少なさが、女性の結婚や出産・子育てを躊躇させ、回避させる要因、あるいは負担感となっていると考えられ、男性の家事、育児参加への促進要因や阻害要因を研究することは、少子化とジェンダーの問題を考える上で重要な研究課題といえる。この報告では、個票データを用いて夫の家事、育児行動を規定する要因について考え、何らかの提言へと結びつけ

たい。

2　問題の設定

　アメリカでは、夫婦の家事分担、家事に関する不公平感の研究などについて、家族社会学の領域を中心に進んでいる。米国ウィスコンシン大学の L. バンパスらによる NSFH 調査（National Survey of Families and Households）などをはじめとして全国スケールの個票データに依拠した分析は数多くある。しかし、日本における夫の家事や育児遂行に関する先行研究は、家政学、家族社会学を中心に地域的、あるいは少サンプルの事例調査などに限定されていた。全国規模の実態調査は、生活行動に関する調査が定期的に実施されている（総務庁「社会生活基本調査」、NHK「生活時間調査」など）。しかし、調査の性格上公共データの利用には制限があり、これら全国調査の個票データを用いた研究例はほとんどない。

　従来の家族研究では、家庭内の役割配分を規定する要因として、社会規範論（イデオロギー論）、相対的資源論、時間制約論などが有力な説明仮説として用いられてきた。しかし、日本では全国規模のサンプルでこれらの変数の妥当性を総合的に検討した実証研究は少ない。そこで、本章では夫の家事や育児遂行について、厚生省人口問題研究所が行った全国家庭動向調査を用い、先行研究では個々に分析されてきた仮説を総合して検証を試みる。また、夫婦間、あるいは家族の問題を越えた社会のもつ構造的な問題が夫の家事、育児への役割遂行を制約しているのではないか、との考えから日本の社会や家族に特徴的な要因として「環境制約」仮説を新たに設けこれについて検証する。さらに、家事や子育ては実際の生活の場で生起する問題であるから、支援するネットワークの存在が直接影響してくることが想定される。これを「サポート資源活用」仮説として検証しようと思う。

　まず、社会規範論の妥当性については以下のような方法を用いて検証する。規範への同調性の高い社会では、役割は規範によって決まる部分が大きい。ここでは、妻がもっている社会規範の内面化としての性別役割意識の度合いが夫の家庭役割にどのような影響をもつかを検討する。これは妻の性別役割観が強

第9章　男性の家庭役割とジェンダー・システム

いほど夫の家庭役割に否定的で、夫の家事、育児遂行の少なさを肯定する、その結果夫は家事、育児遂行の程度が低くなる。すなわち妻のジェンダー役割の肯定が夫の家庭役割の遂行にも影響を与え、夫の家事や育児遂行の阻害要因となる、とする仮説を立てて検証する。

つぎに、夫妻の社会経済的資源については、それぞれの社会経済的属性による分析を行う。これは資源の相対的な分布の差が夫の家庭役割に影響をもつのではないか、という仮説である。夫婦の資源分布が家庭役割配分に決定的な要因となる、とする状況適合的で、合理的な仮説である。すなわち夫の収入が妻より多い、収入格差が大きいほど、夫の家庭役割は小さくなる、逆に女性の資源が拡大するほど夫の家事遂行を促進する正の効果をもたらし、夫の家庭役割配分は増すと考えられる。夫婦間の経済的な勢力関係がジェンダー役割を規定する要因になるとの考えによる。この報告では、教育歴や職種・従業上の地位などに関する変数を社会経済的変数として扱い、夫婦間の収入格差を独立させて相対的資源分布仮説を検証する。

また、先行研究による規定要因に加えて、夫婦間、あるいは家族の問題を越えた社会的な制約、すなわち社会の構造的な問題が夫の家事、育児への参加を制約しているのではないかという視点から、これを「環境制約」仮説とし変数に加えた。従来の研究でも労働時間、就業形態などの変数を用いて時間制約論の立場から研究が行われている。形式的には時間制約論の修正的な変数であるが、日本の夫の家事行動や育児行動を考える際に、単に時間制約論だけではない、従来の仮説の枠組みだけでは説明しがたい社会的な要件が介在しているのではないかとの理由から「環境制約」論とした。

生活行動面の日本的特徴は、長時間労働と男性の家事労働の少なさの2点に集約できるとされる。これは個人の時間が会社（あるいは所属組織）の時間体系に従属していることの結果と言い換えることもできる。夫の家事遂行を考える場合、現代社会の時間秩序が組織優先で、個人の時間が社会の時間体系の中で位置づけられているとすれば、夫個人のもつ属性の条件よりも社会的な制約条件が優先的関係に位置すると思われる。そこで、家族を取り巻く外社会の環境制約要因が夫の家庭内行動にどういう影響を与えるのか、具体的には、社会的な制約、すなわち社会の構造的問題を集約する指標として、ここでは単に労

2 問題の設定

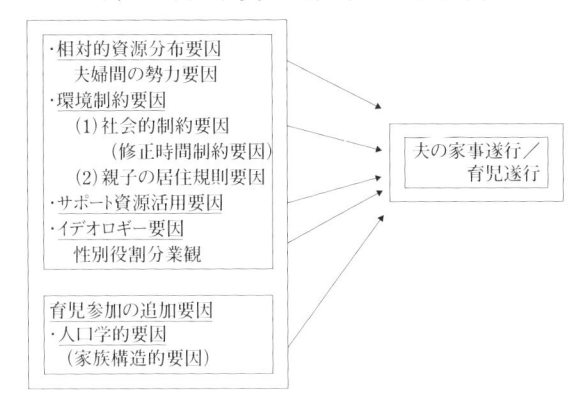

図9-1 夫の家事参加・育児参加の規定要因

```
┌─────────────────────┐
│・相対的資源分布要因      │
│  夫婦間の勢力要因      │
│・環境制約要因         │
│ (1)社会的制約要因      │          ┌──────────┐
│   (修正時間制約要因)    │─→       │ 夫の家事遂行／ │
│ (2)親子の居住規則要因   │─→       │  育児遂行   │
│・サポート資源活用要因   │─→       └──────────┘
│・イデオロギー要因      │
│  性別役割分業観       │
└─────────────────────┘
┌─────────────────────┐
│ 育児参加の追加要因     │
│・人口学的要因        │
│ (家族構造的要因)      │
└─────────────────────┘
```

働時間を変数とするのではなく、夫の帰宅時間、通勤時間に置き換え、こうした外生的要因について分析する。なかでも帰宅時間は、日本的な特徴でもある残業や会社関係の付き合い時間を包括しており、企業中心社会の時間秩序を最も典型的に示す指標といえる。具体的には、帰宅時間のいかんにかかわらず夫の家事、育児行動に有意な影響がみられなければ制度的な要因にかかわりない、他の要因によって影響を受けることになる。しかし、逆の場合は、夫の家庭役割遂行の阻害要因になるとの仮説である。

また、環境による制約要因には、これも日本的居住形態である「親との同居」要因を含むことにする。本来親との同居は社会制度の不備を補完する機能（保育所、ベビーシッターなどの現物給付の代替機能）の役割を果たしてきた。しかし、親との同居は夫の家事、育児遂行の役割を補完する一方で阻害する要因として作用する側面をもつと考えられる。こうした関係は表裏一体の関係でもあるが、親との同居条件が夫の家事、育児遂行にもたらす影響は負の効果をもたらす、すなわち親によって夫の家庭役割が代行され、夫自身の家事や育児への遂行率を低下させている可能性が大きい。

最後にサポート資源変数について述べる。手段として利用可能であることと、実際にサポート資源として活用していることを区別するために、相談相手としてのサポート、手助けに関するサポートの数を変数化して投入している。サポ

ート活用が大きければ、そのネットワークに頼ることによって夫の家事参加は小さくなる可能性がある。これをサポート資源活用要因による夫の家事参加の逓減要因として位置づけておきたい。

以上のような手続きで、男性の家事、育児参加への促進要因、阻害要因を明らかにすることによって、少子化とジェンダーの問題を考える上で何らかの政策的含意を導き出すことを目的としたい（図9-1）。

3 方法及びデータ

データは、厚生省人口問題研究所が実施した『全国家庭動向調査』の個票データを用いた（現国立社会保障・人口問題研究所、1993年実施）。本調査は、研究者の手によって家族・家庭を中心テーマに実施された日本で最初の本格的な全国調査であろう。分析対象は有配偶女性（世帯の妻）を対象とした（調査内容の詳細は、厚生省人口問題研究所、1996、『現代日本の家族に関する意識と実態―第1回全国家庭動向調査―』を参照）。したがって、夫の家事や育児は妻によって判断、評価された遂行の頻度である。

方法は、家事や育児の遂行頻度について、それぞれ5段階評価で回答されたものを順序尺度に置き換え、この得点の総和を被説明変数とした階層的重回帰モデルによって分析した。手順は、（1）夫の家事遂行に関する一般的傾向、年齢間の差異など記述統計分析を行い、つぎに、（2）夫の家事遂行に関する重回帰分析、（3）夫の育児遂行に関する重回帰分析の順で検討する。

家事遂行に関しては、69歳以下の有職の夫をもつ妻票を分析の対象とした（記述統計については69歳以下の有職男性を夫にもつ2431ケースを対象にした。ただし、多変量解析ではリストワイズ法を用い、説明変数について欠損値を含まずに有効な回答を行っているケースのみを扱っている。その場合の分析対象は1389ケースである）。被説明変数となる夫の家事遂行頻度は、家事分野の中で設定した5つの家事（ゴミ出し、買い物、掃除、洗濯、炊事）について、各分野別に頻度に応じて0から4までの5段階評価を用いた。また被説明変数となる夫の家事得点は5項目からなる総和を用いた（0～20点）。

分析方法は、相関分析による予備的検討など統計的に関連のみられた変数を

用いて重回帰分析を試みた。分析順序は、必要となる説明指標を最初から同時に投入するのではなく、どのステップが夫の家事遂行をより説明するかを検証するため階層的重回帰分析法を用い、順次変数を投入し検討することとした。先に提示した基本変数ステップ（社会経済的属性変数）と５つの仮説変数のステップを設定した。

まず、基本モデル（ステップ１）として夫と妻それぞれの資源変数、具体的には夫と妻の教育歴や職種・従業上の地位など社会経済的な基本変数で分析した場合を設定した。つぎに、ステップ１の基本変数に資源の相対的分布を端的に示す夫婦間の収入格差の情報を加えて分析し、これをステップ２とした。ステップ１、２に、居住地域、夫の帰宅時間など環境制約変数を加えてステップ３とした。４つ目のステップは、環境制約要因のうち親との同居別居を距離変数に置き換え、さらにこれを妻方夫方に分けて変数化し、３のステップから独立させ変数を投入した。５番目のステップでは、４のステップとかかわりをもつが具体的に親のサポート支援をもっているかどうか、いくつ保有しているかによって連続変数を作成し、これを今までのすべての変数に含めた場合である。最後のステップは、妻の性別役割意識を変数化して投入した場合である。整理をすると、以下のようなステップを踏んで階層的重回帰分析を行うことにする。

Step 1 　社会経済的要因
Step 2 　社会経済的要因＋夫婦関係要因（相対的資源分布）
Step 3 　社会経済的要因＋夫婦関係要因＋環境制約要因(１)
Step 4 　社会経済的要因＋夫婦関係要因＋環境制約要因(１)
　　　　　＋環境制約要因(２)
Step 5 　社会経済的要因＋夫婦関係要因＋環境制約要因((１)＋(２))
　　　　　＋サポート資源活用要因
Step 6 　社会経済的要因＋夫婦関係要因＋環境制約要因((１)＋(２))
　　　　　＋サポート資源活用要因＋社会意識要因（性別役割イデオロギー）

つぎに、育児遂行に対しては、12歳以下の子どもを１人かそれ以上もつ夫を対象として分析した（記述統計については、12歳以下の子どもを１人以上もつ1792

ケースを対象とした。ただし、すべての変数について欠損値を含まずに有効な回答を行っているケースは621ケースである)。家事遂行の場合とほぼ同様の手順によって解析を進めた。夫の育児遂行頻度は、育児分野の中の5つの領域（遊び相手をする、風呂に入れる、寝かしつける、食事をさせる、おむつを替える）について、各項目別の遂行頻度に応じて0から4までの5段階評価を用いた。従属変数となる夫の育児得点は5項目からなる得点の総和を使用した（0～20点）。

　分析方法は、家事の場合と同様のステップを設定し、夫の育児遂行をどのステップがより説明するかを階層的重回帰分析法によって検討した。ただし、育児遂行についてはひとつステップを追加した。家事の場合との相違は、ステップ3である。出産、子育ては妊娠中、その後の出産・育児に手のかかる期間が集中しており人口学的要因が重要な意味をもつと考えられる。そのため、この人口学的要因の影響を考慮したモデルを追加した。変数は、（1）長子出産時の夫の年齢、（2）長子出産時の妻の年齢、（3）6歳未満の子ども数、（4）末子の年齢、（5）12歳未満の男児の有無、の5つの家族構造関係の変数である。夫の育児参加については、下記のようなステップを踏んで検討する。

　　Step 1　社会経済的要因
　　Step 2　社会経済的要因＋夫婦関係要因（相対的資源分布）
　　Step 3　社会経済的要因＋夫婦関係要因＋人口学的要因（家族構造的要因）
　　Step 4　社会経済的要因＋夫婦関係要因＋人口学的要因＋環境制約要因(1)
　　Step 5　社会経済的要因＋夫婦関係要因＋人口学的要因
　　　　　　＋環境制約要因(1)＋環境制約要因(2)
　　Step 6　社会経済的要因＋夫婦関係要因＋人口学的要因
　　　　　　＋環境制約要因（(1)＋(2)）＋サポート資源活用要因
　　Step 7　社会経済的要因＋夫婦関係要因＋人口学的要因
　　　　　　＋環境制約要因((1)＋(2))
　　　　　　＋サポート資源活用要因＋社会意識要因（性別役割イデオロギー）

4 分析結果と知見

4.1 夫の家事参加に関する規定要因

(1)夫の家事参加に関する記述統計

まず、夫の家事遂行に関する一般的傾向、年齢間の差異など記述統計に関する結果についてふれておく。

夫の家事遂行の頻度は全体的に非常に低く、夫の家事参加の度数分布をみると0点が全体の16.2%を占めている。ここに掲げた5つの家事領域について、6夫婦に1夫婦程度の割合でまったく夫が家事に参加していない。また、ほぼ半数の家庭がスコア3.0ポイント以下でしかない。家事遂行得点の平均は4.1ポイントであったが、これは5つの家事とも「月1〜2回」程度遂行の場合の5ポイントを下回る得点内容である(**図9-2**)。

つぎに、夫の年齢別に家事平均得点を **表9-1**に示した。60代を除き40代を底

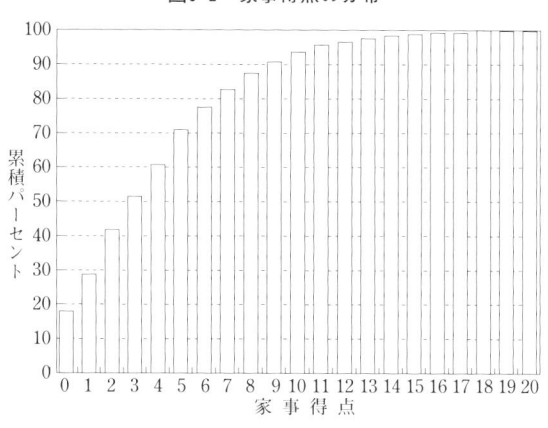

図9-2 家事得点の分布

第9章　男性の家庭役割とジェンダー・システム

表9-1　年齢別家事得点

夫の年齢	度数	平均得点	標準偏差	最小値	最大値
29歳以下	180	5.75	3.61	0	20
30〜39歳	747	4.62	3.63	0	20
40〜49歳	856	3.76	3.54	0	20
50〜59歳	529	3.91	3.51	0	18
60〜69歳	119	3.42	3.81	0	20

表9-2　一元配置分散分析

	平方和	自由度	平均平方和	F値	有意確率
グループ間	847.280	4	211.820	16.544	0.000
グループ内	31061.185	2426	12.803		
全体	31908.465	2430			

表9-3　多重比較分析

年齢(a)	年齢(b)	平均値の差(a)−(b)
29歳以下	30〜39歳	1.13**
	40〜49歳	1.99**
	50〜59歳	1.84**
	60〜69歳	2.33**
30〜39歳	29歳以下	−1.13**
	40〜49歳	0.86**
	50〜59歳	0.72**
	60〜69歳	1.20**
40〜49歳	29歳以下	−1.99**
	30〜39歳	−0.86**
	50〜59歳	−0.14
	60〜69歳	0.34
50〜59歳	29歳以下	−1.84**
	30〜39歳	−0.72**
	40〜49歳	0.14
	60〜69歳	0.49
60〜69歳	29歳以下	−2.33**
	30〜39歳	1.20**
	40〜49歳	−0.34
	50〜59歳	−0.49

** : $p < 0.01$

にしたU字型の家事遂行曲線を描くと思われる得点分布であるが、家事得点に年齢階級間で有意な差があるかどうかを検定しておく必要がある。結果をみると、夫の年齢と家事得点の分布は必ずしも線形関係ではない。年齢コーホート間で家事得点の平均値が有意に異なるかどうかを明らかにするために、家事得点を従属変数とした一元配置の分散分析を行った (表9-2)。さらに、それぞれ隣接する年齢コーホート間における家事得点に有意な差があるかどうかを検証するために、Tukeyの手法による多重比較分析を行った (表9-3)。その結果、家事得点は各年齢コーホートによって有意に異なることが確認された。また、Tukeyの検定の結果から、40～49歳以上の年齢コーホートの間ではその差は有意でなかったが、29歳以下と30～39歳以上、30～39歳と40～49歳以上のコーホート間では有意な差が確認された。

以上から、夫の日常の家事への参加は極めて低く分散は小さいものであるが、40歳代までの年齢階級では年齢によって家事参加の程度に有意な差が確認された。その中でも40歳代の夫の家事遂行が、20歳代、30歳代と比較すると一段と低いことが確認された。一般に、この世代は、最も働き盛りの世代で組織の中で枢要な地位にある場合が多く、組織人間としての影響が最も表れやすい世代であるとも言える。20歳代は多少家事遂行率が高くなっているが、これは結婚当初だけの効果なのか、若年世代ほど男女間で協力行動が増す傾向があるのかははっきりしない。継続的に観察することが必要である。

(2) 夫の家事遂行に関する規定要因

夫の家事遂行について6つのステップを設定して階層的重回帰分析で検討した結果をみる。夫の家事遂行頻度が全体として低調で、分散の幅も小さいこともあって、決定係数（説明力）は小さくステップごとのモデルの改善力も決してよくはない。しかし、それぞれモデル間の効果は有意な差となっている。また夫の家事行動を規定するような有意な影響をもつ変数がいくつかみられる (表9-4)。

夫と妻の資源分布を示す社会経済的な属性変数のみを投入したステップ1では、妻に関する変数のみが有意に効果をもつ結果を示した。すなわち、学歴が高く家庭外で働く妻をもつ夫は家事を遂行する度合いが高い。一方で夫自身の

第9章 男性の家庭役割とジェンダー・システム

表9-4 夫の家事行動の規定要因

	Step 1		Step 2		Step 3	
	B	beta	B	beta	B	beta
(1) 夫と妻の社会経済的地位						
夫の学歴	-0.029	-0.012 n.s.	0.003	0.001 n.s.	-0.052	-0.022 n.s.
夫の職業上の地位	0.168	0.021 n.s.	0.263	0.032 n.s.	0.262	0.032 n.s.
妻の学歴	0.233	0.080*	0.264	0.091**	0.255	0.088**
妻の職業上の地位	0.238	0.085**	0.041	0.014 n.s.	0.102	0.036 n.s.
(2) 夫婦関係要因						
夫婦の収入格差	……	……	-0.216	-0.125	-0.228	-0.132
(3) 環境制約要因						
居住地域	……	……	……	……	1.127	0.153
夫の通勤時間	……	……	……	……	0.133	0.033 n.s.
夫の帰宅時間	……	……	……	……	-0.202	-0.075
(4) 親との距離						
妻の方の母親との距離	……	……	……	……	……	……
夫の方の母親との距離	……	……	……	……	……	……
(5) 親のサポート						
相談に関するサポート	……	……	……	……	……	……
手助けに関するサポート	……	……	……	……	……	……
(6) 妻の社会意識要因						
妻の性別役割意識	……	……	……	……	……	……
(constant)	3.372		3.949		3.376	
R-Square	0.013	**	0.022	**	0.049	**
ADJ R-Square	0.010		0.019		0.043	
Change R-Square	……		0.010	**	0.026	**

4 分析結果と知見

	Step 4 B	Step 4 beta	Step 5 B	Step 5 beta	Step 6 B	Step 6 beta
(1) 夫と妻の社会経済的地位						
夫の学歴	-0.043	-0.018 n.s.	-0.042	-0.018 n.s.	-0.034	-0.014 n.s.
夫の職業上の地位	0.282	0.035 n.s.	0.270	0.033 n.s.	0.250	0.031 n.s.
妻の学歴	0.221	0.077*	0.220	0.076*	0.175	0.061⁺
妻の職業上の地位	0.147	0.052 n.s.	0.158	0.056⁺	0.110	0.039 n.s.
(2) 夫婦関係要因						
夫婦の収入格差	-0.258	-0.149**	-0.248	-0.144**	-0.230	-0.133**
(3) 環境制約的要因						
居住地域	0.811	0.110**	0.774	0.105**	0.773	0.105**
夫の通勤時間	0.088	0.022 n.s.	0.084	0.021 n.s.	0.088	0.022 n.s.
夫の帰宅時間	-0.221	-0.082**	-0.221	-0.082**	-0.219	-0.081**
(4) 親との距離						
妻方の母親との距離	0.001	0.000 n.s.	-0.004	-0.003 n.s.	-0.012	-0.007 n.s.
夫方の母親との距離	0.193	0.143**	0.190	0.140**	0.183	0.135**
(5) 親のサポート						
相談に関するサポート	……	……	0.107	0.072*	0.115	0.077**
手助けに関するサポート	……	……	-0.118	-0.044 n.s.	-0.129	-0.049
(6) 妻の社会意識要因						
妻の性別役割意識	……	……	……	……	-0.288	-0.086**
(constant)	3.187		3.202		3.289	
R-Square	0.065	**	0.069	**	0.076	**
ADJ R-Square	0.058		0.061		0.067	
Change R-Square	0.016	**	0.005	*	0.007	**

** : p＜0.01　 * : p＜0.05　 ⁺ : p＜0.10

職種や学歴は、家事の遂行と有意な影響関係にはない。女性の就業が男性の属性変数にかかわらず家事参加を高める影響をもっている。ステップ2では夫婦のもつ資源の相対的な分布の差が夫の家庭役割に影響をもつのではないかとの仮説から、夫婦間の収入格差を説明変数として投入した。その結果、この変数は有意に負の効果をもち、夫婦間の収入格差が大きいほど夫は家事役割を遂行しないことがわかった。これはアメリカの先行研究の結果を追認する結果でもある。

つぎに、環境制約要因のうち社会制約的な変数を加えたステップ3は、ここで設定したステップの中では最も説明力をもっており、モデル自体も有意に改善されている。一つは居住地域で、都市的地域の夫は農村地域の夫よりも家事を行う。夫の帰宅時間も負の効果をもっている。すなわち帰宅時間が遅くなるほど夫の家事分担は小さくなる。これは家庭での滞在時間が影響するという時間制約要因にも帰着するが、日本の制度的、慣習的要因として、単に労働時間ではなく帰宅時間に関する変数である点に意味がある。ここでは、通勤時間が効果をもたなかったが、夫の家事参加が少ない状況では帰宅時間ほど直接的な影響力をもたないということであろう。ステップ4では親との同居別居を距離変数に置き換え、さらにこれを妻方夫方に分けて変数化したが、ステップ3の社会的環境制約要因につぐ説明力をもっている。夫方の親から遠くなると夫の家事遂行力は上昇する、言い換えれば、親との同居は夫の家事参加を抑制する効果をもっている。

ステップ5ではサポート資源の活用状況を変数として投入した。この変数はステップ4の親との物理的距離変数と関連をもつことが影響してか、日常生活での親の手助けに関するサポートは有意な影響力をもたなかった（ただし、最終ステップの性別役割観の投入によって10％水準であるが有意な効果をもつ）。効果は小さいが妻が相談に関するサポートで親を頼るケースが多いほど夫の家事参加の程度は上がる結果となっている。

最後に、妻の性別役割意識の影響についてみたのがステップ6である。結果は妻が性別分業規範に対し肯定的である場合夫の家事参加の程度は逓減する。性別役割観についても従来の研究を支持することになった。

日本における夫の家事参加を説明するために使用した多くの説明要因、すな

わち先に示したいずれの仮説も妥当性をもっていることが明らかになった。その中で、最も夫の家事参加を阻害し抑制する要因となっているのは、社会的環境制約要因であり、つぎに夫婦間の相対的な資源分布であり、妻の性別分業意識もネガティブな要因となっている。

今回の報告とは別に、ここで利用したほぼ同じ変数を一括投入して年齢階級別に重回帰分析を試みた結果によると、30歳代40歳代では環境制約要因が負の効果をもち、家事参加の阻害要因として最も影響力をもっていた。モデルとしての説明力は20歳代で最大であったが、20歳代では夫の帰宅時間、収入格差、妻の性別役割意識などいずれも有意な結果は得られなかった。その一方で、20歳代では妻の就業形態と夫の家事遂行の程度に関係性がみられた。妻が常勤で働いていると夫の家事遂行は有意に高まる。40歳代では夫の家事遂行と妻の就業形態とは全く関係性がないことと比較すると、夫の家事参加の行動様式は世代間でも異なった形態をとると考えられる。

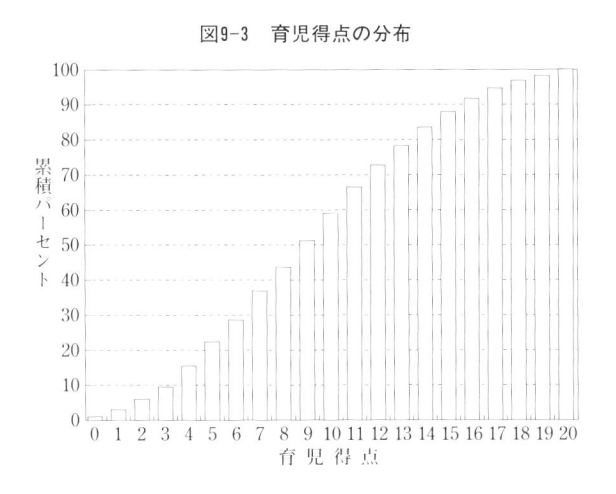

図9-3 育児得点の分布

第 9 章　男性の家庭役割とジェンダー・システム

表9-5　夫の育児行動の規定要因

		Step 1		Step 2		Step 3		Step 4	
		B	bete	B	bete	B	bete	B	bete
(1)	夫と妻の社会経済的地位								
	夫の学歴	0.017	0.005 n.s.	0.054	0.017 n.s.	-0.034	-0.011 n.s.	0.014	0.004 n.s.
	夫の職業上の地位	0.041	0.004 n.s.	0.104	0.010 n.s.	0.121	0.011 n.s.	0.321	0.029 n.s.
	妻の学歴	0.182	0.048 n.s.	0.259	0.068 n.s.	0.038	0.010 n.s.	-0.010	-0.003 n.s.
	妻の職業上の地位	0.263	0.066 n.s.	-0.021	-0.005 n.s.	0.434	0.109 n.s.	0.427	0.107 n.s.
(2)	夫婦関係要因								
	夫婦の収入格差	……	……	-0.271	-0.118	-0.048	-0.021 n.s.	0.032	0.014 n.s.
(3)	人口学的要因								
	長子出産時の夫の年齢	……	……	……	……	-0.026	-0.024 n.s.	-0.034	-0.031 n.s.
	長子出産時の妻の年齢	……	……	……	……	0.126	0.099+	0.110	0.086+
	6歳未満の子どもの数	……	……	……	……	-0.353	-0.053 n.s.	-0.390	-0.059 n.s.
	末子の年齢	……	……	……	……	-0.396	-0.293**	-0.396	-0.293**
	12歳未満の男児の有無	……	……	……	……	-0.423	-0.044 n.s.	-0.279	-0.029 n.s.
(4)	環境制約的要因								
	夫の帰宅時間	……	……	……	……	……	……	-0.617	-0.175**
	居住地域	……	……	……	……	……	……	0.295	0.028 n.s.
	つきあい関係	……	……	……	……	……	……	0.053	0.049 n.s.
(5)	親との距離								
	夫方の母親との距離	……	……	……	……	……	……	……	……
	妻方の母親との距離	……	……	……	……	……	……	……	……
(6)	育児期の親のサポート								
	相談に関するサポート	……	……	……	……	……	……	……	……
	手助けに関するサポート	……	……	……	……	……	……	……	……
(7)	妻の社会意識要因								
	妻の性別役割意識	……	……	……	……	……	……	……	……
(constant)		8.803		9.434		9.320		10.534	
R-Square		0.007	n.s.	0.015	n.s.	0.103	**	0.134	**
ADJ R-Square		0.000		0.007		0.088		0.115	
Change R-Square		……		0.008	*	0.089	**	0.031	**

4 分析結果と知見

		Step 5		Step 6		Step 7	
		B	bete	B	bete	B	bete
(1) 夫と妻の社会経済的地位							
	夫の学歴	0.015	0.005 n.s.	-0.029	-0.009 n.s.	-0.026	-0.008 n.s.
	夫の職業上の地位	0.307	0.028 n.s.	0.360	0.033 n.s.	0.363	0.033 n.s.
	妻の学歴	-0.002	-0.001 n.s.	0.033	0.009 n.s.	0.019	0.005 n.s.
	妻の職業上の地位	0.421	0.106+	0.453	0.114*	0.432	0.109+
(2) 夫婦関係要因							
	夫婦の収入格差	0.044	0.019 n.s.	0.040	0.018 n.s.	0.047	0.020 n.s.
(3) 人口学的要因							
	長子出産時の夫の年齢	-0.034	-0.0031 n.s.	-0.027	-0.025 n.s.	-0.028	-0.025 n.s.
	長子出産時の妻の年齢	0.110	0.086+	0.110	0.086+	0.110	0.086+
	6歳未満の子どもの数	-0.388	-0.059 n.s.	-0.390	-0.059 n.s.	-0.399	-0.060 n.s.
	末子の年齢	-0.393	-0.290**	-0.379	-0.281**	-0.379	-0.280**
	12歳未満の男児の有無	-0.279	-0.029 n.s.	-0.243	-0.025 n.s.	-0.239	-0.025 n.s.
(4) 環境制約的要因							
	夫の帰宅時間	-0.614	-0.175**	-0.620	-0.176**	-0.621	-0.177**
	居住地域	0.329	0.032 n.s.	0.314	0.030 n.s.	0.303	0.029 n.s.
	つきあい関係	0.052	0.048 n.s.	0.050	0.047 n.s.	0.050	0.047 n.s.
(5) 親との距離							
	夫方の母親との距離	-0.087	-0.036 n.s.	-0.088	-0.037 n.s.	-0.088	-0.037 n.s.
	妻方の母親との距離	0.022	0.011 n.s.	0.034	0.018 n.s.	0.033	0.017 n.s.
(6) 育児期の親のサポート							
	相談に関するサポート	……	……	0.308	0.078+	0.313	0.079+
	手助けに関するサポート	……	……	-0.314	-0.044 n.s.	-0.321	-0.045 n.s.
(7) 妻の社会意識要因							
	妻の性別役割意識	……	……	……	……	-0.091	-0.020 n.s.
(constant)		10.718		10.295		10.341	
R-Square		0.135	**	0.141	**	0.141	**
ADJ R-Square		0.113		0.116		0.115	
Change R-Square		0.001	n.s.	0.006	n.s.	0.000	n.s.

** : p＜0.01　　* : p＜0.05　　+ : p＜0.10

4.2 夫の育児遂行に関する規定要因

育児は家事に比べると緊急性が高く近くにサポート資源をもたない、とくに都市の孤立型共働き家族にとって、夫の育児参加は妻の就業や子どもの産み方に大きな影響力をもつ切実な問題である。

夫の育児遂行は家事の場合に比べるとこれを上回っている。育児分担の平均得点は9.5ポイントで、これは5つの育児領域とも「週1～2回」程度行う場合をわずかに下回る水準である。20歳代は11.5ポイント、30歳代は9.9ポイントとなっている。9.0ポイントでほぼ全体の50パーセンタイル（累積度数）を占めている（図9-3）。

つぎに、夫の育児遂行について、ステップ別重回帰分析の結果をみる（**表9-5**）。

夫と妻の社会経済的な変数を投入したステップ1では、全く有意な変数がみられない。説明力自体有意な結果が得られなかった。つぎに、夫婦間の収入格差に関する変数を投入したステップ2でもモデル自体の説明力をもっていない。

ステップ3では、出産や子育てに重要な意味をもつと推測される第一子出産時の夫妻の年齢、6歳未満の子ども数、末子の年齢などの人口学的変数を投入した。その結果、この家族構造変数はすべてのステップの中で最も説明力をもち、とくに末子の年齢は今回投入したすべての変数の中で圧倒的に夫の育児参加の程度に効果、影響を与え、夫の育児遂行の促進要因となっている。そのほか10％水準ながら妻の第一子出産年齢が有意なプラスの結果となっている。人口学的変数の投入によって、とくにステップ1では有意でなかった妻の就業形態への効果を5％水準で示している。すなわち、ここで用いたいずれかの人口学的変数が、妻の就業形態によって夫の育児遂行を促進させる効果をもたらしたといってよい。妻がフルタイムで働く場合、専業主婦の場合に比べて夫は育児を行い、末子の年齢が上昇すると育児から遠ざかる結果となっている。また、10％水準で妻の出産年齢がプラスの効果をもっている。出産年齢が高くなると夫の育児遂行が高まる傾向がみられる。また、日本では子どもに男児が含まれていると、夫が子育てに積極的であるとの説があるのでこれも併せて検証したが有意な結果は出なかった。ここでは、意外にも6歳未満の子ども数が有意な

影響力をもたなかった（6歳未満の子を2人以上もつサンプルが少ないことの影響が考えられる）。

　社会的環境制約要因に関する変数を投入したステップ4では、家事行動では有意であった「居住地域」の変数が育児行動では全く効果をもたなくなる。しかし、「帰宅時間」についてはかなり大きな負の効果をもっている。当然とはいえ帰宅時間が遅いことは夫の育児参加の重要な阻害要因となっている。家事参加では有意であった親との物理的な距離も全く有意な関係にはなかった。妻の性別役割観に関する変数を投入した場合を含めて、このステップ以降はモデル自体の改善力が全くみられなかった。これも家事行動とは異なった結果である。いずれにしても、夫の育児参加は、末子の年齢、夫の帰宅時間の2変数が圧倒的に説明力をもち、これについで妻の従業上の地位、出産時の妻の年齢が影響することが明らかになった。

　夫の家事行動、育児行動の決定要因は、必ずしも共通の変数や要因では形成されておらず、これは、家事、育児それぞれ独自の遂行構造をもつためと考えられる。夫の家事遂行では、有意な変数となっている「夫婦間の収入格差」「居住地域」「親との物理的距離」「妻の性別役割意識」などが、育児遂行ではいずれも影響力をもたない結果となっている。これは育児が一定の期間に限られ、また緊急性を要するため夫婦の義務的な性格をもっていること、一方で新しい生命に接するといった楽しみを与えてくれる（消費財的な要素）ことなどが、家事行動とは違った結果になっていると考えられる。また、共通の決定要因となった変数は「夫の帰宅時間」である。組織中心の長時間労働が夫の家事行動や育児行動の両方に大きな影響を与えていることが確認された。

　分析結果の解釈、分析ステップの改善などについては今後さらに吟味をする必要はあるが、この節の最後に、夫の家事、育児行動について明らかになったこと、あるいは確認されたことを簡潔に整理しておきたい。

①夫の家事、育児遂行の頻度は極めて低い。このことが実際に全国規模のミクロデータによって追認された（分散の幅もきわめて小さい）。しかし、家事と育児の夫の関わり方は育児のほうが大きい。これは家事と育児では異質の動機づけがされているためと思われる。

②家事行動について年齢によって有意な差がないとの先行研究もみられるが、

今回の結果では40歳代までの世代は20歳代、30歳代とそれぞれ世代間で有意な差が検証された。これは家事行動を決定する要因が世代やライフステージによって異なっているためと考えられる。若い世代ほど家事分担に協力的な夫が多く、多少なりとも家事遂行率が高くなっているが、これは結婚当初だけの効果なのか、若年世代ほど男女間で協力行動が増える傾向があるのかははっきりしない。継続的に観察することが必要である。

③①でもふれたが夫の家事、育児行動はそれぞれ独自の遂行構造をもつ側面がある。夫の家事遂行では有意な変数となっている「夫婦間の収入格差」「居住地域」「親との物理的距離」「妻の性別役割意識」などが、育児遂行ではいずれも影響力をもたない結果となっている。

④夫婦の相対的な資源の分布が夫の家事遂行に影響を与える。すなわち夫と妻の収入格差が小さい場合は、夫の家事遂行の程度が高くなる。従来のアメリカの研究成果が日本でも追認された。

⑤生活行動面の変数として、「夫の帰宅時間」を投入したが、この変数は夫の家事遂行、育児遂行の両方にマイナスの影響を与えている。「社会的環境制約要因」が夫の家庭役割遂行の阻害要因となっている。

⑥親との同居は、夫の家事行動にマイナスの影響をもつ。親子が同居することによって社会制度の補完的な役割を担ってきたが、親が夫の家事遂行の代替役割を果たすため夫の家事遂行には抑制・阻害要因となっている。

⑦妻の性別役割観は夫の家事参加の程度と有意な関連をもつ。妻の性別分業を肯定するような意識は、夫の家事分担の低調さを助長・増幅する。

⑧「末子年齢」が高くなるほど、またライフステージの変化とともに夫は家事、育児から遠ざかる。また、妻の第一子出産年齢が高いほど夫の育児分担の程度は高くなる。

5　まとめと提言
──脱性別役割分業システム社会の構築へ──

夫の家事参加、育児参加の促進要因、阻害要因を複数の仮説から総合的に検討する試みを全国スケールのミクロデータに依拠して行った。夫の家事参加の

程度に関する分析では、相対的資源論、時間制約論、イデオロギー論などアメリカの先行研究による結果をおおむね追認する結果を得た。しかし、個人レベルの時間秩序を越えた社会的制約による影響や、「親子の居住規則」を含めたより日本的な「環境制約」による要因が、最も説明力を示した。これは日本の社会や家族特有の会社、組織中心の労働慣行、親との同居といった環境が夫の家事参加を阻害、制約させている、との結論を導くことができる。夫の育児参加については、家族構造的要因（人口学的要因）が最も分散を説明するという結果であったが、ここでも「帰宅時間」による影響がマイナスの要因として説明力をもった。

今回の分析から個人の属性的要因より社会の制度的要因やジェンダー的要因が男性の家庭役割の遂行を妨げていることを見いだした。性別役割型社会を改めようとする最近の変化は、それほど実態を伴っていない。このような状態のままで新規に家族政策、労働政策を投入しても、基本的な性別役割、家族観などの意識が改まらない限り——特に男性の意識改革——その効果に多くは期待できない。同時に、固定的雇用慣行の変革や、親の支援を必要としないような育児支援制度の整備、充実が進まないと女性の結婚や出産・子育てへの義務感や負担感、ひいては結婚回避や出産回避に対する意識・価値観は変化しないであろう。

今日働く女性は多数派となっている。今後21世紀の少子高齢社会を見据えるなら、男性の家事や育児参加を促し得る社会システム、当然女性だけでなく男性を取り込んだ形で働き方、生活の仕方、あるいは生き方を、たとえば家事や育児に関しても積極的な意味を付与できるようなシステムに変革していくことが重要である。また、わが国のような性別役割が堅固な社会では、個人や企業単位で制度の利用を強制的に義務づける、あるいはプログラム化することによって、初めてシステムに実効性をもたせ浸透させることが可能になるのではなかろうか。

夫も妻も共に働き、家事や子育てを共に分担する家族への転換期に少子化、出生率低下の問題が生じたとすれば、日本の固定的雇用慣行から個人のキャリアを尊重した働き方、多様で自由な生き方が容認されるように制度改革や社会全体の意識改革を進めることが肝要であり、そのことが、夫婦間の仕事と子育

ての共同分担への道であろう。男女共同参画型社会に向けて時代の変化を明らかにし、それに沿った改革を進めることが重要である。

付　表

付表　夫の家事・育児行動の変数コード

1. 夫の家事行動の規定要因
    (1) 夫と妻の社会経済的地位
        夫の学歴　1)小・中学校　2)高校　3)専修学校　4)高専・短大　5)大学・大学院
        夫の職種　0)ホワイトカラー以外　1)ホワイトカラー
        妻の学歴　1)小・中学校　2)高校　3)専修学校　4)高専・短大　5)大学・大学院
        妻の従業上の地位　1)専業主婦　2)自営　3)パートタイム　4)常時雇用
    (2) 夫婦関係要因
        夫婦の収入格差　夫、妻それぞれ8段階尺度で構成された収入ランクの差。
    (3) 環境制約要因
        居住地域　0)DID以外　1)DID
        夫の通勤時間　1)自宅で労働　2)30分未満　3)1時間未満　4)1時間半未満
        　　　　　　　5)1時間半以上
        夫の帰宅時間　1)20時前　2)21時前　3)22時前　4)それ以降
    (4) 親との距離
        妻方の母親との距離　0)同居　1)敷地内別居　2)15～30分　3)30～60分
        　　　　　　　　　　4)1～2時間　5)2～3時間　6)3時間以上
        夫方の母親との距離　0)同居　1)敷地内別居　2)15～30分　3)30～60分
        　　　　　　　　　　4)1～2時間　5)2～3時間　6)3時間以上
    (5) 親のサポート
        相談に関するサポート　「子どもの教育や将来に関する相談」・「夫婦間の問題に関する相談」・「あなたの人生相談」に夫方妻方の両親が挙げられている数を総和。
        手助けに関するサポート　「あなたが病気の時の看病・世話」・「家族の食事・洗濯等の手伝い」に夫方妻方の両親が挙げられている数を総和。
    (6) 妻の社会意識要因
        妻の性別役割意識　主成分分析（次ページ）によって測定。

2. 夫の育児行動の規定要因
    (1) 夫と妻の社会経済的地位
        夫の学歴　1)小・中学校　2)高校　3)専修学校　4)高専・短大　5)大学・大学院
        夫の職種　0)ホワイトカラー以外　1)ホワイトカラー
        妻の学歴　1)小・中学校　2)高校　3)専修学校　4)高専・短大　5)大学・大学院
        妻の従業上の地位　1)専業主婦　2)自営　3)パートタイム　4)常時雇用
    (2) 夫婦関係要因
        夫婦の収入格差　夫、妻それぞれ8段階尺度で構成された収入ランクの差
    (3) 人口学的要因

第9章　男性の家庭役割とジェンダー・システム

　　　長子出産時の夫の年齢　［実数］
　　　長子出産時の妻の年齢　［実数］
　　　6歳未満の子どもの数　［実数］
　　　末子の年齢　［実数］
　　　12歳未満の男児の有無　0）なし　1）あり
（4）環境制約要因
　　　居住地域　0）DID以外　1）DID
　　　夫の帰宅時間　1）20時前　2）21時前　3）22時前　4）それ以降
　　　親以外のサポート資源　問12の各項目を総和。
（5）親との距離
　　　妻方の母親との距離　0）同居　1）敷地内別居　2）15～30分　3）30～60分
　　　　　　　　　　　　　4）1～2時間　5）2～3時間　6）3時間以上
　　　夫方の母親との距離　0）同居　1）敷地内別居　2）15～30分　3）30～60分
　　　　　　　　　　　　　4）1～2時間　5）2～3時間　6）3時間以上
（6）育児期の親のサポート
　　　相談に関するサポート　「出産や育児で困ったときの相談」・「家族・親族など
　　　　　　　　　　　　　　の扶養・介護などで困ったときの相談」に夫方妻方
　　　　　　　　　　　　　　の両親が挙げられている数を総和。
　　　手助けに関するサポート　「第一子の出産時の妻の身の回りの世話」・「平日の
　　　　　　　　　　　　　　昼間、第一子が1歳になるまでの世話」に夫方妻方
　　　　　　　　　　　　　　の両親が挙げられている数を総和。
（7）妻の社会意識要因
　　　妻の性別役割意識　主成分分析によって測定。
　　　　妻の性別役割意識は、家族意識に関する項目から性別意識に関係する変数を
　　　用いて主成分分析を行い、その得点から測定した。分析に用いた質問は以下の
　　　3項目である。
　　　①「結婚後は、夫は外で働き、妻は主婦業に専念するべきだ」
　　　②「子どもが小さいうちは、母親は仕事をもたずに育児に専念したほうがよい」
　　　③「男の子は男らしく、女の子は女らしく育てるべきだ」
回答は「1まったく賛成」から「4まったく反対」までの4段階で、実際の分析で
は尺度の順序を逆にして点数が高いほど「性別役割意識」が高くなるように構成した。
主成分分析の結果は下記のとおりである。

妻の性別役割意識（主成分分析）　n=4,516

		全体	29歳以下	30～39歳	40～49歳	50～59歳	60～69歳
固定値		1.830	1.855	1.852	1.800	1.756	1.629
説明された合計分散の比率(%)		61.0	61.8	61.7	59.9	58.5	54.3
成分行列	①	0.774	0.817	0.812	0.756	0.727	0.704
	②	0.807	0.806	0.820	0.818	0.778	0.753
	③	0.764	0.733	0.721	0.745	0.788	0.752

終章

総括と展望

目黒依子

　われわれの分析デザインにおいては、「出産は結婚制度の中で」という規範が強ければ「結婚回避」が「出産回避」につながることになる。「結婚回避」という従属変数セットと、それを説明すると仮定した「社会システム」「価値観・意識」「結婚・出産・育児コスト感」という3つの独立変数群との関係は、用いられたデータによっておおむね検証されたと言える。その関係は、「社会システム」が構造的規定要因として「ジェンダーに関する価値観や意識」が「結婚回避」、または「出産回避」に直接的に結びつく、あるいは、「結婚・出産・育児コスト感」に結びついた結果「結婚回避」「出産回避」に結びつくことに作用する、という形でみられた。

　若い世代にみられた「役割意識の個人化」「役割意識の無関連化」「状況の不透明化」などの要因が、結婚や出産の決定メカニズムをパターンとして見え難くしているようである。また、男女間のジェンダー意識の不一致が、結婚回避と関連性をもつことが明らかとなった。「家事を五分五分でする」ということを結婚相手に求める女性たちの意識は、実際にどうなるかは別として、そのような意識の持ち主を夫にしたいという選択であるのに対し、男性たちは、そういう決めつけに反感をもつのである。このような女性の意識は首都圏に限らず、地方都市の女性にも共通しており、男性のジェンダー意識を家事分担という一側面から嗅ぎつけているのである。家事分担についての意識は、男性のジェンダー意識を女性が推し量る一種の踏み絵となっている。そのことを男性たちが理解しない状況で、結婚回避があたかも女性の自己中心的配偶者選択願望の結果であるかのような仮説が提示されてきたということができる。結婚願望が低いわけではないのに、結婚回避現象がみられるのは、結婚についての個人のイ

メージを比較的明確にもつ女性に対し、男性は「家族を養う役割」を結婚のイメージとしていることも、結婚への動機付けのジェンダー・ギャップとして作用していると言えよう。

　従来、妊娠や出産のコストはその経済的コストとして考察されることが多かったが、われわれは、女性がもつコスト感に注目した。出産は女性の生物学的特性に基づく機能であるために女性の存在証明として、また、結婚と一体となった家族システムの一部であると社会的に認識されてきた。しかし、近年の出産行為はほとんどが病院で行われ、身近な日常性のある出来事ではなくなった。「当たり前」の行為とされながら、日常性のなくなった出産について、ジェンダー意識のありようと出産についての意識や出産回避がどのようにかかわっているかについては、データがほとんど蓄積されていない。われわれが行った大学生調査から傍証された出産のコスト感は、男女共に「出産は怖い」という感情を共有するものの、「女性だけが出産すること」を女子の多くが不公平だと思うのに対し、圧倒的多数の男子は不公平でないと認識している。また、大多数の女子が出産は自分の仕事に影響を与える（出産・育児と仕事の両立の困難）と心配するのに対し、大多数の男子は自分の妻の出産が自分の仕事に影響するか心配しておらず、出産へのかかわりの認識が弱い。子どもの世話を含め、男女の意識のギャップは、女性の出産コストへの不安を増幅させる可能性がある。妊娠・出産から育児まで、生まれる子どもの親となるのは女性のみではないにもかかわらず、一連の行為及びその結果への影響は男女で大きく異なる。そのことに対する女性たちの不公平感や抵抗感が、出産回避につながっていると理解できる。

　妊娠に伴う女性の身体的、時間的、金銭的、心理的コストは著しい。妊娠・出産にかかわる医療システムのあり方が、これらの単独および複合的コスト感の増大に影響を及ぼしているのである。特に、医師とのコミュニケーションがもちにくい現状は、女性の心理的コストを増幅させていると言える。

　育児コスト感は、性別、年齢、仕事への意欲、学歴（収入）などによって差異がみられた。女性では、年齢が高いほど、また仕事への意欲が高いほど、出産意欲が低いが、男性では経済力の低いことと出産意欲の低いことが相関を示している。これは、育児コスト感と出産意欲が連動していることによる。また、

首都圏と地方都市とでは、首都圏の女性の場合、育児責任が母親一人に降りかかる環境にあることが多いことからのコスト感が苦しいと言える。育児は母親の仕事、母になることが女の証である、といったジェンダー規範から離れ、個としての生き方を価値とする世代の女性にとって、人生の一定期間を他者である子どものペースに常に合わせなければならない育児は、コストの高い活動だと意識されているのである。そしてそのコスト感は、育児活動それ自体のみならず、自分だけが責任者、もう一人の親である夫は生活のペースを乱されることなく生きているという状態からも、増幅されていると言える。ジェンダー意識の世代間差や男女差から生じた「軋み」の一つではなかろうか。

夫の家事参加、育児参加の促進要因、阻害要因を複数の仮説から総合的に検討した結果、アメリカの先行研究による結果をおおむね追認することができた。しかし、社会的制約による影響や、「親子の居住規則」を含めたより日本的な「環境制約」による要因が、最も説明力を示した。組織中心の労働慣行や親との同居、帰宅時間による影響などが顕著である。

若い世代の女性のジェンダー意識がこの数十年間に年長世代や男性に比べて一段と変化してきたことにより、その意識ギャップと、従来のジェンダー構造のもとでの閉塞感や「生き難さ」感が、「成り行き結婚」回避や「義務出産」回避を彼女たちにさせてきたといえる状況が浮かび上がってきた。しかし同時に、その状況も一律ではなく、出産意欲における地域差や、既に出産している子どもの数による差などが明らかとなり、また、若い自己実現志向のある専業主婦が捉われる閉塞感も出産回避に影響することが確認されたと言える。第11回出生動向基本調査（国立社会保障・人口問題研究所、1997年）の結果によれば、結婚持続期間15～19年における夫婦の完結出生児数は2.21人であり、1970年代以降の安定傾向が続いていることが確認されたが、平均出生児数は、いずれの結婚持続期間グループでも低下しており、とくに80年代後半から結婚した若い夫婦の出生プロセスに遅れがみられる。この状況を反映し、子どものいない夫婦の割合はすべての結婚持続期間で増えており、特に結婚期間が0～4年の夫婦では10年前の同調査よりも10.1％増加し、42.6％に達している。また、出生タイミングの変化を反映する「合計結婚出生率」も1990年以降2.0を割り込む状況が続いている。

終章　総括と展望

　このような現状をみるにつけ、少子化の最大の要因は近年急速に進み続ける「晩婚化」であることがすでに明らかにされているものの、「晩婚化」を推し進めてきた世代の男女について、「結婚すれば前の世代と同じように平均2人の子どもを産む」という出生行動を前提にして議論ができるか、検討する必要があろう。

　以上を踏まえて言えることは、「結婚・出産・育児コスト感」を軽減することが出産奨励のための対策となることである。各章で挙げた個別項目に関する提言を前提に、ここでは3つのレベルでの提言をもって、本書のまとめとしたい。

①個別システムの改善

　本分析から浮上した問題個別システムとして、出産・医療システムと育児サポート・システムを挙げることができる。まず、出産・医療システムの改善については、第4回世界女性会議において採択された北京行動綱領の重大問題領域の1つである「女性と健康」の基本概念となっているリプロダクティブ・ヘルスおよびライツ（性と生殖に関する健康・権利）を出産・医療システムの中に明確に位置づけることである。生殖は数の問題ではなく、性と生殖に関する女性の自己決定権を認めることを基本とした上で、生涯を通じての女性の健康という観点から出産に関連する情報やサービスの提供をシステム化することが必要である。健康医療システムの現状は男性志向であり、医療機関・専門家中心の発想でつくられているが、それをサービスの受け手である当事者のニーズを軸にした当事者中心の発想に基づくシステムに転換することが求められる。これは、情報やサービスの内容のみならずその提供の方法についても重要である。

　育児サポート・システムの改善については、子どもをもつ女性一般というよりも、子どもの数や地域による差異によって異なる状況に適合するサポート・システムの整備が望まれる。母親のみが育児責任を担う状況に置かれた都市部では、公私の保育施設とともに、施設と親個人の隙間をつなぐようなサポートが欠かせない。育児者が複数いるような家族や地域の場合、一律の保育施設へのニーズは低い。自治体レベルでの対策がより効果的であろう。

　国は、リプロダクティブ・ヘルス／ライツのような基本方針の普及に努めることが肝要であるが、具体的なニーズに応じた対策は、自治体レベルでの方針

決定と実施に委ねることが適切であると思われる。いずれにしても、情報やサービスの提供やシステム整備については、政府・自治体などとNGOとの連携が、状況改善のために有効であろう。

②社会システムの改善

一言でいえばジェンダー・システムの変革が必要である。これは、男性が稼ぎ手であり女性は主婦であるという前提に立つ仕組みを変えるということである。最も影響をもたらす領域は雇用システムであり、それを支える政策である。女性の出産回避の主要な原因が男性の家事・育児への不参加にあること、その原因が働き方の仕組みにあること、そして、男性＝稼ぎ手・女性＝主婦というペア・ユニットとしての「標準家族」を基本前提とする諸政策がその仕組みをサポートしていることは、本分析から明らかである。男女共同参画型社会の実現は、短期的には少子化の抑止効果を生み出すことにはならないかもしれないが、固定的な性別役割を前提とする現行のシステムの変革なくしては、長期的な展望は開けない事態である。子どもを産みたいが、それはいつ、また何人か、といった決定を女性の権利とするリプロダクティブ・ライツが認められたとしても、その権利の行使は、その自己決定をサポートする社会システムがともなわなければ、コスト感は重く、リスクの高いものとなるからである。

③意識変革

ジェンダー意識は徐々に変化してきているが、その変化の世代間及び男女間の差は大きい。若い女性のジェンダー意識が最も大きく変化してきたことが、世代間および男女間の関係における緊張感をもたらし、また、現行システムと意識変化とのギャップによる生き方に関する不公正感を生み出してきたと言える。この事態を改善するための方策として、前述の①個別システムの改善および②社会システムの改善に関連する内容の市民教育及び学校教育の普及が必要であり、有効性があると思われる。学校教育における性や出産、ジェンダー構造などに関する情報提供は、若い世代の情報欠如による誤解や不安を軽減し、責任ある決定力を身につけることに有益である。また、現行システムの改善を進める上で、市民社会の支持を得るためには、ジェンダー・システムと現代の

諸問題との関連についての十分な情報を提供するための市民教育が不可欠である。

資　料

1　出産に関する大学生意識調査

(1)	(2)-(4)

問1 a. あなたの性別をお教え下さい。

| 1. 女性　2. 男性 | (5) |

b. あなたの年齢をお教え下さい。

| 　　 |歳 | (6)-(7) |

c. あなたの学年をお教え下さい。

1. 大学1年生　　4. 大学4年生
2. 大学2年生　　5. 大学院生
3. 大学3年生　　6. その他（具体的に記入　　　　　　）

(8)

d. あなたの専攻をお教え下さい。

1. 文　系（文学、社会学、法学、経済学、心理学、人間関係など）
2. 理　系（工学、化学、数学、薬学、医学など）
3. その他（具体的に記入　　　　　　　　　　　　　）

(9)

e. あなたは出産の経験がありますか。

| 1. ない　2. ある | (10) |

問2. あなたは、以下に挙げる事柄についてどの程度ご存じですか。それぞれの項目について、一番近いものに1つだけ○をつけて下さい。

	人に説明できるくらいよく知っている	ある程度は知っている	言葉としては知っている	言葉を聞いたことがない	
1. 周産期医療	1	2	3	4	(11)
2. 陣痛促進剤	1	2	3	4	(12)
3. 帝王切開	1	2	3	4	(13)
4. 超音波診断	1	2	3	4	(14)
5. 会陰切開	1	2	3	4	(15)
6. NICU	1	2	3	4	(16)
7. ラマーズ法	1	2	3	4	(17)
8. 子宮口	1	2	3	4	(18)

資　料

9. 陣痛微弱	1	2	3	4	(19)
10. 吸引分娩	1	2	3	4	(20)
11. 後産	1	2	3	4	(21)
12. 妊娠中毒症	1	2	3	4	(22)
13. 逆子(さかご)	1	2	3	4	(23)
14. 育児休業法	1	2	3	4	(24)
15. 低用量ピル	1	2	3	4	(25)

問3．以下に挙げる「妊娠・出産」に関する文の中で、あなたが正しいと思う文には1に、正しくないと思う文には2に○をつけて下さい。

	正しい	正しくない	
1．人間の妊娠期間は、300日くらいが平均的である。	1	2	(26)
2．妊娠3カ月とは、妊娠した日から数えて3カ月という意味である。	1	2	(27)
3．つわりの原因は心理的なものが大きく、本当に子どもを欲しがっている女性がつわりに苦しむことはほとんどない。	1	2	(28)
4．はじめての出産（初産）は陣痛が強いことが多いが、第2子、第3子となるにしたがって、陣痛は軽くなる。	1	2	(29)
5．陣痛が始まってから赤ちゃんが生まれるまでにかかる時間は、初産の場合で、平均12～15時間である。	1	2	(30)
6．現代日本では医療が発達しているので、出産で命を落とす女性の比率は、10万人に1人ぐらいである。	1	2	(31)
7．出産にかかる病院の費用には、健康保険は適用されない。	1	2	(32)
8．女性には母性本能があるので、出産すれば自然に子どもにどう接すれば良いのかわかる。	1	2	(33)

資　料

問4．あなたは出産についてどのようなことを感じていますか。以下のそれぞれの文について、ご自分の感じていることに一番近いものに1つだけ○をつけて下さい。

★女性と男性では質問文が違うので、ご注意下さい。男性は次のページです。

【女性の方】　　　　　　　　　　　　　　　　　　　　　　　　　　　　　(34) - (53)

	そう思う	ややそう思う	あまりそう思わない	そう思わない
1. 出産とは、人間の命を生み出す偉大で神秘的な営みだと思う。	1	2	3	4
2. 出産は、他の生理的過程と同じような日常的営みの一つだと思う。	1	2	3	4
3. 出産は、女性の特権だと思う。	1	2	3	4
4. 女性だけが出産しなければならないのは不公平だと思う。	1	2	3	4
5. 出産するのは怖い。	1	2	3	4
6. 「案ずるよりも産むがやすし」というように、あまり心配する必要はないと思う。	1	2	3	4
7. 出産を経験するチャンスを逃したくないと思う。	1	2	3	4
8. 自分で出産せずに自分の子どもを持てるのであればそうしたいと思う。	1	2	3	4
9. 仕事を続ける上で、出産が自分の仕事にどういう影響を与えるか心配である。	1	2	3	4
10. 産前産後など一人では対処できない時期に、誰か世話をしてくれる人がいるか心配である。	1	2	3	4
11. 出産は、夫婦の最大のイベントであると思う。	1	2	3	4
12. できるならば、夫である男性に立ち会ってもらいたい。	1	2	3	4
13. たとえ夫でも男性に「産みの苦しみ」を見られるのは女性として抵抗がある。	1	2	3	4
14. 安全のためなるべく大きな病院で産みたい。	1	2	3	4
15. 信頼できる医師や助産婦さんのいる施設で産みたい。	1	2	3	4
16. 出産前の女性にとって出産の情報は十分行き渡っていると思う。	1	2	3	4
17. 出産前の女性にとって信頼できる産婦人科・病院の情報は十分行き渡っていると思う。	1	2	3	4
18. 化学物質による大気汚染や食物汚染などが、子どもにどのような影響を与えるか心配だ。	1	2	3	4
19. 現代社会は、女性の出産に対して冷たいと思う。	1	2	3	4
20. 現代女性の出産に対する心構えは不十分だと思う。	1	2	3	4

以上で終了です。ご協力ありがとうございました。

資 料

【男性の方】　　　　　　　　　　　　　　　　　　　　　　(54)－(73)

	そう思う	ややそう思う	あまりそう思わない	そう思わない
1. 出産とは、人間の命を生み出す偉大で神秘的な営みだと思う。	1	2	3	4
2. 出産は、他の生理的過程と同じような日常的営みの一つだと思う。	1	2	3	4
3. 出産は、女性の特権だと思う。	1	2	3	4
4. 女性だけが出産できるのは不公平だと思う。	1	2	3	4
5. 自分の妻が出産する時になったら怖いと思う。	1	2	3	4
6. 「案ずるよりも産むがやすし」というように、あまり心配する必要はないと思う。	1	2	3	4
7. 出産できる女性は出産のチャンスをむざむざ逃すべきではないと思う。	1	2	3	4
8. 将来女性が産まなくても、自分の子どもが持てるような技術ができれば、それを使用するのも良いと思う。	1	2	3	4
9. 妻の出産期に関連する雑事で、自分の仕事がおろそかにならないか心配である。	1	2	3	4
10. 妻の産前産後の世話を誰かに手伝ってもらえるか心配である。	1	2	3	4
11. 出産は、夫婦の最大のイベントであると思う。	1	2	3	4
12. できるならば、妻の出産に立ち会いたい。	1	2	3	4
13. たとえ夫であっても、男性が女性の「産みの苦しみ」の場に立ち会うには抵抗がある。	1	2	3	4
14. 妻には、安全のためなるべく大きな病院で産んでもらいたい。	1	2	3	4
15. 妻には、信頼できる医師や助産婦さんのいる施設で産んでもらいたい。	1	2	3	4
16. 男性にも、出産に関する情報は十分行き渡っていると思う。	1	2	3	4
17. 男性にも、信頼できる産婦人科医や病院に関する情報は十分行き渡っていると思う。	1	2	3	4
18. 化学物質による大気汚染や食物汚染などが、子どもにどのような影響を与えるか心配だ。	1	2	3	4
19. 出産に対する社会的対応は、現代社会においては、不十分だと思う。	1	2	3	4
20. 現代女性や、夫である男性の出産に対する心構えは不十分だと思う。	1	2	3	4

以上で終了です。ご協力ありがとうございました。

資　料

2　「出産に関する大学生意識調査」の単純集計結果

問1　対象者の基本的属性

a　性別

	度数	％
1　女性	293	65.0
2　男性	158	35.0
合計	451	100.0

b　年齢

	度数	％
18	23	5.1
19	87	19.3
20	157	34.8
21	98	21.7
22	54	12.0
23	21	4.7
24	5	1.1
25	2	0.4
26	1	0.2
28	1	0.2
29	1	0.2
33	1	0.2
合計	451	100.0

c　学年

	度数	％
1　大学1年生	124	27.5
2　大学2年生	200	44.3
3　大学3年生	78	17.3
4　大学4年生	49	10.9
合計	451	100.0

d　専攻

	度数	％
1　文系	428	94.9
2　理系	18	4.0
3　その他	5	1.1
合計	451	100.0

e　出産経験の有無

	度数	％
1　ない	441	97.8
2　ある	6	1.3
3　不詳	4	0.9
合計	451	100.0

資　料

問2　あなたは、以下に挙げる事柄についてどの程度ご存じですか。

(1) 周産期医療

	人に説明できるくらいよく知っている	ある程度は知っている	言葉としては知っている	言葉を聞いたことがない	不詳	合計
女性	1	11	49	231	1	293
男性	0	4	14	139	1	158
合計	1	15	63	370	2	451

(2) 陣痛促進剤

	人に説明できるくらいよく知っている	ある程度は知っている	言葉としては知っている	言葉を聞いたことがない	不詳	合計
女性	28	151	90	24	0	293
男性	5	43	71	38	1	158
合計	33	194	161	62	1	451

(3) 帝王切開

	人に説明できるくらいよく知っている	ある程度は知っている	言葉としては知っている	言葉を聞いたことがない	不詳	合計
女性	74	194	22	3	0	293
男性	27	89	39	3	0	158
合計	101	283	61	6	0	451

(4) 超音波診断

	人に説明できるくらいよく知っている	ある程度は知っている	言葉としては知っている	言葉を聞いたことがない	不詳	合計
女性	43	198	46	6	0	293
男性	20	69	48	20	1	158
合計	63	267	94	26	1	451

(5) 会陰切開

	人に説明できるくらいよく知っている	ある程度は知っている	言葉としては知っている	言葉を聞いたことがない	不詳	合計
女性	24	57	49	163	0	293
男性	3	13	24	116	2	158
合計	27	70	73	279	2	451

(6) NICU

	人に説明できるくらいよく知っている	ある程度は知っている	言葉としては知っている	言葉を聞いたことがない	不詳	合計
女性	0	4	15	273	1	293
男性	0	1	9	147	1	158
合計	0	5	24	420	2	451

(7) ラマーズ法

	人に説明できるくらいよく知っている	ある程度は知っている	言葉としては知っている	言葉を聞いたことがない	不詳	合計
女性	26	138	95	34	0	293
男性	13	53	65	27	0	158
合計	39	191	160	61	0	451

(8) 子宮口

	人に説明できるくらいよく知っている	ある程度は知っている	言葉としては知っている	言葉を聞いたことがない	不詳	合計
女性	21	104	107	61	0	293
男性	5	45	67	39	2	158
合計	26	149	174	100	2	451

(9) 陣痛微弱

	人に説明できるくらいよく知っている	ある程度は知っている	言葉としては知っている	言葉を聞いたことがない	不詳	合計
女性	10	56	104	123	0	293
男性	2	13	40	101	2	158
合計	12	69	144	224	2	451

(10) 吸引分娩

	人に説明できるくらいよく知っている	ある程度は知っている	言葉としては知っている	言葉を聞いたことがない	不詳	合計
女性	11	54	130	98	0	293
男性	3	14	61	79	1	158
合計	14	68	191	177	1	451

(11) 後産

	人に説明できるくらいよく知っている	ある程度は知っている	言葉としては知っている	言葉を聞いたことがない	不詳	合計
女性	28	64	105	95	1	293
男性	5	14	39	99	1	158
合計	33	78	144	194	2	451

(12) 妊娠中毒症

	人に説明できるくらいよく知っている	ある程度は知っている	言葉としては知っている	言葉を聞いたことがない	不詳	合計
女性	24	133	113	23	0	293
男性	8	27	61	60	2	158
合計	32	160	174	83	2	451

資　料

(13) 逆子（さかご）

	人に説明できるくらいよく知っている	ある程度は知っている	言葉としては知っている	言葉を聞いたことがない	不詳	合計
女性	113	158	21	1	0	293
男性	47	71	31	9	0	158
合計	160	229	52	10	0	451

(14) 育児休業法

	人に説明できるくらいよく知っている	ある程度は知っている	言葉としては知っている	言葉を聞いたことがない	不詳	合計
女性	48	161	66	18	0	293
男性	11	67	47	32	1	158
合計	59	228	113	50	1	451

(15) 低容量ピル

	人に説明できるくらいよく知っている	ある程度は知っている	言葉としては知っている	言葉を聞いたことがない	不詳	合計
女性	21	80	114	78	0	293
男性	4	35	62	55	2	158
合計	25	115	176	133	2	451

資料

問3　以下に挙げる「妊娠・出産」に関する文の中で、どちらかに○をつけて下さい。

(1) 人間の妊娠期間は、300日くらいが平均的である。

	正しい	正しくない	不詳	合計
女性	249	43	1	293
男性	131	26	1	158
合計	380	69	2	451

(2) 妊娠3ヶ月とは、妊娠した日から数えて3ヶ月という意味である。

	正しい	正しくない	不詳	合計
女性	180	113	0	293
男性	92	64	2	158
合計	272	177	2	451

(3) つわりの原因は心理的なものが大きく、本当に子どもを欲しがっている女性がつわりに苦しむことはほとんどない。

	正しい	正しくない	不詳	合計
女性	0	293	0	293
男性	3	155	0	158
合計	3	448	0	451

(4) はじめての出産（初産）は陣痛が強いことが多いが、第2子、第3子となるにしたがって、陣痛は軽くなる。

	正しい	正しくない	不詳	合計
女性	140	153	0	293
男性	80	77	1	158
合計	220	230	1	451

(5) 陣痛が始まってから赤ちゃんが生まれるまでにかかる時間は、初産の場合で、平均12～15時間である。

	正しい	正しくない	不詳	合計
女性	187	105	1	293
男性	90	67	1	158
合計	277	172	2	451

(6) 現代日本では医療が発達しているので、出産で命を落とす女性の比率は、10万人に1人くらいである。

	正しい	正しくない	不詳	合計
女性	140	153	0	293
男性	67	90	1	158
合計	207	243	1	451

(7) 出産にかかる病院の費用には、健康保険は適用されない。

	正しい	正しくない	不詳	合計
女性	119	172	2	293
男性	44	112	2	158
合計	163	284	4	451

(8) 女性には母性本能があるので、出産すれば自然に子どもにどう接すれば良いのかわかる。

	正しい	正しくない	不詳	合計
女性	27	266	0	293
男性	23	134	1	158
合計	50	400	1	451

資　料

問4　あなたは出産についてどのようなことを感じていますか。

(1) 出産とは、人間の命を生み出す偉大で神秘的な営みだと思う。

	女性	男性	合計
1 そう思う	138	75	213
2 ややそう思う	123	48	171
3 あまりそう思わない	27	20	47
4 そう思わない	5	11	16
8 非該当	158	293	451
9 不詳	0	4	4
合計	451	451	902

(2) 出産は、他の生理的過程と同じような日常的営みの一つだと思う。

	女性	男性	合計
1 そう思う	25	16	41
2 ややそう思う	72	50	122
3 あまりそう思わない	148	60	208
4 そう思わない	48	28	76
8 非該当	158	293	451
9 不詳	0	4	4
合計	451	451	902

(3) 出産は、女性の特権だと思う。

	女性	男性	合計
1 そう思う	104	61	165
2 ややそう思う	89	49	138
3 あまりそう思わない	77	33	110
4 そう思わない	22	11	33
8 非該当	158	293	451
9 不詳	1	4	5
合計	451	451	902

(4) 女性だけが出産しなければならないのは不公平だと思う。

	女性	男性	合計
1 そう思う	53	-	53
2 ややそう思う	110	-	110
3 あまりそう思わない	99	-	99
4 そう思わない	31	-	31
8 非該当	158	-	158
9 不詳	0	-	0
合計	451	-	451

(4) 女性だけが出産できるのは不公平だと思う。

	女性	男性	合計
1 そう思う	-	4	4
2 ややそう思う	-	15	15
3 あまりそう思わない	-	60	60
4 そう思わない	-	75	75
8 非該当	-	293	293
9 不詳	-	4	4
合計	-	451	451

(5) 出産するのは怖い。

	女性	男性	合計
1 そう思う	127	-	127
2 ややそう思う	118	-	118
3 あまりそう思わない	40	-	40
4 そう思わない	8	-	8
8 非該当	158	-	158
9 不詳	0	-	0
合計	451	-	451

(5) 自分の妻が出産する時になったら怖いと思う。

	女性	男性	合計
1 そう思う	-	28	28
2 ややそう思う	-	54	54
3 あまりそう思わない	-	45	45
4 そう思わない	-	28	28
8 非該当	-	293	293
9 不詳	-	3	3
合計	-	451	451

(6) 「案ずるよりも産むがやすし」というように、あまり心配する必要はないと思う。

	女性	男性	合計
1 そう思う	18	18	36
2 ややそう思う	104	39	143
3 あまりそう思わない	126	69	195
4 そう思わない	45	27	72
8 非該当	158	293	451
9 不詳	0	5	5
合計	451	451	902

(7) 出産を経験するチャンスを逃したくないと思う。

	女性	男性	合計
1 そう思う	91	-	91
2 ややそう思う	102	-	102
3 あまりそう思わない	70	-	70
4 そう思わない	30	-	30
8 非該当	158	-	158
9 不詳	0	-	0
合計	451	-	451

(7) 出産できる女性は出産のチャンスをむざむざ逃すべきではないと思う。

	女性	男性	合計
1 そう思う	-	12	12
2 ややそう思う	-	53	53
3 あまりそう思わない	-	59	59
4 そう思わない	-	28	28
8 非該当	-	293	293
9 不詳	-	6	6
合計	-	451	451

(8) 自分で出産せずに自分の子どもを持てるのであればそうしたいと思う。

	女性	男性	合計
1 そう思う	29	-	29
2 ややそう思う	41	-	41
3 あまりそう思わない	128	-	128
4 そう思わない	94	-	94
8 非該当	158	-	158
9 不詳	1	-	1
合計	451	-	451

(8) 将来女性が産まなくても、自分の子どもが持てるような技術ができれば、それを利用するのも良いと思う。

	女性	男性	合計
1 そう思う	-	16	16
2 ややそう思う	-	31	31
3 あまりそう思わない	-	59	59
4 そう思わない	-	48	48
8 非該当	-	293	293
9 不詳	-	4	4
合計	-	451	451

(9) 仕事を続ける上で、出産が自分の仕事にどういう影響を与えるか心配である。

	女性	男性	合計
1 そう思う	134	-	134
2 ややそう思う	109	-	109
3 あまりそう思わない	43	-	43
4 そう思わない	7	-	7
8 非該当	158	-	158
9 不詳	0	-	0
合計	451	-	451

(9) 妻の出産期に関連する雑事で、自分の仕事がおろそかにならないか心配である。

	女性	男性	合計
1 そう思う	-	9	9
2 ややそう思う	-	23	23
3 あまりそう思わない	-	73	73
4 そう思わない	-	49	49
8 非該当	-	293	293
9 不詳	-	4	4
合計	-	451	451

(10) 産前産後など一人では対処できない時期に、誰か世話をしてくれる人がいるか心配である。

	女性	男性	合計
1 そう思う	103	-	103
2 ややそう思う	115	-	115
3 あまりそう思わない	55	-	55
4 そう思わない	19	-	19
8 非該当	158	-	158
9 不詳	1	-	1
合計	451	-	451

(10) 妻の産前産後の世話を誰かに手伝ってもらえるか心配である。

	女性	男性	合計
1 そう思う	-	13	13
2 ややそう思う	-	42	42
3 あまりそう思わない	-	59	59
4 そう思わない	-	40	40
8 非該当	-	293	293
9 不詳	-	4	4
合計	-	451	451

(11) 出産は、夫婦の最大のイベントであると思う。

	女性	男性	合計
1 そう思う	69	34	103
2 ややそう思う	122	62	184
3 あまりそう思わない	65	33	98
4 そう思わない	37	26	63
8 非該当	158	293	451
9 不詳	0	3	3
合計	451	451	902

(12) できるならば、夫である男性に立ち会ってもらいたい。

	女性	男性	合計
1 そう思う	73	-	73
2 ややそう思う	73	-	73
3 あまりそう思わない	91	-	91
4 そう思わない	56	-	56
8 非該当	158	-	158
9 不詳	0	-	0
合計	451	-	451

(12) できるならば、妻の出産に立ち会いたい。

	女性	男性	合計
1 そう思う	-	51	51
2 ややそう思う	-	61	61
3 あまりそう思わない	-	27	27
4 そう思わない	-	15	15
8 非該当	-	293	293
9 不詳	-	4	4
合計	-	451	451

(13) たとえ夫でも男性に「産みの苦しみ」を見られるのは女性として抵抗がある。

	女性	男性	合計
1 そう思う	34	-	34
2 ややそう思う	88	-	88
3 あまりそう思わない	103	-	103
4 そう思わない	68	-	68
8 非該当	158	-	158
9 不詳	0	-	0
合計	451	-	451

資　料

(13) たとえ夫であっても、男性が女性の「産みの苦しみ」の場に立ち会うのは抵抗がある。

	女性	男性	合計
1 そう思う	-	18	18
2 ややそう思う	-	28	28
3 あまりそう思わない	-	59	59
4 そう思わない	-	49	49
8 非該当	-	293	293
9 不詳	-	4	4
合計	-	451	451

(14) 安全のためなるべく大きな病院で産みたい。

	女性	男性	合計
1 そう思う	47	-	47
2 ややそう思う	85	-	85
3 あまりそう思わない	131	-	131
4 そう思わない	28	-	28
8 非該当	158	-	158
9 不詳	2	-	2
合計	451	-	451

(14)' 妻には、安全のためなるべく大きな病院で産んでもらいたい。

	女性	男性	合計
1 そう思う	-	43	43
2 ややそう思う	-	51	51
3 あまりそう思わない	-	42	42
4 そう思わない	-	17	17
8 非該当	-	293	293
9 不詳	-	5	5
合計	-	451	451

(15) 信頼できる医師や助産婦さんのいる施設で産みたい。

	女性	男性	合計
1 そう思う	203	-	203
2 ややそう思う	81	-	81
3 あまりそう思わない	5	-	5
4 そう思わない	2	-	2
8 非該当	158	-	158
9 不詳	2	-	2
合計	451	-	451

(15)' 妻には、信頼できる医師や助産婦さんのいる施設で産んでもらいたい。

	女性	男性	合計
1 そう思う	-	97	97
2 ややそう思う	-	49	49
3 あまりそう思わない	-	7	7
4 そう思わない	-	1	1
8 非該当	-	293	293
9 不詳	-	4	4
合計	-	451	451

(16) 出産前の女性にとって出産の情報は十分行き渡っていると思う。

	女性	男性	合計
1 そう思う	13	-	13
2 ややそう思う	77	-	77
3 あまりそう思わない	150	-	150
4 そう思わない	51	-	51
8 非該当	158	-	158
9 不詳	2	-	2
合計	451	-	451

(16)' 男性にも、出産に関する情報は十分行き渡っていると思う。

	女性	男性	合計
1 そう思う	-	1	1
2 ややそう思う	-	5	5
3 あまりそう思わない	-	83	83
4 そう思わない	-	65	65
8 非該当	-	293	293
9 不詳	-	4	4
合計	-	451	451

(17) 出産前の女性にとって信頼できる産婦人科医・病院の情報は十分行き渡っていると思う。

	女性	男性	合計
1 そう思う	4	-	4
2 ややそう思う	36	-	36
3 あまりそう思わない	181	-	181
4 そう思わない	70	-	70
8 非該当	158	-	158
9 不詳	2	-	2
合計	451	-	451

(17)' 男性にも、信頼できる産婦人科医や病院に関する情報は、十分行き渡っていると思う。

	女性	男性	合計
1 そう思う	-	2	2
2 ややそう思う	-	3	3
3 あまりそう思わない	-	66	66
4 そう思わない	-	84	84
8 非該当	-	293	293
9 不詳	-	3	3
合計	-	451	451

(18) 化学物質による大気汚染や食物汚染などが、子どもにどのような影響を与えるのか心配だ。

	女性	男性	合計
1 そう思う	171	71	242
2 ややそう思う	107	67	174
3 あまりそう思わない	12	12	24
4 そう思わない	3	5	8
8 非該当	158	293	451
9 不詳	0	3	3
合計	451	451	902

(19) 現代社会は、女性の出産に対して冷たいと思う。

	女性	男性	合計
1 そう思う	93	-	93
2 ややそう思う	125	-	125
3 あまりそう思わない	66	-	66
4 そう思わない	9	-	9
8 非該当	158	-	158
9 不詳	0	-	0
合計	451	-	451

(19) 出産に対する社会的対応は、現代社会においては、不十分だと思う。

	女性	男性	合計
1 そう思う	-	45	45
2 ややそう思う	-	63	63
3 あまりそう思わない	-	39	39
4 そう思わない	-	6	6
8 非該当	-	293	293
9 不詳	-	5	5
合計	-	451	451

(20) 現代女性の出産に対する心構えは不十分だと思う。

	女性	男性	合計
1 そう思う	70	-	70
2 ややそう思う	142	-	142
3 あまりそう思わない	68	-	68
4 そう思わない	13	-	13
8 非該当	158	-	158
9 不詳	0	-	0
合計	451	-	451

(20) 現代女性や、夫である男性の出産に対する心構えは、不十分だと思う。

	女性	男性	合計
1 そう思う	-	40	40
2 ややそう思う	-	78	78
3 あまりそう思わない	-	24	24
4 そう思わない	-	9	9
8 非該当	-	293	293
9 不詳	-	7	7
合計	-	451	451

資料

3 インタビュー対象者のプロフィール
表1 首都圏独身者インタビューの対象者プロフィール

(1) 20代独身男性

	年齢	出身	同居家族	現在の職業	労働時間
Aさん	27	茨城	なし	無職	-
Bさん	27	東京	父、母、妹	財団法人・事務	40-80
Cさん	28	千葉	父、母、祖母	塾講師・家庭教師	20
Dさん	27	千葉	なし	公務員	50
Eさん	28	神奈川	父、母、妹	塾講師・学生	20

(2) 20代独身女性

	年齢	出身	同居家族	現在の職業	労働時間
Aさん	27	東京	父、兄2人、姉	アルバイト	28
Bさん	27	東京	父、母、兄	会社員・事務	40
Cさん	27	千葉	父、母、弟、祖母	公務員	40
Dさん	25	山形	なし	アルバイト	12
Eさん	25	東京	父、母、妹	講師（音楽教室）	15
Fさん	25	東京	父、母	営業事務	40

(3) 30代独身女性

	年齢	出身	同居家族	現在の職業	労働時間
Gさん	38	東京	父、母	食品会社・マーケティング	70
Hさん	33	福島	なし	損害保険会社	70
Iさん	32	東京	なし	管理会社（外資系）	60
Jさん	30	愛媛	なし	銀行・システムエンジニア	60
Kさん	31	富山	なし	家電・ソフト設計	50

表2 山形県独身者インタビューの対象者プロフィール

(4) 山形県・20代独身女性

	年齢	出身	同居家族	現在の職業	労働時間
Lさん	27	山形	祖父母、父、母、弟	受付窓口・接客事務	40
Mさん	23	山形	祖父母、父、母、姉	無職（調査の1カ月前に退職）	-
Nさん	22	山形	祖父母、父、母	医療事務	40
Oさん	25	山形	父、母、弟	県立高校司書	40
Pさん	27	山形	父、母	視聴覚センター・パート	30

資料

表3 子どもを持たない既婚者インタビューの対象者プロフィール

	年齢	同居家族	現在の職業	結婚年数
Aさん	36	夫	学生	11年
Bさん	36	夫	パートタイム（証券会社事務職で週30時間）	8年
Cさん	37	夫	パートタイム（非常勤講師で週11時間）	4年
Dさん	35	夫	自営業（ホームページ作成で週25～30時間）	3年
Eさん	34	夫（事実婚）	フルタイム（地方公務員で週40時間）	4年

表4 首都圏母親インタビューの対象者プロフィール

	年齢	子ども年齢	同居家族	現在の職業	結婚年数
Aさん	33	1歳6カ月	夫、子ども	契約社員（事務職で週30時間）	4年
Bさん	33	1歳6カ月	夫、子ども	パートタイム （体操教室講師で週6時間）	8年
Cさん	33	3歳3カ月	夫、子ども	無職	5年
Dさん	31	2歳5カ月	夫、子ども	無職	4年
Eさん	33	1歳5カ月	夫、子ども	フルタイム（研究職で週40時間）	6年
Fさん	30	1歳5カ月	夫、子ども	無職	4年
Gさん	31	1歳4カ月	夫、子ども	無職（翌月からフルタイムで建築士として働き始める予定）	2年
Hさん	29	1歳5カ月	夫、子ども	育児休業中 （実父の印刷会社で事務職）	5年

表5 山形県母親インタビューの対象者プロフィール

	年齢	子ども年齢	同居家族	現在の職業	結婚年数
Iさん	22	4カ月	夫、子ども、夫の父、夫の祖母、夫の姉	無職	1年
Jさん	26	3歳0カ月 7カ月	夫、子ども（2人）	無職	4年
Kさん	26	9カ月 （二人目を妊娠中）	夫、子ども	無職	1年
Lさん	29	3歳2カ月 1歳5カ月	夫、子ども	無職	5年
Mさん	29	3歳5カ月	子ども	パートタイム （保母補助で週15時間）	4年前に結婚、その後離婚

資　料

4　重回帰分析の解説

　本書のいくつかの章で分析手法として用いた重回帰分析について若干の説明をする。「摂取カロリーが多いほど体重が増える」という例を用いて解説する。このように、2つの変数 X と Y（この場合には X は摂取カロリー、Y が体重）があって、X が Y の原因となっていると考えられる時、実際にこのような因果関係が成立しているのか、をデータを用いて確かめる統計手法として広く利用されているのが回帰分析である（ただし、Y は量的変数でなければならない）。

　X は説明変数または独立変数、Y は被説明変数または従属変数と呼ばれる。X が1つの場合には単回帰分析と言うが、たとえば、「摂取カロリーが多いほど体重が増え、また、運動量が多いほど体重は減る」というように体重の増減に関して2つ以上の説明変数を考える場合には重回帰分析と言う。

　数学的には、説明変数が2つの場合（X_1 および X_2）は次の式で表され、X が与えられた時に、できるだけ正確に Y の予測値である $\hat{Y}$ を予測しようとするものである。

$$Y = \beta_1 + \beta_2 X_1 + \beta_3 X_2 + \varepsilon$$

　β_1、β_2、β_3 はいずれも定数であり、個体（この場合には人）による違いはないものという仮定がおかれている。β_1 は X_1 および X_2 が0の時の値を表し（切片）、β_2 は X_1 が増加することによってどの程度 Y が増減するのか、同様に、β_3 は X_2 が増加することによってどの程度 Y が増減するのか、を示す係数であり、回帰係数と呼ばれる。回帰係数がプラスの値をとる場合には X が増加することによって Y も増加し、逆に、マイナスの場合には X の増加によって Y は減少することを表す。この時、どの程度増えるのか、を表すのが回帰係数の値の大きさである。

　ただし、回帰係数の値がとる範囲は、各変数のもともとの測り方に依存しているため、測定単位が異なる場合には（たとえばカロリーと運動量）、効果の大きさを相対的に評価することは難しい。そのため、-1〜$+1$ の範囲内での効果の大きさを示すように操作（標準化）した係数である標準化偏回帰係数が広く利用されている。たとえば、標準化偏回帰係数 β_2 が0.2、β_3 が0.4 の場合には、X_2 の方が X_1 よりも Y に及ぼす効果は大きいと言える。

　効果の有無を判断する際に最も重要なことは、このサンプルで見られた因果関係がこのサンプルを取り出した母集団でもあてはまるのか、という点である。たとえば、ある大学の学生4,000人の中から400人を無作為に取り出して分析したところ、その400人のサンプルの中である因果関係が見出されたとしても、その因果関係が4,000人の学生全体についても成立している、という点は必ずしも保証されていない。この点について検討するのが「有意性検定」であり、通常、5％水準と1％水準という2つの基準が用いられている（有意水準に関わる仮説検定の詳細については統計学の文献を参照していただきたい）。ただし、サンプルが小さい場合には本来は有意であるにも関わらず有意とならない可能性があるため、少ないサンプルを分析した場合には10

％水準という基準も併用されている。

　サンプルで見られた因果関係が母集団にもあてはまる一般化可能性を備えた知見であるのか、という点はデータ解析の結果を理解する際に重要なことであり、回帰係数の値が有意でない変数については、効果がない、という判断を行う。

　なお、εは偶然誤差であり、分析に含めなかったけれども被説明変数に影響を及ぼす他の要因や、測定誤差を表す。

　分析に含めた説明変数によって被説明変数がどの程度説明されているのか、換言すると、説明変数全体でどの程度の説明力を持つのか、という点について分散を用いて評価した値が「決定係数」であり、0～1の範囲の値をとる。0が0％、1が100％を表し、値が大きいほど説明力が高いことを意味する。社会学で利用されることの多い個人を単位としたミクロデータの場合、全般的に決定係数は低く、客観的は収入などを被説明変数とした場合でも0.4～0.5程度、主観的な意識や価値観では0.1～0.3程度であれば一定の説明力を有する、と判断されることが多い。有力な説明変数を多く含めればそれだけ決定係数は増加するが、無意味な変数が多く含まれている場合にはその分を割り引いて考える必要があり、そのために、「修正決定係数」が考案されている。

参考文献

Aldous, Joan, 1996, *Family Careers: Rethinking the Developmental Perspective*. Thousand Oaks, CA: Sage
浅井美智子, 1996, 「生殖技術と家族」江原由美子編『生殖技術とジェンダー』255-284, 勁草書房
阿藤誠, 1994, 「国際人口開発会議（カイロ会議）の意義——新行動計画とその有効性」『人口問題研究』50巻3号, 1-17, 厚生省人口問題研究所
——— 1996, 「先進諸国の出生率の動向と家族政策」阿藤誠編『先進諸国の人口問題——少子化と家族政策』11-48, 東京大学出版会
——— 1997, 「日本の超少産化現象と価値観変動仮説」『人口問題研究』53巻1号, 3-20, 厚生省人口問題研究所
——— 2000, 『現代人口学：少子高齢社会の基礎知識』日本評論社
ベネッセ教育研究所編, 1998, 『子育て生活基本調査報告書』ベネッセコーポレーション
Blair, Sampson Lee and Lichter, Daniel T., 1991, "Measuring the Division of Household Labor: Gender Segregation among American Couples," *Journal of Family Issues*, 12, 91-113
Bohrnstedt, George W., Knoke, David, 1988, *Statistics for Social Data Analysis* 2nd ed. (1990, 海野道郎・中村隆訳, ボーンシュテット・ノーキ共著『社会調査のためのデータ分析入門』ハーベスト社)
Coltrane, Scott and Ishii-Kuntz, Masako, 1987, "Men's Housework: A Life Course Perspective," *Journal of Marriage and the Family*, 54, 737-750
Connell, Robert W., 1987, *Gender and Power*, Stanford: Stanford University Press
Davis, Kingsley, 1984, "Wives and Work: Consequences of the Sex Role Revolution," *Population and Development Review*, 10, 397-417
Demo, David H. and Acock, Alan C., 1993, "How Much Have Things Really Changed: Family Diversity and the Division of Domestic Labor," *Family Relations*, 42, 323-331
江原由美子, 1992, 「女性問題と人口問題」『社会保障研究』28巻3号, 261-269, 社会保障研究所

―――― 1995,「結婚しないかもしれない症候群」江原由美子編『装置としての性支配』 246-262, 勁草書房
―――― 1999,「ジェンダー意識の変容」阿藤誠編『家族政策および労働政策が出生率および人口に及ぼす影響に関する研究』(平成 9 年度厚生科学研究費報告書) 161-177
Ferree, Myra Marx, 1991, "The Gender Division of Labor in Two-Earner Marriages: Dimensions of Variability and Change," *Journal of Family Issues*, 12-2, 158-180
藤井廣美,1997,「三世代同居(直系家族)志向とその要因――山形県東田川郡櫛引町を中心として」熊谷文枝『日本の家族と地域性(上)――東日本の家族を中心として』107-131, ミネルヴァ書房
伏見憲明(編), 2000,『変態するサラリーマン』Queer Japan Vol. 2, 勁草書房
Gordon, Tuula, 1994, *Single Women: On the Margin?* (2001, 熊谷滋子訳, ツーラ・ゴードン『シングルウーマン白書』ミネルヴァ書房)
グループ・母性解読講座編, 1991年,『母性を解読する』有斐閣
廣嶋清志, 2001,「出生率低下をどのようにとらえるか?――年齢別有配偶出生率の問題性」『理論と方法』16巻 2 号, 163-183, 数理社会学会
Hochschild, A. R. 1989, *The Second Shift*, Penguin Books (1990, 田中和子訳『セカンド・シフト』朝日新聞社)
井上輝子他編, 1995,『母性――日本のフェミニズム 5』岩波書店
Ishii-Kuntz, Masako and Coltrane, Scott, 1992, "Predicting the Sharing of Household Labor: Are Parenting and Housework Distinct?" *Sociological Perspective*, 35-4, 629-647
Ishii-Kuntz, Masako and Coltrane, Scott, 1992, "Remarriage, Stepparenting, and Household Labor," *Journal of Family Issues*, 13-2, 215-233
伊藤文学, 1986,『「薔薇族」編集長奮闘記――心ある人にはわかってほしい』第二書房
岩井紀子, 1997,「夫の家事分担に関する日米比較研究-NSFH と神戸調査」石原邦雄編『公共利用ミクロデータの活用による家族構造の国際比較研究』(平成 8 年度文部省科学研究費研究成果報告書)
岩間暁子, 1997,「性別役割分業と女性の家事分担不公平感」『家族社会学研究』9, 67-76, 日本家族社会学会
―――― 1999,「晩婚化と未婚者のライフスタイル」『人口問題研究』55巻 2 号, 39-55, 国立社会保障・人口問題研究所

参考文献

―――― 1999,「『出産の意志決定』に見られるジェンダー構造」阿藤誠編『家族政策および労働政策が出生率および人口に及ぼす影響に関する研究』(平成9年度厚生科学研究費報告書),178-184

岩澤美帆,1999,「だれが両立を断念しているのか――未婚女性によるライフコース予測の分析」『人口問題研究』55巻4号,16-37,国立社会保障・人口問題研究所

人口問題審議会編,1998,『人口減少社会,未来への責任と選択――少子化をめぐる議論』ぎょうせい

上智大学学内共同研究,1994,『第二次上智大学女子卒業生の生活と意識 報告書』1992年~1993年度上智大学学内共同研究(代表加藤節子)

掛札悠子,1992,『「レズビアン」である,ということ』河出書房新社

神奈川県県民部,1995,『男女共同参画社会に関するアンケート調査』

Kamo, Yoshinori, 1988, "Determinants of Household Division of Labor: Resources, Power, and Ideology," *Journal of Family Issues*, 9-2, 177-200

―――― 1991, "A Nonlinear Effect of the Number of Children on the Division of the Household Labor," *Sociological Perspective*, 34-2, 205-218

―――― 1994, "Division of Household Work in the United States and Japan," *Journal of Family Issues*, 15-3, 348-378

柏木惠子編,1995,『発達心理学とフェミニズム』ミネルヴァ書房

柏女霊峰,1994,「子育て家庭支援施策の展望」社会保障研究所編『現代家族と社会保障』293-308,東京大学出版会

経済企画庁編,1992,『国民生活白書 少子社会の到来,その影響と対応(平成4年版)』大蔵省印刷局

経済企画庁経済研究所,1997,『あなたの家事の値段はおいくらですか?――無償労働の貨幣評価についての報告』大蔵省印刷局

Kohn, Melvin, 1977, *Class and Conformity: A Study in Values with a Reassessment*. Chicago: Univ. of Chicago Press

国立社会保障・人口問題研究所,1998,『日本人の結婚と出産――第11回出生動向基本調査(結婚と出産に関する全国調査) 第Ⅰ報告書』国立社会保障・人口問題研究所

―――― 1999,『独身青年層の結婚観と子ども観――第11回出生動向基本調査(結婚と出産に関する全国調査) 第Ⅱ報告書』国立社会保障・人口問題研究所

―――― 2000a,『第2回全国家庭動向調査結果の概要』

―――― 2000b,『人口統計資料集（2000年版）』
―――― 2002,『平成14年1月全国人口推計の考え方――推計の手法と仮定設定』
―――― 2002,『人口統計資料集2001/2002』国立社会保障・人口問題研究所
厚生省,1996,『厚生白書 家族と社会保障――家族の社会的支援のために（平成8年版）』ぎょうせい
―――― 1998,『厚生白書 少子社会を考える――子どもを産み育てることに「夢」を持てる社会を（平成10年版）』ぎょうせい
厚生省人口問題研究所,1996,『現代日本の家族に関する意識と実態――第1回全国家庭動向調査（1993）』厚生統計協会
毎日新聞社人口問題調査会編,1992,『日本の人口――少産への軌跡』毎日新聞社
牧野カツ子,1983,「働く母親と育児不安」『家庭教育研究所紀要』4号,67-76,家庭教育研究所
Maret, Elizabeth and Finaly, Barbara, 1984, "The Distribution of Household Labor among Women in Dual-Earner Families," *Journal of Marriage and the Family*, 46, 357-364
松田茂樹,2002,「父親の育児参加促進の方向性」国立社会保障・人口問題研究所編『少子社会の子育て支援』313-330,東京大学出版会
Mcmahon, Marth, 1995, *Engendering Motherhood: Identity and Self-Transformation in Women's Lives*. N.Y.: Guilford Press
目黒依子,1980,『女役割――性支配の分析』垣内出版
―――― 1987,『個人化する家族』勁草書房
―――― 1991,「家族の個人化――家族変動のパラダイム探究」『家族社会学研究』3,8-15,日本家族社会学会
Meguro, Yoriko, 1992, "Between the Welfare and Economic Institution: Japanese Family in Transition," *International Journal of Japanese Sociology*, No.1, 35-46
目黒依子,1993,「ジェンダーと家族変動」森岡清美監修『家族社会学の展開』211-221,培風館
―――― 1995,『少子化時代の母親意識に関する総合的研究』（平成7年度文部省科学研究費研究報告書）
―――― 1998,「少子化現象のジェンダー論――性役割分業社会とリプロダクティブ・ライツ」『人口問題研究』54巻2号,1-12,国立社会保障・人口問題研究所
――――1999,「総論 日本の家族の近代性――変化の収斂と多様化の行方」目黒依

参考文献

　　　　　　　　　子・渡辺秀樹編『講座社会学2 家族』1-19，東京大学出版会
目黒依子，柴田弘敏，1999，「企業主義と家族」目黒依子・渡辺秀樹編『講座社会学
　　　　　　　　　2　家族』59-87，東京大学出版会
西岡八郎，1996，「夫の家事，育児に関する役割遂行の実態」『現代日本の家族に関す
　　　　　　　　　る意識と実態——第1回全国家庭動向調査1993（平成5）年』11-
　　　　　　　　　18，厚生統計協会
――――　1996，「夫の家事，育児遂行に対する妻の評定」『現代日本の家族に関する
　　　　　　　　　意識と実態——第1回全国家庭動向調査1993（平成5）年』19-26，
　　　　　　　　　厚生統計協会
――――　1997，「家族機能の変化——担い手の実態とその変化」阿藤誠・兼清弘之編
　　　　　　　　　『人口変動と家族』25-45，大明堂
――――　1997，「日本の少子化と家族」『人口と開発』No.61，17-26，アジア人口開
　　　　　　　　　発協会
Nishioka, Hachiro, 1998, Men's Domestic Role and the Gender System in Japan-
　　　　　　　　　Determinants of Husband's Household Labor,『人口問題研究』54
　　　　　　　　　巻3号，56-71，国立社会保障・人口問題研究所
西岡八郎，2002，「少子化現象のジェンダー分析(3)——男性の家庭役割と女子のライ
　　　　　　　　　フコース」高橋重郷編『少子化に関する家族・労働政策の影響と少
　　　　　　　　　子化の見通しに関する研究』（平成13年度厚生科学研究費研究報告
　　　　　　　　　書），489-523
日本女子社会教育会編，1995，『家庭教育に関する国際比較調査報告書——子どもと
　　　　　　　　　家庭についての調査』日本女子社会教育会
日本労働研究機構編，1995，『職業と家庭生活に関する全国調査報告書』No.74，日
　　　　　　　　　本労働研究機構
落合恵美子，1989，『近代家族とフェミニズム』勁草書房
織田輝哉，1994，「出生行動と社会政策(2)——ヴィネット調査による出生行動の分
　　　　　　　　　析」社会保障研究所編『現代家族と社会保障——結婚・出生・育児』
　　　　　　　　　151-180，東京大学出版会
Office Out「KICK OUT 編集部」（編），1998，『KICK OUT 特集：結婚』，Vol.20，
　　　　　　　　　Office Out.
大日向雅美，1988，『母性の研究』川島書店
大沢真知子，1993，『経済変化と女子労働』日本経済評論社
「女の人権と性」実行委員会編，1991，『女はなぜ子どもを産まないのか——出生率低
　　　　　　　　　下を考える』労働旬報社

参考文献

「夫（恋人）からの暴力」調査研究会，1995，「夫から妻への暴力——婚姻関係の内外で」『女性学研究』3号，122-139，勁草書房

Presser, Harriet. B., 1994, "Employment Schedules among Dual-Earner Spouses and the Division of Household Labor by Gender," *American Sociological Review*, 59, 348-364

Roxroat, Cynthia and Constance, Shehan, 1987, "The Family Life Cycle and Spouses' Time in Housework," *Journal of Marriage and the Family*, 49, 737-750

生命保険文化センター編，1992，『女性の生活意識に関する調査——現代女性が求める生活像』生命保険文化センター

———— 1995，『夫婦の生活意識に関する調査——夫婦の相互理解を求めて』生命保険文化センター

Shelton, Beth A. and John, Daphne, 1996, "The Division of Household Labor," *Annual Review of Sociology*, 22, 299-322

品田知美，1996，「既婚女性の家事時間配分とライフスタイル」『家族社会学研究』8，163-173，日本家族社会学会

総務庁統計局，1991，『平成8年社会生活基本調査報告』総務庁統計局

総理府，1991，『女性に関する世論調査——平成2年9月調査』総理府

———— 1999，『少子化に関する世論調査——平成12年9月調査』総理府

高橋重郷，1994，「健康・死亡の変化と社会変動」坂田義教・鈴木泰・清水浩昭編『社会変動の諸相』40-56，ミネルヴァ書房

———— 1997，「ライフサイクルと家族」阿藤誠・兼清弘之編『人口変動と家族』46-69，大明堂

谷村志穂，1990，『結婚しないかもしれない症候群』主婦の友社

Thompson, Linda and Walker, Alexis J., "Gender in Families: Women and Men in Marriage, Work, and Parenthood," *Journal of Marriage and the Family*, 51, 845-871

東京女性財団，1996，『性差意識の形成環境に関する研究』東京女性財団

———— 2000，『女性の視点からみた先端生殖技術』東京女性財団

東京都生活文化局，1990，『母親就業を中心とした社会参加と親役割に関する調査報告書』東京都生活文化局

———— 1996，『男女平等に関する都民意識調査』東京都生活文化局

豊田秀樹，1998，『共分散構造分析〈入門編〉——構造方程式モデリング』朝倉書店

通産省産業政策局，1990，『ゆとり社会の基本構想』通商産業調査会

参考文献

山田昌弘，1994，『近代家族のゆくえ――家族と愛情のパラドックス』新曜社
――― 1999，『パラサイト・シングルの時代』ちくま新書
――― 2000，「『よりよい子育て』に追い込まれる母親たち」目黒依子・矢澤澄子編，『少子化時代のジェンダーと母親意識』69-87，新曜社
矢野真和編，1995，『生活時間の社会学』東京大学出版会
八代尚宏，1998，「少子化の経済的要因とその対応」『人口問題研究』54巻1号，63-76，国立社会保障・人口問題研究所
横浜市市民局，1997，「男女の役割分業と家庭に関するアンケート」
善積京子編，2000，『結婚とパートナー関係――問い直される夫婦』ミネルヴァ書房

索　引

ア行

新しい関係の形　104
アノミー　39, 40, 104
アノミー状態　40, 104
生き難さ　199
生き方の選択肢　16
育児休業　124, 153, 161-2, 164, 171
育児コスト　62, 168-70, 172
育児コスト感　62, 112, 119, 198
育児サポート・システム　200
育児参加　191, 199
育児参加の促進要因　192, 199
育児責任　3
育児（の）分担　3, 108, 148
意識ギャップ　199
意識変革　201
1.57ショック　1, 25, 124
イデオロギー論　192
夫の育児行動　174
夫の育児遂行　190
夫の家事、育児遂行　174-75, 191
夫の家事行動　176
夫の家庭役割　176-7
夫の家庭役割遂行　177
夫は稼ぎ手、妻は主婦　12
男は仕事、女は家庭　17, 169
親子関係　144, 146
親子の居住規則　199
親の介護　98
親の結婚関係　85

カ行

皆婚規範　110
階層　165-6, 171
カイロ会議　24, 25
学習指導要領　19
家計負担　103

家計を支える負担　95
家事（の）分担　4, 96, 108
稼ぎ手　5, 6, 13, 125
稼ぎ手役割　6, 7
家族規範　6
家族政策　12
家族の個人化　6, 14
家族の変化　14
家族役割　6
価値観　101, 125-6, 130-2, 135, 137, 147, 171
価値観・意識　101, 197
価値観の多様化　125, 131
家庭内の役割配分　175
環境制約　175-76, 193, 199
環境制約要因　176
管理された出産システム　6
企業中心主義　11
既婚女性の就労　22
金銭的コスト　55, 58
近代家族　11, 130, 139
近代家族システム　7
近代家族の揺らぎ　14
ケア役割　21, 104
経済的コスト　159, 168-70
経済的自活力　89
結婚・家族文化　2
結婚・出産・育児コスト感　9, 197, 200
結婚・出産・育児の負担感　9
結婚相手　81
結婚意欲　80, 84, 87, 101, 107-23
結婚意欲と出産意欲　111, 113-4, 117-18
結婚回避　7, 49, 100-6, 193, 197
結婚観　14, 86, 111
結婚願望　81
結婚コスト感　102, 112
結婚しないことのコスト　88-9
結婚することのコスト　88, 93
結婚することのベネフィット　88, 92

227

索　引

結婚のイメージ　81
結婚への関心　79
結婚へのプレッシャー　90-2, 101
合計結婚出生率　125, 199
合計特殊出生率　1, 124, 136, 150-51, 169, 171
個人主義　129, 130, 131, 133-5, 146, 152
個人の自立　22
コスト感　52
子育てイメージ　137, 139
子育て観　3, 110-11, 118
子育てコスト　128, 151-52
子育て支援の欠如　174
子育て不安感　6
固定的な雇用慣行　174
子どもの価値　3
子どもを育てるコスト　126
個別システムの改善　200-1
コミュニケーション・ギャップ　75
孤立感　155-7, 168

サ行

産児制限　12
ジェンダー　27, 28, 147-48, 178
ジェンダー・ギャップ　198
ジェンダー・システム　102-3, 147, 174, 201
ジェンダー意識　3, 27, 28-9, 32-3, 39, 41, 42, 44, 45, 48, 50, 75, 110, 197, 199, 201
ジェンダー観　16, 86
ジェンダー規範　199
ジェンダー構造　1, 199, 201
ジェンダーの視点　3
ジェンダー役割　3, 4, 6-7, 16, 23, 110, 112, 118
時間資源　126-27
時間制約論　175, 192
時間的コスト　55, 58
自己実現　3, 93-5, 160-1, 165, 169, 171
自己実現志向　152
仕事意識　112
自己優先的志向　113
自分探し　102
市民教育　201
社会規範論　175
社会経済的資源　126

社会システム　104-5, 197
社会システムの改善　201
社会保障の担い手　20, 124
重回帰分析　128, 130, 132-4
就業観　14
修正近代家族　23
柔軟性のある社会　105
自由を失う　93
出産意欲　107-8, 111-21, 198
出産・育児サポート資源　4
出産・子育てへの義務感や負担感　193
出産回避　7, 72, 74-5, 193, 197-9
出産可能年齢　80
出産忌避　3
出産行動の自己決定　2
出産コスト　131, 198
出産コスト感　62, 73
出産志向　3
出産に関する男女間のコミュニケーション・ギャップ　75
出産をコスト　65, 72
出生意欲　124-33, 135-6, 146, 152
出生行動　3, 124-5
主婦　13, 22
主婦的就労　22
主婦の年金権　21
主婦役割　7
「状況の不透明化」　41, 197
「状況の不透明性」　46, 49
消極的な非婚状態　81
少子化　111, 139, 147
少子化問題　2
女子差別撤廃条約　13
女性政策　13
女性たちの選択　22
女性の身体の管理　3
女性の自己決定　1
女性の自己決定力　14
女性の社会進出　78
女性の人権　24
自立志向　113, 118
親業期間　15
人口政策　25

228

索　引

人工妊娠中絶　12
人口問題審議会報告書　26
新性役割分業システム　23
身体的・時間的・金銭的・心理的コスト　54, 57
身体的コスト　54, 57
人的能力発展　19
心理的コスト　56, 59, 156, 169, 198
ステレオタイプ　141
生殖の道具　12
性と生殖に関する健康・権利　200
性と生殖に関する権利　24
性と生殖に関する女性の自己決定権　200
生物学的性　19
性別役割型社会　193
性別役割の「脱規範化」　41, 48
性別役割分業　31-3, 87, 104, 125-7, 135-7, 146-7, 153, 159, 169, 172
性別役割分業意識　29, 31, 159
性別役割分業型　153
性別役割分業型社会　174
性別役割分業システム　126-7, 135, 146, 169, 172
性暴力　2
世界女性会議　13
世界人口・開発会議　24
セクシュアリティ　2
世代間・性別間での変化の相違　39
専業主婦　15, 86, 92, 100
専業主婦の制度的保護　21
相対的資源論　175, 192

タ行

第一子出生意欲　130, 132-3
第三子出生意欲　134
対等な関係　83
第二子出生意欲　132-3
脱親期の誕生　15
脱性別役割分業システム　146
脱母親期　15
多様な生き方　120
男女共同参画型社会　193, 201
男女雇用機会均等法　13
男女の意識のギャップ　198
男女の賃金格差　14

男女の特性教育　20
単親家族　22
男性の家事、育児参加　120, 174
地域　151, 169-70
地域差　155, 157
追加出生　161, 165
追加出生意欲　133-6
妻の性役割意識　191
妻の性役割観　192
伝統的規範　4
伝統的結婚観　129-30, 136
独身の利点　93

ナ行

日本型福祉社会　21
日本社会のジェンダー分業　5
日本の家族　2
日本の出生率低下の背景　1
日本の将来像　22
妊娠・出産のコスト感　52, 198
年齢　118, 129-31, 133-5

ハ行

パートナーシップ　136
配偶者控除制度　19
母親の就業　5
母親役割　140-1, 160
晩婚　4
晩婚化　2, 78, 101, 105, 107, 110
非家族的生活者　22
非婚化　78, 101, 105, 107, 110
標準家族　16
夫婦の情緒性　12
夫婦役割期待　18
物理的コスト　156
不妊治療　138
平成10年版厚生白書『少子社会を考える』　26, 172
北京会議　26
母性　2
母性イデオロギー　3
母体保護法　25

索　引

マ行

見合い結婚　87
民主家族　12
無償労働　23

ヤ行

「役割意識の個人化」　40-1, 48, 197
「役割意識の無関連化」　41, 48-9, 197
役割分業観　3
役割分担　87
友人や知人の結婚　84
優先思想　12

ラ行

よりよい子育て　109

ライフコース　5, 105, 109
ライフコースの多様化　15
ライフサイクル型就労　14
ライフスタイル　5, 109, 127
理想のライフコース　109
リプロダクティブ・ヘルス／ライツの確立　74
リプロダクティブ・ヘルスおよびライツ　200
リプロダクティブ・ライツ　2
両親の関係　99, 100

執筆者紹介

目黒依子（めぐろ　よりこ）
　1938年生まれ／上智大学文学部教授／ケイス・ウエスタン・リザーブ大学大学院社会学専攻博士課程修了（社会学博士）
　主著　『主婦ブルース』筑摩書房、1980年；『女役割：性支配の分析』恒内出版、1980年；『個人化する家族』勁草書房、1987年；『ジェンダーの社会学』（編著）放送大学教育振興会、1994年；『講座社会学2　家族』（共編著）東京大学出版会、1999年；『少子化時代のジェンダーと母親意識』（共編著）新曜社、2000年

西岡八郎（にしおか　はちろう）
　1950年生まれ／国立社会保障・人口問題研究所人口構造研究部長、お茶の水女子大学大学院客員教授／早稲田大学大学院文学研究科社会学専攻博士課程単位取得
　主著『人口変動と家族』（分担執筆）大明堂、1997年；『途上国の人口移動とジェンダー』（分担執筆）明石書店、2002年；『現代日本の家族変動』（分担執筆）厚生統計協会、2003；『ギデンズ社会学』（共訳）而立書房、1998年など。

江原由美子（えはら　ゆみこ）
　1952年生まれ／首都大学東京教授／東京大学大学院社会学研究科博士課程中退・博士（社会学）
　主著　『フェミニズムのパラドックス』勁草書房、2000年；『ジェンダー秩序』勁草書房、2001年；『自己決定権とジェンダー』岩波書店、2002年；『改訂新版　ジェンダーの社会学』放送大学教育振興会、2003年など。

釜野さおり（かまの　さおり）
　1964年生まれ／国立社会保障・人口問題研究所室長／スタンフォード大学社会学部博士課程修了
　主論文　"Comparing Individual Attitudes in Seven Countries" *Social Science Research* 28、1999年3月；「子どものいることがカップル関係満足感に与える影響――スウェーデンの場合」『家族社会学研究』13(2)、2002年3月

岩間暁子（いわま　あきこ）
　1968年生まれ／和光大学人間関係学部助教授／北海道大学大学院文学研究科博士後期課程単位取得満期退学
　主著　『女性学キーナンバー』有斐閣、2000年；「晩婚化と未婚者のライフスタイル」『人口問題研究』第55巻第2号、1999年；「現代女性の脱主婦型ライフスタイルとその背景」『現代のエスプリ』至文堂、366号、1998年；「性別役割分業と女性の家事分担不公平感」『家族社会学研究』第9号、1997年

	少子化のジェンダー分析　双書 ジェンダー分析 4
	2004年5月15日　第1版第1刷発行
	2005年11月25日　第1版第3刷発行

<table>
<tr><td rowspan="2">編者</td><td>目黒依子</td></tr>
<tr><td>西岡八郎</td></tr>
</table>

発行者　井村寿人

発行所　株式会社　勁草書房

112-0005　東京都文京区水道2-1-1　振替 00150-2-175253
（編集）電話 03-3815-5277／FAX 03-3814-6968
（営業）電話 03-3814-6861／FAX 03-3814-6854

三協美術印刷・牧製本

©MEGURO Yoriko, NISHIOKA Hachiro 2004

ISBN 4-326-64860-0　　Printed in Japan

JCLS　＜㈱日本著作出版権管理システム委託出版物＞
本書の無断複写は著作権法上での例外を除き禁じられています。
複写される場合は、そのつど事前に㈱日本著作出版権管理システム
（電話 03-3817-5670、FAX 03-3815-8199）の許諾を得てください。

＊落丁本・乱丁本はお取替いたします。

http://www.keisoshobo.co.jp

木本 喜美子	女性労働とマネジメント	3675円
矢澤澄子他	都市環境と子育て	2940円
首藤 若菜	統合される男女の職場	5670円
横山 文野	戦後日本の女性政策	6300円
江原 由美子	ジェンダー秩序	3675円
山田 昌弘	家族というリスク	2520円
瀬地山 角	お笑いジェンダー論	1890円
吉澤 夏子	女であることの希望	2310円
落合 恵美子	近代家族とフェミニズム	3360円
金野 美奈子	ＯＬの創造	2520円
永田 えり子	道徳派フェミニスト宣言	3360円
小山 静子	家庭の生成と女性の国民化	3150円
田間 泰子	母性愛という制度	3045円
野崎 綾子	正義・家族・法の構造変換	4200円
荻野 美穂	ジェンダー化される身体	3990円
池本 美香	失われる子育ての時間	2310円
岩村 暢子	変わる家族 変わる食卓	1890円
小杉 礼子	フリーターという生き方	2100円

＊表示価格は2005年11月現在。消費税が含まれております。